且行且思

二十年律师路上的感悟与成长

Act and Think:
Insights and Growth from
the Past 20 Years as a Lawyer

吴连明 著

法律出版社
LAW PRESS · CHINA
北京

图书在版编目(CIP)数据

且行且思：二十年律师路上的感悟与成长 / 吴连明著. -- 北京：法律出版社，2024
ISBN 978 -7 -5197 -8994 -7

Ⅰ. ①且… Ⅱ. ①吴… Ⅲ. ①律师-工作-中国 Ⅳ. ①D926.5

中国国家版本馆 CIP 数据核字(2024)第 070947 号

且行且思
——二十年律师路上的感悟与成长
QIEXING QIESI
—ERSHINIAN LÜSHI LUSHANG DE
GANWU YU CHENGZHANG

吴连明 著

责任编辑 陶玉霞
装帧设计 鲍龙卉

出版发行 法律出版社
编辑统筹 法规出版分社
责任校对 张红蕊
责任印制 耿润瑜
经　　销 新华书店

开本 710 毫米×1000 毫米　1/16
印张 26　　**字数** 400 千
版本 2024 年 7 月第 1 版
印次 2024 年 7 月第 1 次印刷
印刷 三河市龙大印装有限公司

地址：北京市丰台区莲花池西里 7 号(100073)
网址：www. lawpress. com. cn
投稿邮箱：info@ lawpress. com. cn
举报盗版邮箱：jbwq@ lawpress. com. cn

销售电话：010 -83938349
客服电话：010 -83938350
咨询电话：010 -63939796

书号：ISBN 978 -7 -5197 -8994 -7
定价：80.00 元
凡购买本社图书，如有印装错误，我社负责退换。电话：010 -83938349

序言 PREFACE

2004年研究生毕业至今，我从事律师工作已经二十年。在这二十年中，我从一名律师新手逐渐成长为越来越热爱律师职业，越发成熟的有一定经验的律师。这一段职业经历给我带来了太多的人生积累，也给我带来了源源不断的人生感悟。

律师职业生涯至此，主要感悟有三。

一是如何找到自己喜欢的律师职业？

我本科选择的是工科专业，本来可以在铁路单位按部就班地工作，然而，正是当年的好学，让我对法律专业产生了浓厚的兴趣。当时之所以不顾一切地学习法律，我想主要是因为法律专业特有的规则意识和理性思辨深深地吸引了我。从工科到法律，从火车司机到执业律师，我的专业和职业变化看似偶然，其实也属合理。因为正是在这个过程中，我找到了学习的乐趣，如饥似渴地学习法律知识，不断实现学以致用，不断践行知行合一，在不断增长知识并丰富自我的过程中还能实现对他人的帮助，这就是我一直追求的理想状态，我想我终于找到了自己真正热爱的专业和职业。

二是如何做好自己喜欢的律师工作？

首先是追求工作的激情。在律师职业的实践中，我始终保持对职业的激情，投入地做每一项工作，专注地与他人交往，认真地学习需要掌握的知识。究其原因，我认为是律师职业本身的特点驱动着我，让我时刻愿意为这份职业奉献自己的时间和精力。

其次是追求工作的成就感。无论是何种业务，非诉讼或诉讼，当我们顺利实现业务的目标时，当我们得到客户或当事人的好评和谢意时，当我们感知到自己的专业和智慧可以真正地帮助他人时，这份工作带给我的那份满满的收获和成就感，会让我在回味执业的细节中更加投入准备未来的工作。

最后是追求自身的成长。律师职业是一项做到老要学到老的职业，在工作中我不仅可以增强各方面的知识，而且可以不断增加多方面的经验，特别是对于人生、人性和职业等方面的体验和积累，都可以让自己的阅历不断丰富起来。

当我能够享受工作中的每一天，感激工作中的每一天的时候，就是我真正地投入工作的状态，我很幸运能够持续享受这样的过程。

三是如何在律师之路上持续成长？

律师职业有太多值得我们在工作中思考的内容。如何有效地积累我们的职业经验？是留在我们的记忆中还是能够不断记录下我们的所思所想和所积累的内容，这也是我想通过本书将我的职业感悟分享给我的同行以便进行更多交流的初衷。

律师职业带来的各种精彩和惊奇，让我感恩遇见。律师职业需要不断精进，职业发展是我经常要研习的重要内容；律师要通过办好每一个案件或项目来实现专业的价值，律师的主战场就是法律服务第一线，对于法律服务实践中遇到的种种心得体会，需要不断感悟和记录。

我不断从业务思考、服务实践和职业感悟三个维度探索我的职业成长，借此来总结经验并发现不足，为自己进一步的完善和发展寻求更多的方法，希望通过持续的思考和感悟，为自己的职业生涯留下美好的回忆，并为未来的美好打下基础。

列夫·托尔斯泰说过："人类被赋予了一种工作，那就是精神的成长。"回首来时的路，那些挥洒过的汗水，那些难忘的记忆，自己也为之动容。律师之路，学无止境。让我在律师之路上，边感悟边成长。

是为序。

目录 CONTENTS

第一部分　业务思考编

第二部分 服务实践编

第三部分 职业感悟编

且行且思

第一部分　业务思考编

第一章　律师成长思考

走好选择的路，别选择好走的路，你才能拥有真正的自己。

——杨绛

如何判断自己是否适合做律师？

有几次，年轻律师问我这样一个问题："请问您是否觉得我适合从事律师职业？"

这确实是一个难以回答的问题，回答他适合吧，担心他因此而骄傲，从而不去付出应有的努力；回答他不适合吧，更担心他从此失去对律师职业的兴趣和信心。

如果不回答这个问题，似乎又很难，总不能对年轻人的问题视而不见吧。为了启发年轻律师对这个问题的思考，我一般采用反问的方式作答，把对这个问题的思考留给年轻律师来完成。

我认为一名律师是否适合从事律师职业，主要靠自身的判断，我一般会试着问以下三个问题，也许可以在这些问题中找到是否适合从事律师职业的答案。

一、你有无在从事律师职业的过程中找到激情？

我经常从年轻人的工作状态来判断他对律师职业的感觉。如果一个人做自己喜欢并热爱的事业的时候，一定是充满激情的，整个人都是忙碌而充实的。如果一个人从事自己并不喜欢的工作时，他的表现很可能是相对消极的。

我觉得对事业的激情是至关重要的，我们是全力以赴地奔跑，还是漫不经心地散步，所得到的结果一定是非常不同的。

富兰克林说："你要追求工作，别让工作追求你。"

我从2004年年初开始从事律师职业，可以说每一天都是充满激情的，我热爱自己的事业，也愿意为之付出自己全部的努力。我尽可能地把每一项工作做好，并且我很享受工作的过程，并没有觉得工作是浪费时间，而是觉得每一项工作都是我的人生积淀，我可以因此获得更多的从业经验，也可以因此获得更多的信任和友谊。

我希望年轻人在从事律师职业时，是积极的，是向上的，是富有激情的。激情是宝贵的，它将陪伴年轻律师在成长的路上一往无前。

二、你有无在从事律师职业的过程中获得成就感?

律师的成就感可以在工作中不断地展现。有时候是案件胜诉，有时候是项目完成交割，有时候是案件调解方案得到当事人的认同，有时候是帮助客户进行法律分析后得到的结论与事实惊人的一致，有时候是自己研究法律规则或案例后得到新的研究成果。

职业成就感是一种验证，每一次小小的胜利都不断证明我们当初的判断或选择是正确的；职业成就感是一种积累，每一次小小的成功都会让我们增加信心，坚信自己的律师之路越走越宽；职业成就感是一种提升，每一次小小的成就都会让我们感觉认知和思维在进步，我们的格局因此越来越大。

我从事律师职业二十年，除了始终保持对职业的激情外，更让我收获良多的，是每天都觉得自己在进步，每天都有成就感。这样的感觉让我在从事律师职业的时候，感到有一种无形的力量，在不停地推动我向前迈进，让我感觉到还有不断上升的空间。

三、你有无在从事律师职业的过程中得到客户的认同?

律师职业的本质是为客户提供法律专业服务，而服务的一个重要评价标准就是要让客户满意。如果一名律师的专业水平很高，但是客户并不满意，这样的法律服务很难说是成功的。

客户的认同感对律师而言至关重要，是对律师提供法律服务的过程和结果的结论性评价。我们在提供法律专业服务时，应当时刻为客户着想，把客户的合法权益放在首位。律师接受客户的委托之后，应当尽心尽责地为客户谋取合法利益，维护客户的合法权益，也只有这样，才能够得到客户的认同。

客户最直接的认同来自结果。律师代理客户的案件取得胜诉或者客户的合法权益得到维护，会让客户产生满足感和认同感。作为一名专业的律师，我们始终要把客户的目标放在最为重要的地位，始终为了实现客户的目标而努力。

客户的认同感同样也会来自过程。结果好的案件，不代表过程也好，如果过程不完美，客户同样会产生不认同的感觉。好的律师不仅应当追求好的结果，还要追求完美的过程，注重法律服务的每一个细节，让客户始终放心。

我曾经遇到过这样一件事情，一位朋友的亲戚因投资纠纷对某基金管理公司提起了仲裁，并聘请了律师代理该案。但这位律师在接受当事人的委托后，很少和当事人联系，当事人不得不通过朋友来咨询我，因为案件的进展当事人一无所知。当事人问我是不是律师办理案件都是这样不向当事人通报情况，他作为当事人想找律师了解案件情况是不是合适？我对这样的同行表示无奈，作为一名代理律师，保持和当事人的顺畅沟通并及时报告案件的进展，了解当事人的想法并努力帮助其维护权益，这是律师这个职业得以存在的基础，可惜这位同行真的不明白这个基本的道理。

客户的认同感会给律师带来极大的价值。认同感高的客户的复购率也会更高，他们不会再浪费时间寻找其他律师，而是会把新的法律业务继续交给自己放心的律师处理。认同感高的客户会不断地宣扬律师的口碑，从而会为律师带来新的业务。认同感高的客户会和律师建立起更加深厚的友谊，不仅成为其事业上的伙伴，还有可能成为其人生成长中的伙伴，他们会帮助和支持律师持续成长和发展。

有激情、有成就、有认同，这样做律师，想不成功都很难吧？

写给即将走向工作岗位的年轻律师

我一位朋友家的孩子近期通过了一家律所的面试，从此她就要踏入社会开始她的职业生涯了。在她踏入职场之前，根据朋友的要求，我还是有一些话要对她说，作为她走向工作岗位的基本参考。

一、要守时

守时是一项优秀的个人品质，一旦养成了守时的习惯，给别人的感觉就是可信赖的，也是积极向上的。凡事要适当提前，尽可能做到不迟到。守时是诚信的表现，也体现了对他人的礼貌与尊重，守时的本质是不影响他人对时间的安排，是一种合作共赢的理念。

在一切与天俱来的天然赠品中，时间是最为宝贵的。我们任何一个人，都无权浪费别人最为宝贵的时间，因此我们要做个守时的人。

二、要以终为始，学会实现目标

以终为始是一种思维模式，最早出自《黄帝内经》，先人是在告诫后人要在人生的春天就认真思考人生终点的意义和价值。其引申义有三：第一，凡事要有目标；第二，凡事要有计划；第三，凡事要有原则。正所谓“凡事预则立，不预则废。”

工作首先是为了生存，但工作的意义不仅仅是为了生存，在工作中要知道自己的工作目标，并努力工作以实现工作目标。对于人生的职业规划也是如此，在从事工作的过程中，要不断思考自己的职场目的地，并不断为之奋斗。

三、要注意礼仪

杨澜说过："形象永远走在实力前面，没有人有义务通过连你自己都不在意的邋遢外表去了解你内在的优秀。"

外表清爽利落的人，往往容易得到大家的喜欢和认可，因为外表往往是一个人内在涵养的外在表现，对于陌生人而言，是初识的印象，对于熟悉的人而言，则是长久的认同。注重外表不代表着要着装奢侈，而是要注意与所处的环境相协调，也要与自己的身份相符。

做一个谦虚低调的人，往往会得到大多数人的认可，而傲慢的人，则不会受到大家的欢迎。凡事有礼有节，充分尊重他人，培养利他的精神，往往会收到意想不到的效果。要学会控制自己的情绪，如果遇到委屈的事情，一定要先保持冷静，再慢慢思考利弊和得失，并从他人的角度全方面考虑，最终妥善应对。

四、要提升情商

自从"情商"一词出现以来，人们就开始了对情商与智商哪个更重要的比较。从功能上来讲，智商反映了人的智能水平，情商则反映了人在认识自我、控制情绪、激励自己以及处理人际关系方面的能力。智商往往决定一个人的事业发展的下限，而情商往往决定一个人事业发展的上限。社会学是一门大学问，年轻人一旦进入社会，一定要学会提升自己的情商，做一个受欢迎的人，做一个大家喜欢的人。

五、要持续学习

进入社会，并不代表学习的结束，而是新的学习的开始。学校里学的往往是理论性强的知识，社会需要更多的是实用的知识，需要不断地学习。要把自己培养成海绵，不断吸收社会的养分，不断地提升自己的认知能力，这样才会越来越强大。另外，进入社会并不代表学校生活的结束，许多人也会通过自学重新取得更高的学历。社会上比拼更多的是学习能力，培养自己的学习能力，在有限的时间内学习领会需要掌握的知识，这在职场是非常重要的。

在工作中，如果遇到需要做的事情，不用多考虑是否可以不做，而是要多考虑勇敢去做。行动是成功的阶梯，行动越多，登得越高。

从学校走向职场，在人生中是一件重要的事情。希望她能够把这些道理弄懂，充满自信地开始自己崭新而精彩的人生。

年轻律师进行市场营销的思考

我最近经常和年轻律师进行交流，也经常被问及如何给年轻律师一些关于市场营销方面的建议。年轻律师是律所的未来，也是律师行业的未来，他们的成长无论是对律所还是对整体行业而言都是非常重要的。

我觉得年轻律师的成长有一定的规律，基本的成长路径应该还是相似的，因此我试着根据自己对行业的理解，对年轻律师提出几点关于市场营销方面的建议。

一、年轻律师要精通律师业务

律师是销售员同时也是专家，年轻律师要迅速专业化。律师业务的分工越来越细，“万金油”式的律师不如专业化的律师受欢迎。年轻律师在专业化发展方面拥有天然优势：一是学习能力强，二是精力旺盛，三是善于寻求更多辅助工具提高学习效率。

年轻律师应充分评估和利用自己的条件，选择自己感兴趣且适合自己发展的专业方向，要敢于创新和突破。新知识越前沿越深奥，则该专业方面的门槛越高，这样的专业方向更有前途。

综合也是创造。如果有机会将不同的专业方向进行融合，可能有机会进入一个新的利基市场。比如，在科创类企业客户的上市业务中，针对客户的知识产权和技术来源问题，如果向客户导入知识产权合规专项法律服务，则可以更多地帮助拟上市的客户，这也是非常符合客户需求的新业务。

年轻律师的专业化可以加速。我刚开始做律师的时候，有一位老师曾经跟我讲过一句话，他说做律师不能急于求成，要做好长时间耐得住寂寞的准备。他的话在当时还是非常有道理的，无论从经验的积累还是从知识的积累来看，都需要较长的时间才能够逐渐成熟。但现在的情况不同，海量的信息和教程以及行业内的互通和交流可以让年轻律师们大大缩短成长的时间周期。只要做一个有心人，年轻律师可以迅速地成长。

有了专业基础，市场营销才会有更大的机会。

二、年轻律师要勇敢开拓市场

我们常说，年轻律师最难的路就是独立之路，独立最重要的条件就是具备开拓市场的能力。

有人说，律师这个行业是明显适用二八法则定律的行业，百分之二十的律师赚走了百分之八十的钱；也有人说，律师这个行业是越老越吃香，看看那些资深律师，很多都已经五六十岁了，还在精神百倍地工作着。

我认为不能过于悲观地看待年轻律师的发展机会。

一是这个时代在变，律师要学习的知识呈爆炸式增长，这方面年轻律师比较有优势。作为一名老律师，我其实并不觉得律师越老越吃香，相反，我经常担心自己可能因为年纪偏大而跟不上这个时代发展的节奏，担心自己会被淘汰。

二是确实有一大批优秀的年轻律师，抓住了这个时代赋予的机会，迅速发展自己的事业。杭州被称为互联网之都，那里有一大批优秀的互联网企业，杭州有一批年轻律师专业从事互联网法律服务，取得了优异的成绩。很多年轻律师已经成长为律所的骨干律师或合伙人。

三是律师营销作为一项专业的商业活动，值得引起律师行业人士的普遍重视，年轻律师有更多的机会。律师行业在中国的发展时间不算长，律师营销模式和效率的研究正在迅速发展之中，很多律师都是按照自己的感觉进行业务开拓，并没有形成律师营销的理论和体系。相信越来越多的律所和律师会重视律师营销工作，而年轻律师们则往往有着更多的机会学习和掌握律师营销的技能。

另外，年轻律师做营销，可以采取更多灵活的方式：一是可以和老律师们合作，老律师有经验和名气，年轻律师有冲劲有激情，两者结合可以产生更好的效果。二是年轻律师们也可以抱团取暖，通过研发法律服务产品，通过组建法律服务团队，共同为客户提供法律服务。三是年轻律师也可以采取跨界合作的方式，不同专业的年轻人在一起可以提供多专业综合服务。

总而言之，年轻律师不要认为市场是和自己无关的，法律服务市场未来还有很大的发展空间，年轻律师们应当积极拥抱市场。

三、年轻律师要不断提升个人修为

客户选择律师，本质上是要选择自己信得过的法律专业人士。如何做一个让客户信任的人，是年轻律师甚至是每一名律师都应当不断修炼的技能。

个人修为是全方位的，包括平时的言谈举止、守信准时的习惯、职业的着装打扮、礼仪修养、人文艺术等方面。我认为，在同等的情况下，客户更喜欢能够和谐相处并拥有更高综合素质的律师。

个人修为较好的律师，更容易和客户之间建立信任，而信任是商业合作的第一步。一个人外在的形象，反映出他特殊的内涵，倘若别人不信任你的外表，你就无法成功地推销自己。所有的客户都是买你的态度，因为认可你的为人，所以他们就更容易相信你的产品。

年轻律师大多受过良好的教育，知识面广，爱好广泛，学习能力强，这些都是年轻律师的优势。年轻律师如果能够在工作的过程中，提升个人修为，能够给客户留下更为深刻的印象，这样也会使营销成功的机会大大增加。

我非常喜欢律师职业的一个重要原因是这个职业可以让我每一天都在进步，这是一个终身学习的职业，也是一个终身成长的职业，能够边学习边成长，同时还能够收获事业上的成功，想必世上最好的一类职业也莫过于此吧。

决定律师发展的四大能力

在从事律师职业的过程中，我接触和观察过许许多多的同行，想学习他们身上的职业方面的优点，也不断努力向优秀的同行学习。根据我的体会，决定律师发展的主要能力至少包括以下几个方面。

一、学习的能力

我身边很多同行能够成为优秀的律师，其中最为重要的因素之一就是他们具备非常强的学习能力。

律师这个职业注定是一项需要终身学习的职业。法律法规和规范性文件的不断完善和更新，让律师们需要不断地更新自己的法律知识。“专业选得好，天天是高考”“劝人学法，千刀万剐”，说的就是法律专业需要学习的内容太多。

律师在执业过程中，除了掌握法律法规以外，还需要对法律事实进行梳理，需要对所服务的行业有所了解，资本市场律师还需要掌握经济、财务、审计等方面的知识，没有相当强的学习能力，是很难做好的。

正因为需要学习的法律规定和其他相关知识特别多，学习能力既是对律师的基本要求，也是优秀的律师能够脱颖而出的重要能力因素。

肯学习、善学习、爱学习的律师，无疑会占据业务上的优势。

二、沟通表达的能力

律师在工作中要与各种各样的人打交道，沟通能力是开展业务活动的基本能力。

首先，要善于倾听。客户需要被理解，这需要律师耐心地倾听。很多时候，律师为了表现自己的专业和经验，往往在客户还没说完的时候就先进行分析或判断，结果很容易因为信息不全或客户尚未陈述关键信息而出现偏差，也给客户留下了不稳重的印象。

正如美国通用公司前总裁卡耐基所说：“一双灵巧的耳朵胜过十张能说会道的嘴巴。”

其次，要表达准确。律师如果能够把客户陈述的事实用简洁而准确的语言复述出来，则无疑可以建立客户对自己的信任。律师如果能够再准确解释法律的适用，准确讲解案例和分享经验，则更有利于向客户提供专业的法律服务。

最后，沟通和表达要令他人舒适。有的律师说话令人愉悦，而有的律师说话却容易让人感觉不适，主要原因在于律师说话的时候有无兼顾他人感受。

真正会沟通的律师，懂得换位思考，懂得设身处地为他人着想。这些律师情商较高，能够准确把握说话的时机和分寸。这样的律师既让身边的人感到舒服，自己也不累。

另外，律师在很多场合会面对语言上的对抗，这需要律师具备谈判的能力。律师经常帮助客户进行商业谈判，在争议解决业务中更是和对方及对方代理律师唇枪舌剑、针锋相对，优秀的律师既能全力维护客户利益，又能考虑对方处境，妥善寻求解决方案，追求定分止争，从而实现共赢。

三、理解和分析的能力

律师总是要面对各种各样复杂的场景，作为法律专业人士，律师要能够看透、说透并通透。

法学院基本上都会开设一门课叫逻辑学，说明逻辑在法律工作中的重要性。逻辑学是训练人们思维的一门学科，逻辑在法律服务工作中常常发挥重要的作用，无论是事实梳理，还是法律分析，抑或法律论证，都需要大量运用逻辑学的原理。

律师的理解力有时候还体现在对人性的理解。心理学家阿德勒说过：“成熟并不是看懂事情，而是理解人性。”世间真正的强者，从来不会把人性想得多好，而是尊重人性，顺应人性。律师在长期的法律服务实践中，不断地了解和理解人性，有利于提高解决问题的能力。

四、写作的能力

写作能力是律师的重要能力，因为律师的大多数工作是以文字的方式展现的。

律师写作的内容丰富而广泛，从诉讼文书（起诉状、反诉状、证据目录、答辩状、代理词、辩护词等）到非诉讼各项法律文件（法律尽职调查报告、法律备忘录、法律分析报告、法律意见书、交易文件等），甚至是律师向客户提交的法律服务建议书或律所以及律师团队介绍等。很多律师经常撰写专业文章，甚至出版专著。

律师起草的法律文件是客户经常看到的，客户往往也是通过律师提交的文件来判断律师的专业水准。

坚持长期写作往往能够不断提升自己的专业水准，由此会不断提升律师自身甚至所在律所的影响力，并得到更多的业务机会。

上述四项能力，是我认为律师应当具备的比较重要的能力。当然，对律师能力的要求是全方位的，律师还要不断培养和提升各种各样的能力，唯有如此，才能在职业生涯中获得更好的发展。

成功的关键职业素养

在我二十年的从业过程中，我见证过许多年轻律师的成长，有的年轻律师成长得特别快，但有的年轻律师成长相对较慢，但大多数年轻人是非常努力的。当然也有相当多的年轻人尽管很努力却没有取得相应的进步。我觉得年轻律师在从事律师职业过程中要养成一些职业素养，这些职业素养是年轻律师事业取得成功的关键。

一、执行素养

律师的执行素养指的是律师贯彻法律服务意图，完成预定法律服务目标的基本素质。

我觉得这是非常重要的一项职业素养，孙正义说过："三流的点子加一流的执行力，永远比一流的点子加三流的执行力更好。"关于律师的执行力，我觉得主要体现为以下几点。

一是执行要有期限，即每一项工作要有完成的截止时间。这需要团队全体成员之间达成共识，团队负责人在布置一项工作时，要设定好合理的完成期限，如果一项工作的完成期限未明确，接受任务的团队成员要第一时间明确完成期限。对于工作量较大的工作，只设定最终完成期限可能是不够的，应当将具体任务再进行细化，确定各阶段或分项工作的完成期限。

二是执行要有结果。所有的工作都是为了追求预期的结果，律师在提供法律服务的过程中，应当为了好的结果而努力，这是法律服务真正的价值所在。有的律师把法律服务理解成走过场，或者只是履行规定的程序，这样的服务不能展现律师的专业性和职业精神。

三是执行要有品质，包括过程和客户对过程的体验。有的案件，结果很好，但是客户并不满意。为什么呢？因为客户没有良好的体验，律师没有展现良好的能够体现服务品质的职业素养。有的案件的结果是败诉，但是客户也会接受这个结果并对律师表示满意，因为法律服务的过程已经体现了律师的价值。

二、专业研究素养

我们面对的世界是复杂的，很多时候我们在法律服务的过程中会发现，我们对于很多事实很难直接得出结论，这需要律师具有专业研究能力，能够穿透现象理解本质，正确理解和适用法律的规定。

有些年轻律师在面对新问题时，过于依赖自己的直觉判断或进行简要的网络搜索，缺乏法律思维的运用，常常迅速地得出错误的结论。

比如有一次，我在审核一份协议时发现有这样的条款："本协议经双方签字，甲方按照本协议支付完本协议约定的补偿款项时生效。"我感觉这样的条款对乙方不公平，于是安排一名年轻律师论证该条款是否具有法律效力。半小时后，这名年轻律师回复我，因为协议中约定如果甲方没有支付全部补偿款，协议就不生效，这名年轻律师认为根据合同自治，这样的约定具有法律效力，需要遵守。

我心存疑虑，于是进行了相关检索，找到了（2021）最高法民申282号案例。在这个案件中，最高人民法院认为，将协议的主要合同义务支付工程款理解为合同所附生效条件，不符合双方当事人协议签订时的常理，否则双方当事人并无订立支付协议之必要。双方签字盖章付款并不符合附生效条件合同所指生效条件为对将来发生或不发生某种事实的不确定性，而是双方当事人约定的权利义务内容，因此对于一方当事人主张实际付款后生效的申请理由不成立，不予支持。

这是典型的年轻律师没有深入研究就迅速得出不准确结论的情形，主要原因可能是年轻律师对法律理论的敏感度不够，忽视了对理论观点和过往案例的核实和检索程序，导致未能胜任本次法律研究工作。

三、沟通素养

沟通素养是一种在书面法律技术之外的特质，现以我们在工作中遇到的实例进一步说明沟通的重要性。

我的同事 X 律师是一位资深证券律师，他不仅精通证券法律，还具有扎实的民法基本功底，经常帮助客户处理各种疑难法律问题。在承办一家公司 IPO（首次公开发行股票并上市）业务过程中，该公司与境外的竞争对手产生了非常大的争议且对该公司 IPO 构成实质性障碍，经过与境外竞争对手的初步较量，该公司感觉对方不可理喻，双方无法继续沟通解决方案，导致 IPO 也处于停滞状态。

X 律师了解到情况后，分析了双方的纠纷原因，认为双方如果不及时处理该纠纷，在利益上都会有较大损失，前期双方的沟通方式也不够妥当。于是，X 律师和该公司的高层坦诚地进行了交流，建议公司以诚恳的态度和境外竞争对手再做交流，X 律师可以代表该公司和对方进行沟通。该公司采纳了 X 律师的意见，对方收到邮件后很快回复愿意友好协商，最终顺利解决了这次纠纷，该公司也顺利成功 IPO。这家公司的高管多次提及，如果没有 X 律师推进沟通，该公司就不可能顺利上市。

以上三项职业素养是我认为非常重要的，也是我认为年轻律师需要特别注意提升的方面。当然，年轻律师除了上述三项职业素养外，还有很多需要具备的素养。随着发展阶段不同，年轻律师需要展现更多方面的职业素养，年轻律师正是在成长的过程中不断变得强大，最终才能成为能够独当一面的优秀律师。

年轻律师的成长之路

从事律师职业二十年，我发现每位律师的成长路径和方式各不相同，大体上可以分为三类，分别是专业型、资源型和实干型。

一、专业型

专业型的律师有一个明显的特征，就是特别擅长钻研业务。专业型律师一旦开始某个专业领域的工作，则努力学习和研究该领域相关的规则和案例，以及与该领域相关的其他知识。经过一段时间的努力和项目或案例的实践积累，专业型律师很快能够在该领域建立自己的专业形象，从而受到客户的信赖，在该领域不断地扩大业务。

我认为自己大体上应该算是专业型律师。我在第一家律所刚开始从事律师职业时，律所的业务比较庞杂，当时跟着主任办理了民事诉讼、公司收购和常年法律顾问业务，甚至还办理了一个刑事案件，并没能聚焦专业并形成某个领域的专业积累。到了第二家律所以后，有机会接触并承办大量的企业改制和上市业务，我努力地学习公司和证券相关的法律规则，并不断研习相关案例，了解证券行业的信息和新闻，经过一段时间以后，我就逐渐成为大多数客户所倚重的资本市场专业律师了。

我的一位硕士同学也是我的律所同事。他从1999年开始从事律师工作，开始主要从事法律援助方面的刑事辩护案件。他认真研究刑事辩护业务，帮助不少被告取得了较好的辩护效果，甚至有两位已经被判处死刑的被告，经过他的辩护后改判为死缓。2001年后，他开始主攻房地产业务，并在当时较为流行的网上论坛中回答网友们的相关房地产法律问题，逐渐形成了房地产业务方面的专业优势，办理了一批建筑房产相关的案件。2009年加入我所在的律所后，他转而主攻资本市场业务，经过几年的努力，他的资本市场业务也做得风生水起。

我在评价这位同学时，经常说起专业是一种习惯，对于拥有专业属性的人而言，只要给他机会，他就会成为这个领域的专业人士。

我的同事中有一名年轻律师，他在做律师之前是一名优秀的军人，出于对法律的热爱，他刻苦学习并成为一名律师。在执业之初，他以资本市场作为自己的方向，钻研资本市场法律并不断写文章，取得了非常好的效果。但他后来觉得自己对知识产权法律服务更有兴趣时，便转而研究知识产权专业，经过几年的埋头学习并不断实践，如今他在知识产权领域逐渐形成了自己的专业特色。

专业型的律师往往执着于对专业的追求，专业素质非常高，深得客户信任。

二、资源型

确实有一种律师是自带流量的，他们进入律师行业后，一直就不缺少业务机会，他们要做的，就是把机会转化成业务。

律所有一位同事，以前一直在政府机关任职，做事兢兢业业，为人热情诚恳。他从机关离职后，即加入律所成为一名律师。由于他在以前的工作中结识了许多朋友并有着广泛的社交圈，在从事律师职业后，他总是能够遇到各种各样的业务机会。他做事认真负责，客户的满意度非常高，所办理的案件和项目均取得了不错的效果，短短几年就晋升为高级权益律师（高级合伙人），并被选举担任律所的相关管理职位。

律所还有一位同事，博士研究生学历，除了专业强，还特别擅长组织各类学术活动和专业活动。他组建了律所的相关专业部门，每年都组织和参加大量的专业活动，取得了非常好的效果。他的社会交际圈也特别广，在他熟悉的领域经常会遇到各种各样的业务机会，他所在的团队这几年也取得了突飞猛进的发展。

律所还有一位刚刚执业的年轻律师，他积极参加社会活动，参加了知名大学的新生代企业家委员会，在新生代企业圈层建立了广泛而良好的人脉，帮助圈内的年轻企业家朋友们打理法律事务，也取得了非常不错的成绩。

资源型的律师都是社交的高手，拥有良好的人脉，因而能够源源不断地获得机会。

三、实干型

大多数律师，很难在执业之初就成为专业型或资源型的律师，但如果工作认真负责，同样可以取得非常好的成绩，我把这一类律师暂时称为实干型律师。

律所有一位年轻的高级权益律师（高级合伙人），她大学毕业后加入律所，是从一名律师助理逐步成长起来的。她目前主要的业务来源于和其他合伙人的合作，由于做事认真负责，每个案件都极尽所能维护当事人的合法权益，合作的合伙人和当事人非常认可并满意她的工作。由于案件办得好，工作表现优秀，她迅速成长为律所最年轻的高级权益律师（高级合伙人）。

律所还有一位年轻的合伙人，她是本科非法学专业毕业，但是她热爱法律工作，平易近人，情商极高，能够准确理解客户意图并为客户提供恰当的法律解决方案。经过大约七八年的努力工作，由于工作兢兢业业，对客户极其负责，尽心尽责地为客户打理法律事务，她因此获得了一大批客户的认可，并成长为律所的权益律师（合伙人）。

律所有一大批靠自己的努力工作而取得非常好的成绩的律师，他们做事忠于职守，对客户和当事人交代的工作尽心尽责，并在各自的专业领域打下了良好的基础。

这些实干型的律师也是律所的业务骨干，他们承办了大量的专业业务，树立了律所良好的业务口碑。我经常跟年轻律师讲，做律师有时候确实也不难，只要把每项工作做到极致，就是走在通往成功的路上。

当然，对每一名年轻律师来说，成长的道路是各不相同的，所谓的三种类型的分类也只是供大家参考的。很多律师兼顾三种类型，在每个方面都做得非常完美，也有不少律师另辟蹊径，同样找到了自己的发展之路。年轻律师应该找到真正适合自己的成长之路，才能更好地拥抱自己的职业未来。

成为合伙人需要具备的三种能力

从一名执业律师成长为一名合伙人，是一名律师职业生涯的质的飞跃，意味着律师与律所之间的雇佣关系发展为与合伙人之间的合伙关系。

拿破仑说过：不想当将军的士兵，不是好士兵。这句话同样也可以在此借鉴一下：对于年轻律师而言，不想当合伙人的律师，不是好律师。然而，正如不是每名士兵都能当上将军，现实中也并不是每名律师都能够成长为合伙人。在年轻律师成长为合伙人的路上，有哪些需要注意的呢？我来谈谈我的体会。

不同的律所有不同的合伙人标准，主要是创收标准、专业能力标准、价值观标准等，这取决于律所对于合伙人条件的具体规定。一名律师晋升为合伙人，或者律所引进新的合伙人，除了需要符合规定的合伙人条件，往往还需要经过律所合伙人会议等决策机构的通过。

年轻律师从进入律所开始，主要的精力和时间用于承办律师业务，完成律所和律师团队交办的各项工作，这之后虽然工作年限有所增长，但许多年轻律师进行的工作往往没有实质性的变化。这些年轻律师经常会思考一个问题：这样年复一日地忙于工作，如何才能成为律所的合伙人？

我认为，年轻律师在工作中只有不断去培养三种能力，才能为成长为合伙人打好基础。

一、创收能力

在律师需要提升的诸多能力中，创收能力无疑是最为重要的。因为收入是专业法律服务能够持续开展的基础，如果没有收入或缺乏足够的收入，我们的律师事业是无以为继的。

律师创收能力取决于律师对营销的理解和适用。律师营销应该是一门专业课程，有的学校里可能没有开设这门课，但从事律师行业后，年轻律师应该及时补上这门课的内容。年轻律师在从事工作的过程中，应当理解律师营销的重要意义和基本方法，并学着在工作实践中予以体会和实践。

有些年轻律师可能会说，自己没有任何经验，也没有信心，学习营销很难。我觉得不能这样简单地认为律师营销工作是合伙人的专利，或是认为律师营销工作需要执业多年并成为资深律师后再考虑开展，年轻律师完全可以参与其中完成一部分工作，并不断向合伙人学习具体的方法，这样年轻律师就可以通过刻意练习提高自己的营销意识和能力。

二、专业能力

在年轻律师成长为合伙人的诸多能力中，专业能力是相对容易取得的能力，也是年轻律师的立身之本。

律师的专业能力，主要指律师运用法律专业知识帮助客户解决问题或帮助客户创造价值的能力。年轻律师在最初几年的执业工作中，会接触和处理大量的法律实务工作，应当迅速提高自己的专业服务能力和专业水平。

无论是从事非诉讼业务还是诉讼业务，律师都有和客户建立专业信任的过程。律师和客户之间需要经常进行沟通和交流，这对于年轻律师是非常有帮助的。我们律所有很多年轻律师通过专业能力的发展而成长为合伙人，他们都是因为专业过硬、沟通良好、服务优质而得到众多客户的认可，由此他们在团队中的作用也就越来越突出或是选择独立后能够独当一面，为晋升为合伙人奠定了坚实的基础。

三、管理能力

年轻律师在往合伙人方向发展的过程中，还要培养管理能力。相较于律师的工作，律所合伙人的工作内容和责任都大了许多，需要全面率领团队发展，需要在战略管理、客户管理、业务管理、团队管理等诸多方面提升自己的能力。

年轻律师成为律所合伙人，就需要参与律所的管理与决策，通过参加合伙人会议等方式行使合伙人的权利，甚至成为律所的管理委员会成员。此外，合伙人要兼顾多项业务，并指导团队更年轻的律师共同完成法律服务，这时候仅仅自己有能力提供专业服务是不够的，还要考虑团队的整体工作效率和成果。

很多年轻律师在成长的过程中，管理能力是随着创收能力和专业能力的成长而同步成长的，因为在创收能力和专业能力提高的过程中，也要求管理能力的提高。

由此看来，年轻律师成长为合伙人并不容易。在实际中，有些年轻律师对于成长为合伙人还存在一些误区，主要表现在以下几个方面。

一是认为自己不成为合伙人也无所谓，可以一直做授薪律师。这种情况确实有，但并不多。律师这个职业，犹如逆水行舟，不进则退，如果年轻律师在执业多年后不能成长为合伙人，往往会被更年轻的律师超越，或者逐渐落后，而律所和律师团队也需要培养更为年轻的团队成员而不能留住太多的高年级律师。这可能也是很多律师最终离开律师行业的原因吧。

二是认为只要执业时间够长，早晚能成为合伙人。这种心态也是要不得的，律师能否成为合伙人，主要看能力是否达到，执业时间长的律师并不必然会成长为合伙人。

三是认为合伙人只是一个身份，做的工作内容和以前还是一样的。我认为，合伙人并不只是身份，而是一种格局和境界。只有真正理解合伙人的定位并真正符合合伙人的标准，才能真正成为一名合格的合伙人。

从律师成长为合伙人的角度而言，除了上面这三种能力外，还有很多方面的能力需要提升。律所也尽可能选择优秀的年轻律师进行培养，并希望培养越来越多的年轻合伙人，这样律所的事业就可以不断地发展和传承，律所也会越来越强大。

成功转型的关键

我们律师队伍中，有一种类型的律师是转型而来的，他们在进入职场之初，从事的并不是律师职业，后来由于各种各样的原因，选择了律师职业。我的情况也属于此类，我的第一份职业是铁路职工，我在铁路单位工作了六年，后来偶然的机会对法律产生了兴趣，考取了法律硕士，并在毕业后从事律师职业至今。

我认识的同行以及我身边的同事中，有不少律师也有过转型的经历。有的是曾经在公检法系统工作过，有的是在政府其他机关工作过，有的做过工程师，有的做过老师，有的曾经是军官，有的是从法务转型为律师，也有的是从执业医师转型为律师等。

从很多转型成功的律师身上，我发现了一些特点。为何他们能够转型成功？我觉得有以下几个方面的原因。

一、将经验和积累进行转化

一个人在工作了一段时间后，会积累各种各样的知识、经验和资源，从转型的角度而言，这些积累如果应用到新的职业中，便能够对事业的发展起到良好的作用。

转型的律师中有很多以前从事过法律相关工作的，他们有着法律行业工作经验上的优势，有利于在律师执业工作中发挥过往经验。有的转型律师在以前的行业中，积累了某些行业方面的经验，或者有着社会资源方面的优势，这些都能够促进律师业务的发展。

如果一个人在一个行业中做得出色，往往转型到另外的行业中也会同样出色或更为出色，很多转型的律师即是如此。他们擅长将以往成功的经验带到新的律师工作中，并将成功演化成一种习惯。

我在做律师之前的工作经验是六年的铁路职业生涯，这六年中虽然没有从事与法律相关的工作，也无法积累相关的社会资源，但我觉得这六年的工作经验还是对我以后从事律师工作有很大的帮助。首先是通过六年的工作，我逐步掌握了把工作做好的原则和方法。其次是通过铁路部门这一半军事化组织的训练，养成了良好的工作作风。最后是在工作中已经初步养成与他人进行良好沟通以及解决问题的能力。这些方面对我律师职业的发展至关重要。

有一句话说得好：人生没有白走的路，每一步都算数。我们每一个努力的今天，都有可能是为明天打下更好的基础。

二、注重对新行业的学习

转型成功的人，大多是保持了学习的热情和习惯。敢于从一个其他行业换到律师行业，没有学习的热情和能力应该是不行的。

转型的律师中，有一部分是没有经过系统法学教育的，这些律师主要是通过自学掌握法律知识的；也有一部分开始并非学习法律专业，后来又改学法律专业。相对而言，这些律师的法学功底开始可能是欠缺的，这需要更多地投入对法律专业的学习。只有通过持续的努力学习，才有可能掌握扎实的法学功底，很多转型成功的律师正是终身学习的践行者。

有个朋友曾经问我一个问题：为何要离开原来的行业而选择法律专业？我是这样回答的：原来从事机械行业偏操作类的工作时，我在熟悉了相关的机械原理和运用的工作内容后，感觉到需要更新的知识不多了；但是法律不一样，法律专业学无止境，特别是与法律相关的其他专业领域知识更是浩如烟海，这个行业能够激发我的学习欲并满足我的好奇心，因此是我特别喜欢的行业。

对于律师职业而言，需要学习的内容的确特别多，除了法律专业知识以外，还要学习营销学、心理学、战略学、财务、税务等相关知识，转型成功的律师很多具有综合性知识结构，能够充分发挥知识面丰富的优势，更好地帮助客户解决法律问题。

由此可见，学习能力对律师而言，是一项重要的能力，很多转型的律师正是善于利用并发挥自己的学习能力，从而取得了事业上的进步。

三、发挥后发优势

转型的律师做律师相对较晚，但晚也有晚的好处。

首先，转型的律师很多都在转型之初具有一定的经济基础，他们能够耐心克服律师执业初期的困难，能够按自己的规划持续在律师行业中深耕。

其次，转型的律师由于拥有一定的工作经历，他们往往更了解社会运行的规则和特点，可以少走弯路，他们有经验和能力面对复杂的案件，更能够理解人性，更能够寻求解决之道。

最后，转型的律师因为有一定的阅历，相对于刚毕业的学生，他们多了一份沉稳和成熟，更容易得到当事人和客户的信任。

我是在 32 岁开始从事律师职业的，那时候对我而言虽然从事的法律工作内容是新的，但是与他人交流以及寻求合理解决方案的理念和思路则是在以前的工作中就大量实践过的，因此我很快就适应了律师职业，而且能够不断运用过往的经验和技能丰富自己的法律技术。例如，我在以前铁路单位的工作中养成了快速打字的习惯，这个习惯使我在做律师助理参加业务会议的时候，能够随时做好会议纪要，一般在会议结束后的一个小时内，我就会把已经核对过的会议纪要发给合伙人和其他相关人员，这使合伙人对我的满意度增加，并因此给了我很多的机会。

人的一生，是由一连串决定交织而成的过程，其精华在于自己如何选择。生命的最高境界，就是选对舞台，尽情挥洒才华，走出自己的路。对于转型的律师而言，既然已经通过选择转型向自己的人生提出了挑战，从事律师职业后就应该坚定不移地去提升自我，坚定地把律师专业做精，把律师业务做好。

如何避免成为进步慢的律师

谈起大律师，大家往往首先想到的是担任各级律师协会领导职务或长期占据各大排行榜单的大律师们。这些大律师业务精湛，创收惊人，在某些专业领域造诣很深。他们往往能够统揽全局，深刻把握业务实质，提出最为合理的法律解决方案，能够切实帮助客户或者当事人，并得到同行和业界的普遍认可以及高度评价。

现实中，这些大律师毕竟只是少数。与此同时，在行业内确实存在不少律师，执业多年却始终找不到或者未掌握作为优秀律师的基本原则或基本方法，一直不得要领，导致律师业务起色不大，职业生涯平平庸庸。

有一些律师，执业年限已经很长，开始执业时业务尚有起色，后来未能够积极开拓和进取，也未形成专业特色，客户不仅很少增加，老客户也逐渐流失，导致业务有越做越小的迹象，业务前景不被看好。

也有一些律师，虽然执业年限较长，但执业过程中主要依赖和同事的合作，或是有部分律师不断地跳槽，导致原来同其他律师合作的客户流失，和相关同事的合作减少，业绩受到影响。

还有一些律师，自毕业后一直在团队从事授薪律师工作，专业水平虽能够胜任工作需要，但长期从事具体案件办理，未形成自己的客户群，处于职业迷茫期，不知道未来的律师之路如何发展。

以上三种律师，可以算是进步慢的律师类型的代表，三种律师其实都在同一个地方出现问题，即未能进行有效且持续的业务开拓，导致未能形成稳定而长期的客户群，因此很难在这个充满竞争的法律服务市场立足。

客户对于律师的重要性，不言自明。企业管理宗师德鲁克曾说过："企业存在的唯一目的就是创造顾客。"华为公司提出以客户为中心，公司的一切行为应该围绕客户展开，这个理念对律师界也是适用的。经过我的观察，上述三种律师进步慢虽然在于缺少稳定的客户群，但究其原因，可能是缺乏完整的服务客户的工作体系。这些律师在工作中，可能存在以下不足之处。

一、不懂客户和当事人的真正需求

律师在办理案件或项目的过程中，结果固然重要，过程也不容忽视，但往往有些律师没有意识到这方面的重要性。有的律师在办理诉讼案件时，很少主动向当事人汇报案件进展，也极少积极主动与主办法官沟通案件进度与细节，在开庭后存在不及时向当事人报告开庭情况的情形。当事人经常向该律师询问案件进度，但该律师认为当事人太性急，应当等待法院的结果而不是催法官加快案件进度。甚至有些律师经常不接客户或当事人的电话，且多次对于未接通的电话亦未进行回复，导致当事人和客户经常流失。也有一些律师，认为自己只是授薪律师，客户和当事人是合伙人的，自己只是承办案件而已，因此对案件之外的事情一概漠不关心，没有树立主人翁的意识和精神。

二、没有把帮助客户或当事人解决问题作为工作的核心

曾有客户打电话向某位律师咨询一个与财务有关的资本市场问题，该律师直接回复客户说这是会计师的工作，不宜咨询律师。也有律师在办理诉讼案件时，对于当事人的需求往往敷衍了事，经常找各种理由解释未办理成功的原因，而不是积极寻求解决方案。有的授薪律师，只是遵照合伙人的要求完成流程工作，至于能否解决客户或当事人的问题，往往并不会考虑太多，并没有把解决客户或当事人的问题作为核心工作目标。

三、在与客户和当事人沟通的过程中，不懂得换位思考

有些律师在为客户提供法律服务的过程中，经常向客户提出不切实际的解决方案，这些方案要么未考虑客户的整体或核心需求，要么未考虑税收或财务等因素而导致交易成本过高，致使客户无所适用或无所适从。有

些律师在办理案件或承办项目的过程中，经常批评当事人或客户所犯的错误或工作不足之处，形成和当事人或客户的对立关系。有些授薪律师在工作过程中，经常说自己只负责完成合伙人安排的工作，不懂得为客户的负责人员承担更多的工作或责任。

这些律师在工作中，不懂得赞赏别人，不懂得尊重别人的工作成果，不懂得换位思考，沟通缺乏亲和力，导致很少能与客户和当事人的负责人员产生共鸣，也很少得到别人的赞赏和认可。

因此，从律师执业角度而言，要想避免成为进步慢的律师，除了扎实的专业基础之外，形成自己稳定的客户群，理解客户并为客户真正地解决专业问题也是至关重要的。

我建议年轻律师应当以客户为中心，以当事人（包括客户的负责人员）为本，以高智商的法律专业服务，加上高情商的沟通技巧，扎实做好法律服务工作，方能在这个竞争日益激烈的市场中，打造属于自己的一片天地。

律师如何选择合适的律所

当律师的业务逐渐稳定的时候，很多律师会考虑这样一个问题：什么样的律所是最适合自己的律所，或者说自己应该在什么样的律所执业？我也考虑过这样的问题。我觉得，律师可考虑以下三个方面的内容。

一、律所的特色与个人特点是否吻合

每家律所都有其特色，每名律师也各有特点。律师在选择律所时，首先要考虑自己的特点和律所的特色是否吻合。

对于很多律师而言，特别要考虑的是自己的业务来源。有的律师自己业务开拓能力较强，他更需要的是律所的品牌和规模排名等吸引客户的关注；有的律师办理业务能力较强但是业务开发能力不足，他需要的是律所的业务来源支持以及和其他律师的合作机会。当然，也有相当一部分律师各方面的能力都很强，他们也需要合适的律所平台施展自己的才华。

另外，律师行业发展到今天，律所的管理水平对律师个人发展的重要性越发突出。我认为，一家具有明确的发展愿景和高超的管理水平的律师事务所，能够不断地通过律所的组织力、创新力和整合力等方面发挥律所平台的作用，从而为律师提供清晰的发展方向，促进律师的个人发展。对律师个人而言，找到这样的律师事务所，才能在法律服务行业如鱼得水，这时律师的个人发展和提升是可以期待的。

二、律所的机制与个人发展是否契合

律师从事法律服务，会逐渐形成自己的专业特色和风格，如果律师想要在专业上取得发展，有律所平台和机制的加持是非常重要的。

为了推动律师业务专业化的发展，很多律所设立了专业部门，有的是根据业务的布局设立专业部门，有的是根据律师的业务特点设立业务部门，如果律师的个人业务能够和律所的专业布局有机地结合起来，将会对律师的业务发展产生良性的促进作用。律师在选择律所时往往也会考虑这一因素。

在自然界中，有这样一种现象：一株植物在独自生长的时候，往往会生长缓慢，显得短小、脆弱；而一大堆植物抱在一起生长的时候，会显得生机盎然，活力满满，枝繁叶茂。我认为，好的律所应该也是这样，能够聚集优秀的律师在一起共同成长，律师应该选择这样的律所。

三、律所的文化与个人风格是否融合

从事律师职业，不仅仅是为了谋求一份工作，更多的意义上，我们应该享受并发展法律服务事业。因此，对每一名律师而言，找到一家适合自己的律所，也是找到了自己的心灵家园，找到了自己对事业追求的归属之地。

有一些律师，他们和律所的关系非常淡漠，平时极少来律所，也很少参加律所的各项活动，他们和律所之间更像是挂靠的关系。对于这样的情况，我认为律师虽然属于自由职业者，律所很难过多要求律师的行为，但是从律所的长远发展和律师个人的成长而言，还是存在不足的。这样未能够将律所的平台优势和律师个人的能动性发挥出来，无论对律所而言还是对律师个人而言，都是不利的。

我认为，每家律所都有其文化特点，律所之间也会互相取长补短、相互学习。现在很多律所都公开了自己的愿景、使命和价值观等律所文化内容，律师在自己的律所践行价值观的同时，也可以学习其他律所的优点，不断地促进自己的成长。

当然，除了上述原因以外，律师在选择执业的律所时，可能还会考虑其他相关的因素。我的一些律师朋友，他们有的选择离家近的律所工作以达到时间上的便利，有的选择自己的同学或熟悉的朋友所在的律所可以互相照应，有的选择在自己从事专业领域有特色的精品律所以利于自己的专

业发展等，我觉得他们的选择都有合理之处。

另外，律师选择不同的律所，也可能会遇到不同的问题。例如，选择规模特别大的律所，可能会经常遇到利益冲突的问题从而影响承办相关业务，选择专业方面的精品律所可能会面对无法为客户提供更为全面的法律服务的问题等。这样就会导致律师在执业的过程中不得不因此而放弃一些机会，律师在选择律所时往往需要在利弊之间进行权衡。

很多律师在自己的执业生涯中，会因为各种各样的原因，在不同的律所进行执业，这也是很常见的。我自己也先后在四家律所工作，虽然每次换所的过程都很纠结，但最终能够找到自己特别喜欢的律所，也是一件非常快乐且幸运的事情。

我认为，律师的执业生涯非常宝贵，选择适合自己的律所是非常重要的。对每名律师而言，可能没有最好的律所，只有最适合的律所。律师在选择律所的过程中，应当追求律师个人和律所平台互相成就的方式，追求律师个人和律所共同发展的状态。

第二章　律师执业技能思考

力量的秘密在于专注。

——爱默生

如何撰写高质量的法律尽职调查报告

法律尽职调查报告的撰写是每一位从事非诉法律业务律师的基本功，但很多年轻律师可能并未意识到这项工作的重要性。我曾经听到过一位年轻律师说他整天忙于法律尽职调查，工作没有成就感。法律尽职调查工作确实可能会有简单枯燥的时候，但是我们对法律尽职调查工作的重要性还是要有足够的认识。

法律尽职调查是做好法律服务的基础，《商业的本质》中提到，探索真相和建立信任是商业合作的两大重点，做好法律尽职调查工作，既是探索真相的重要工作，也是建立信任的基础。法律尽职调查工作是法律服务的基础工作，通过法律尽职调查工作给客户和其他合作伙伴留下深刻的印象，有利于后面的法律服务工作顺利地开展。

法律尽职调查工作的重要成果是撰写并形成法律尽职调查报告，法律尽职调查报告是展现律师工作成果的重要内容，也是通过尽职调查工作发现问题并寻求解决方案的良好途径。一份内容准确、分析透彻、建议精当、制作精美的法律尽职调查报告，是律师专业服务的最佳表现。

根据多年从事法律尽职调查的工作经验，我觉得要撰写高质量的法律尽职调查报告，应当注意以下几个方面。

一、要明确报告的目的和范围

在撰写法律尽职调查报告之前，要明确该报告的使用目的。

如果调查的目的不同，则调查的范围也有所不同。明确调查范围，有利于确定律师团队具体的工作内容和工作量，且应当在报告中予以列明调查目的和范围，避免引起不必要的争议。

例如，IPO业务的法律尽职调查是要了解目标公司的上市合规相关内容，需要对目标公司的全部法律合规方面展开调查。股权激励业务的法律尽职调查范围就要小很多，往往对与股权激励相关的方面进行调查即可。

二、要明确报告的框架结构和体例

法律尽职调查报告一般包括释义、声明和保证、正文和结语几个部分。

在正文中要合理地设计内容的具体披露结构，对于IPO业务或投资并购业务的法律尽职调查报告，往往按照《公开发行证券公司信息披露的编报规则第12号——公开发行证券的法律意见书和律师工作报告》中规定的全部重大方面进行撰写。

在撰写每一重大方面时，要制定规范的体例，分别描述律师采取的核查手段和核查的内容、基本事实、法律评价等内容。

三、要有报告摘要和风险分级提示

对于篇幅较长的法律尽职调查报告，考虑到阅读量大，寻找结论不便，一般要在报告的前面部分编撰报告摘要。在报告摘要中所列示的法律方面关注的问题，可以列示风险等级，一般以高风险、中风险和低风险三级进行划分。

报告摘要是整体报告的精华，也是客户重点阅读的内容，报告摘要的撰写要做到文字精练、内容清晰、观点鲜明，要能够给客户清晰明确的感觉。

峰终定律中强调，多数可遗忘，偶尔特漂亮。报告摘要就应当是特漂亮的内容所在。

四、要遵循MECE原则

MECE（Mutually Exclusive Collectively Exhaustive）的中文意思是“相互独立，完全穷尽”，意即做到不重不漏，逻辑严谨而完整。

MECE原则同样适用于法律尽职调查报告的撰写，法律尽职调查报告的内容应当逻辑严密，各组成部分既能够独立表达，组合在一起又能构成一份完整的报告，且各部分内容之间无须重复。

有的法律尽职调查报告的内容存在遗漏之处，有的法律尽职调查报告的内容多处重复，这些都是需要避免的。

五、要有“法律”的内容

既然是一份法律尽职调查报告，在描述事实以外，就更要注意在报告中注入法律因素。法律要被运用于分析事实和指导实践，法律和事实的有机结合，才能有效显示法律尽职调查报告的价值。

法律尽职调查报告中，在对事实进行法律分析和评价时，要有明确的法律依据。律师既要具备准确引用法律的能力，又要具备准确解析法律的能力，要用客户能够理解的文字和语言，将尽职调查中发现的问题和法律解决方案论述清楚。

很多律师在撰写法律尽职调查报告的过程中，重视对尽调事实部分的撰写，却忽略了尽职调查涉及的法律法规和规范性文件方面的研究和适用，导致法律尽职调查报告的内容缺乏法律专业性，不利于客户从法律方面理解尽职调查报告的内容。

六、既要有调，也要有查，调查不可分

法律尽职调查报告中，既要进行调取和收集资料的工作，也要进行查阅和查实的工作，调和查这两者密不可分。

调和查，两者均不可偏废。通过调取和收集的工作，律师可以获得最为全面的事实信息；通过查阅和查实的工作，律师可以充分了解并陈述事实内容。

调查和收集的工作是基础。有些律师不重视基础工作，导致在尽调的过程中未能得到最为充分的资料，这样的尽职调查工作很难让人满意。查阅和查实工作，既包括对既有事实的核实，也包括对事实相关的法律法规和规范性文件，以及与事实相关的背景知识和外围知识的了解和分析。

七、术语要规范，杜绝口头语等非规范用语

很多法律尽职调查报告中涉及众多的法律主体名称、行业和专业方面的知识以及法律法规和规范性文件等，均需要以简称或术语进行简化，以简化报告的篇幅内容并有利于阅读和理解。术语和简称应当符合习惯，不必刻意标新立异，阅读和表述顺畅即可。

对于某公司的简称，不宜简称为“公司”，可以简称为“某某公司”，以避免在逻辑上导致“公司”的含义混淆。术语和简称要在全文中保持一致，不能出现前后不一致的情形。

不同中介机构的报告或文件中的简称，原则上应保持一致，这样有利于客户在阅读各中介机构的文件时统一理解，不必切换概念，也容易避免误解。

作为专业律师，应该杜绝在报告中使用不规范的用语特别是不能使用口头语，如将“甲方向乙方支付人民币 100 万元”表述成“甲方打了 100 万元给乙方”，这就显得太不专业了。

律师要擅长将从客户或相关主体处取得的信息转化为专业内容，而不能简单地引用客户的并不专业或不精准的表述。

八、段落、字体和标点等要统一且规范

有一句话说得好：“才华凝结在具体的形式之中”。好的法律尽职调查报告应该有好的格式。

律师要特别注重法律尽职调查报告的版式。法律尽职调查报告的行间距、段间距、字体、对齐、标点等都要形成规范，形成专业的模板，这样也能提升法律尽职调查报告的撰写效率。

举个例子，很多律师不熟悉多级列表的使用技巧，在排列报告中各部分内容的序号时，用手动输入的方式编写“一、二、三”“（1）（2）（3）”等编号，这样不仅效率低下，还经常因为删减或插入内容而导致烦琐的工作量且容易出现错误。

九、要形成具有律所独特文化和气质的报告

同一家律所，同一个律师团队，有时候也会出具格式和气质截然不同的法律尽职调查报告，这会大大降低客户体验，也不利于律所和团队的工作效率，并影响律师和团队的文化建设效果。客户在阅读律师提交的法律尽职调查报告时，首先会在整体上感受该律所的文件质量，进而判断该律所和律师的水平，最终形成对该律所和律师的专业印象。

为此，很多知名律所都形成了相对统一的独特的法律尽职调查报告的规范撰写方式，这对于提升律所的品牌影响力是非常有益的。

我认为，每一位承办相关业务的律师，都要特别重视法律尽职调查报告的撰写。用优质的法律尽职调查报告来宣传律所和律师是提升品牌的好方法。

如何起草高质量的协议

对于专业律师而言，起草协议是一项基本功。对于协议的起草工作，有些律师往往会认为协议就是套模板，这种观点并不可取。随着律所知识管理的发展，很多律所都建立了协议文本库，这些文本库的内容确实在很大程度上提高了律师起草协议的效率，但是每项交易都有其复杂性，具体交易背景各有不同，各方主体的利益诉求和核心要点也有差别，如果一味套用模板，而不能在协议中有针对性地精准约定交易细节，很有可能影响商业目的的实现。

高质量的协议反映了律所和律师高质量的法律服务水平，无论怎样看重协议起草的重要性都不为过。对于一名律师而言，如何提升起草协议的水准，我认为要重视以下几个方面。

一、准确理解协议的目的

协议是交易内容的表现形式，是为实现交易目的而服务的。起草协议之前首先应当理解协议的目的，只有在正确的目的指导下，才能够起草内容准确的协议。有些交易比较简单，交易各方之间也希望用比较简单清晰的协议约定权利义务，此时如果采用特别复杂的文件版本，不仅容易增加交易各方之间的交易成本，也可能会因为协议内容过于繁杂而导致交易各方之间形成理解上的争议。

协议应当有需要实现的核心目标内容，协议的起草应当围绕核心目标内容展开，加之其他相关的约定和条款，以确保真实反映交易各方的权利和义务的内容。

二、避免成为交易杀手

协议是交易各方达成一致的书面形式，律师起草协议时，应当充分理解交易成功是关键。如果不能充分理解交易各方的目的，在无关紧要的协议内容上纠缠不休，导致交易延迟甚至交易流产，则是得不偿失的。

有时候交易的一方在协议中设置诸多过于严苛的条款，协议的内容中对抗多于合作，容易引起并激化双方的争端，从而引起双方合作基础的变化，导致交易遇到重大困难，这时候律师应当发挥专业作用，寻求合理的解决方案。

三、擅长进行法律转化

律师接受客户的委托时，经常会收到客户按照自己的理解整理出来的协议内容，客户往往会以通俗的语言进行表述。

律师起草协议时切忌照抄照搬客户草拟的协议相关内容。有的律师会认为，这些内容是客户拟定的，律师全文引用就不会有差错，至于因这些内容不准确而产生责任，也应该由客户自行承担。我认为这种观点是不正确的。作为一名专业律师，应当运用自己的专业法律知识，将客户提交的内容转化成法律上有确定性的符合规范的协议条款内容。当然，律师经过法律专业加工后的协议内容最终需要得到客户的认可。

有经验的律师在起草协议时，会充分考虑交易各方的理解和表述，结合交易本身设计并形成内容完整的协议，准确实现客户的利益，容易得到交易相对方的理解和认可，高效地推进交易的达成。

四、权利和义务的约定要准确

法学首先是法律语言学，语言对于法律的重要性自不待言。

律师起草协议时最为重要的工作，就是要用精准的语言准确约定交易各方的权利和义务。

交易各方可能未能准确表述权利和义务的内容，或者各交易主体可能对权利和义务的内容理解出现偏差，律师要建立完善的协议起草业务流程，和各方确认相关内容，做到内容准确。

律师起草协议时，要避免使用模糊的语言或者可能出现两种或多种理解的内容，也要避免使用在法律上确定性不够的语句。

我曾经遇到过一个并购项目，受让方受让了出让方持有的目标公司51%的股权后，双方约定对剩余49%的股权的收购条款内容为："本协议生效之日起三年后，乙方持有的49%股权以换股或其他方式由甲方根据当时有效的法律规范的要求进行收购，价值根据当时的市场公允价值确定，但不低于本次交易增资后的估值，收购方式双方另行协商确定。"

因存在上述条款，收购条款最终被法院认定为预约合同，而不是被认定为本约，转让方因此遭受了巨大的损失。

五、权利要设置"鲨鱼的牙齿"

一份协议中的主要内容是交易各方的权利和义务，对于交易内容复杂的协议，交易各方权利和义务的内容往往会占据较大的篇幅，此时律师要充分考虑交易对方在违约时如何保护客户的利益。

有的律师在起草协议时，往往采用通用的违约责任条款，如约定当一方违反本协议的约定时，应赔偿因此给其他方造成的损失。这样的条款过于宽泛，没有特别大的价值，因为即使不作此约定，根据《民法典》第186条的规定，因当事人一方的违约行为，损害对方人身权益、财产权益的，受损害方有权选择请求其承担违约责任或侵权责任。因此，这样的条款实际上是法律的重述。如果能够根据协议中的具体情况约定违约责任的具体承担方式，显然更有利于保护权利人的合法权益。

有的律师认为，法律规定了如果违约责任约定的赔偿金额高于实际损失时，应当按照实际损失进行赔偿，协议中关于违约责任的约定就没有意义了。这种观点也是不正确的。

在实务中，具有严密内容的违约责任条款非常有利于权利方行使权利，即使违约方要证明违约责任高于实际损失，违约方也要负举证责任，而且也是约定的违约金过分高于造成的损失时才有可能被调整。

有经验的律师，应当善于将权利武装到牙齿。

六、具备诉讼思维

协议的起草对律师而言，看上去是一项非诉讼业务，实则不然。我的理解是，要把起草协议当作诉讼的准备业务来对待，才能更好地防范协议的风险。

协议的作用，不仅是固定交易各方的权利和义务关系，也是为了定分止争而采取的方式。在协议中要充分考虑到未来任何一方违约时的追究机制，才能够防患于未然。

对于律师而言，在起草协议时要充分预估交易对方可能会违约的情形，在协议中进行相关的约定，这样既有利于有效保护客户的利益，也有利于在争议出现阶段为客户提供有效的法律服务。

七、协议的格式要统一

协议应保持统一的风格，行间距、字间距、段间距、字体、首行缩进、对齐、（多级）列表等均应保持一致。协议的简称和术语要全文保持一致，且简称和术语要统一定义在正文之前，不宜在正文中再行定义简称和术语。

律师在起草协议的过程中，协议条款之间的互相援引要慎重，避免出现因条款有增删或修改后出现引用的条款序号不正确的情形。

在法律服务的实践中，我们可以看到，很多知名的律所都形成了相对统一的协议等法律文件的格式版本，这样格式统一的协议文本往往给客户留下规范、高端的印象，是提升律所业务层次的重要方面。

我认为，制作律所统一且规范的协议和其他法律文本，也是律所品牌建设的重要部分。律所应当拥有属于自己的具有统一格式和规范的个性化的协议格式版本。个性化的协议版本不仅有利于提升律所品牌形象，还有利于提升工作效率，有利于提升整体法律服务水准。

西方有句法谚："财富的一半来自合同。"律师受托于委托人，应当充分利用法律规则和语言的艺术，起草标准、规范和准确的协议，以保护交易，创造社会财富。

律师写作的常见问题

能说会写是律师的立身之本。对律师而言，写作是和说话一样重要的技能，许多时候，写作的重要性可能要超过说话。

无论是从事诉讼业务还是从事非诉讼业务，写作均是律师业务基础中的基础。特别是当今时代，书面工作在许多时候替代了面对面的语言沟通，法律上的工作成果也往往以书面的形式出现。有一些律师，口头表达能力可能一般，但是写作水平高，同样可以得到客户的认可，事业也做得非常出色。所以，对律师而言，写作能力在很多时候可能是决定性的能力。

在律师实务中，我遇到的常见的写作问题至少有以下几类。

一、法律文件的格式不够专业和规范

律师在客户心目中的形象应当是严谨和专业的，客户对律师的形象判断往往是从律师的言谈举止和出具的文件中开始的，一份格式规范的文件，能够增强客户的信任度，也有利于律师专业形象的建立。

在律师实务中，有些律师不注重文书的格式，经常不注意汉字字体、字母和数字的字体、段间距、行间距、字间距、首行缩进、表格、编号、多级列表等的规范化。例如，多级列表在对复杂协议的排版中非常重要，如果不懂得如何使用，则在排版时出现很多重复或多余的工作，就会大大降低效率，给客户的印象也非常不好。

有的律所的不同律师出具的同一类型的法律意见书的格式并不一致，有的律师同时起草的不同法律文件的格式并不统一，这些都是文书写作不规范的表现。

二、法律文件中的用语和措辞不够专业

有些律师在起草和修改法律文件时，经常用到口语化的语言，会使服务效果大打折扣。我曾经见过有的律师所起草的文件中，作为协议一方的主体是“贵公司”，“贵公司”这个词就特别口语化，不适合用在正式的协议中。客户一旦看到这些不够规范的词语，往往会怀疑律师的专业能力。

律师在起草法律文件的过程中，不仅要特别注意法言法语的正确使用，还要注意法律文件约定内容的完整性和全面性。在起草协议时，有些格式内容的条款看上去并不重要，如通知条款（NOTICES）、转让条款（ASSIGNMENT）、适用法律和争议解决条款（GOVERNING LAW AND SETTLEMENT OF DISPUTES）、签署和有效性条款（EXECUTION AND EFFECTIVENESS）、不可抗力条款（FORCE MAJEURE）、语言和副本条款（LANGUAGE AND COUNTERPART）等，殊不知，这些经过长期实践总结出来的格式条款有利于全面考虑协议可能出现的风险，做到有备无患，避免未来因未提前作约定而可能出现的争端。

三、法律文件中存在逻辑矛盾

麦肯锡方法中有一个“MECE原则”，它是麦肯锡的第一个女咨询顾问巴巴拉·明托（Barbara Minto）在金字塔原理（The Minto Pyramid Principle）中提出的一个很重要的原则。这个原则要求对于一个重大的议题，能够做到不重叠、不遗漏地分类，而且能够借此有效把握问题的核心，并成为有效解决问题的方法。我曾经见过有些律师在法律文件中，把企业上市分为主板上市、创业板上市和科创板上市，殊不知目前国内上市还包括北交所上市，另外还有境外上市，境外上市也分成不同的国家和不同的板块，在美国上市至少包括纽约证券交易所和纳斯达克交易所，纳斯达克上市也分成纳斯达克全球精选市场、纳斯达克全球市场和纳斯达克资本市场。由此可见，只有考虑全面，才能够将分类做得精准。

如果法律文件中存在逻辑上的矛盾，则可能出现文义上的歧义从而影响权利义务关系，导致相关方的利益受到损害。例如，在一个股权投资项

目相关协议中约定，杨某受让林某持有的目标公司1%（1200万股）的股权，但目标公司的注册资本为1.2亿元，双方对于是120万股还是1200万股，争议激烈，该等约定最终引致重大诉讼。

四、法律文件中缺乏专业论证方法

有的律师在撰写备忘录或分析性法律文件时，没有形成相对固定的方法，结论和理由之间缺乏必然的联系，往往显得不成体系。在国外的法学教育中，有一个IRAC分析法非常实用，值得我们学习，即首先要发现问题（ISSUE），以发现事实；其次是寻求规则（RULE），找到可以帮助解决问题的规则；再次是适用或分析（APPLICATION/ANALYSIS），通过分析将规则应用于事实；最后是形成结论（CONCLUSION），就事实是否满足规则达成结论。

在非诉业务中，特别是在有些法律尽职调查报告中，可以看到有些律师在对事实部分描述后，直接得出该事实不符合法律的结论，缺乏对具体法律条文的引用和分析。这样的尽职调查报告不仅客户不能完全看明白，也无法体现律师的专业水准，不能达到通过专业论证来帮助客户解决问题的目的。

随着整个行业法律服务水准的提升，客户对法律文件的要求也越来越高，律师也应当充分认识到法律文件的质量水准对律师业务的影响，掌握并不断提升法律文件制作水平。如果律师没能掌握法律文件写作的艺术，则很难在这个日益发展和竞争的行业中处于不败之地。

例如，在起草协议的过程中，可以将通知和送达条款、法律适用和争议解决条款、不可抗力条款、保密条款、附则条款等做成标准条款内容，在不同的协议中都可以参考适用。

法律文件格式的升级和更新也应当随着科技的发展和客户的需求而不断进行，每过一段时间，如一年，可以将法律文件范本进行一次更新和升级，这样在以后引用的时候会更加准确和高效。

生命的意义并不是达到完美的境界，而是追求完美的过程，对法律文件格式上的完美追求应该也是如此。

法律文件格式的重要性

律师的执业基本技能是能说会写，法律文件的重要性对律师来说不言自明，很多客户也是通过律师提供的法律文件来判断律师的水平和律所的品位与档次的。

从事律师职业二十年来，我接触和处理过大量的法律文件，这些文件包括各种尽职调查报告和法律意见书、各种合同、各种公司资本运作中的程序性文件以及诉讼业务的各类法律文件等，对于法律文件格式的重要性深有体会。

有人认为，法律文件格式的作用主要体现在非诉讼业务中，我认为这种观点值得商榷。因为在实务工作中，无论是诉讼业务还是非诉讼业务，法律文件格式都非常重要。我觉得法律文件格式的作用主要体现在以下几个方面。

一、有利于开拓业务

律师初期接触客户的时候，客户往往要从多方面考察律师的水准，这个时候律师提交的法律文件就显得至关重要。

律师在初期向客户提交的文件往往是法律服务建议书（含律所和律师简历）、保密协议、律所或律师的知识成果文件等。这些文件如果格式规范，无疑会给客户留下专业的印象，有利于双方进一步的沟通和合作。

二、有利于客户体验

客户在聘请律师办理业务的过程中，不可避免地要进行内部讨论和外部交流，在交流中经常要讨论律师提交的法律文件。如果法律文件格式规范，则客户会觉得法律服务有档次，律师在沟通中也能够得到对方的尊重。

我在从事律师业务之初就比较重视法律文件格式。记得在2005年承办一项上市公司股份转让业务时，我代表团队起草的股份转让协议在当时来说格式上就相对比较规范。客户在中登公司办理股份转让登记手续时，中登公司的经办人员对客户负责人员说："你们一定是聘请了大所的律师，从股份转让协议的格式就可以看得出来。"客户后来跟我提及此事时，我看到他脸上露出满意的表情。

三、有利于提升工作效率

律师要经常起草各种各样的法律文件，如果有格式固定的文件范本，会大大提高工作文件的制作和修改效率。

如何做到法律文件格式规范呢？我觉得可以从以下几个方面进行努力。

首先，文件名称要规范。

不同的律所对法律文件的命名规则有所不同，建议律所形成具有自身特色的统一规范的文件命名方法，文件名中应具有文件日期、文件性质、相关主体、起草人或修改人等信息。

其次，充分利用排版技术。

关于字体和字号。文件标题和正文的字体和字号可以有所不同以显示区别。正文的表格的字体可以比正文的字体略小。文件中的英文字体和中文字体不一定采用同样的字体。例如，中文正文字体采用宋体，英文采用新罗马体（Times New Roman），文件就显得规范。

关于间距。字间距一般采用标准模式，行间距和段间距可以分别统一设定为半行或一行或固定值。段落前一般采用首行缩进两字符，也可以考虑采用首行缩进与下一级标题对齐的方式，全文应予以统一。

关于目录。原则上应自动生成文件目录，要将相应标题分别设置合适的大纲级别。要注意目录的更新，在文件修改后要及时更新目录的相关内容。

关于编号。原则上所有的编号都采用自动编号的方式，尽量避免采用手动输入编号的方式。对于内容复杂的法律文件需要进行多级列表设定的，应按照多级列表的规则设置合理的列表方式和对齐方式以及相关的间距，这对于文件的修改非常有利。

关于表格。法律文件中应保持表格的宽度一致，一般与文字同宽。表格中的内容如果是文字，可以采用居中的方式，如果是数字，可以采用右对齐的方式以方便比对核实数字的正确性。表格的第一行可以采取不同的线条、颜色、字体或加粗等方式予以区别。

关于文档内容的相互引用。在一份法律文件中，某个条款中有时需要引用另一个条款的标题或其他相关内容，当被引用的标题或其他相关内容发生变化时，若该条款未发生相应变化，则会产生引用错误的情形，正确使用文档内容互相引用的方法可以避免此类错误的发生。

最后，利用标准条款和内容。

格式规范的法律文件应追求内容的全面和完整，有很多法律文件的条款和内容可以根据法律法规和实际情况设计成为标准条款和内容，在不同的法律文件中可以重复援用，这样会大幅提升文件的制作效率，也会提高文件的整体质量。

律师的沟通

律师在工作中经常遇到需要用语言或其他方式进行沟通的情形，沟通能力是律师的一项重要能力，有时候沟通的作用对于法律服务业务的重要性不亚于法律专业的作用。

但在律师的实际工作中，确实存在不少沟通方面的问题，主要表现在缺乏沟通或不善于沟通。我见过有的律师在办理案件或业务的过程中，很少主动和委托人联系，导致委托人不清楚案件或业务的进展情况，从而对律师产生不满。我还见过有的律师在办理案件或业务的过程中，因为沟通的问题，与客户形成意见上的分歧甚至发生冲突。

关于律师如何提高沟通的水平，我觉得可以在以下几个方面进行学习体会。

一、要真诚

有的律师在与委托人进行沟通的时候，心不在焉，一边看手机上的其他信息或做其他工作，一边与委托人进行沟通，这样的沟通效果可想而知。有的律师在了解委托人介绍的情况后，对委托人的情况非但不表示理解，有时候还带有嘲笑之意，这样的客户体验是糟糕的。有的律师在倾听委托人介绍情况时，经常打断委托人的话语，甚至表现出不耐烦的态度。

律师应当专注地和委托人沟通，在沟通的时间内只做好沟通这一件事，充分理解委托人的处境，方能体现自己真诚的一面。

二、要及时

沟通也要讲究效率。有的律师对委托人提出的问题或委托的工作一味拖延，未能在预定的期限内进行回应，很容易让委托人对律师失去信任。

律师在沟通工作中应形成明确的流程，对于任何一次沟通，都应当设定期限，并确保在期限内优质地完成该项工作。长此以往，这样的律师一定会取得对方越来越多的信任。

三、要主动

有些律师在承办业务时，对于委托人的业务很少主动关心，往往在委托人联系律师时，才会给出回应，甚至回应也不够及时或全面。例如，律师在提供常年法律顾问服务时，经常出现如果委托人不联系律师，律师就不主动联系委托人的情形，甚至直至常年顾问合同到期也是如此。有些律师办理诉讼案件时，极少和法院经办人员联系，当委托人询问律师案件进展时，往往无言以对。

律师应当将委托人委托的法律事务纳入自己的工作日程，并主动跟进各项工作，及时和委托人沟通工作事宜，做到凡事有交代、件件有着落、事事有回音。

四、要为人谦虚

有些律师在和别人沟通时，往往因为自己是法律方面的专业人士或比委托人更能理解法律的规定，从而表现出骄傲的一面。这样的做法是不可取的。

18 世纪英国著名的政治家、外交家和文学家查斯特菲尔德说过："学识丰富的人，由于对于知识过于自信，多半不容易接受别人的意见。我给你的忠告是：知识要丰富，态度要谦虚。"

律师学会谦虚的时候，会更容易理解他人，更容易解决问题。

五、要学会赞赏

律师与不同的人沟通，其本质是一种社交。有些律师在和别人沟通时，经常发现别人的缺点或不足，或是否定别人的观点，并以此展开话题，从而让他人感觉不适，影响了沟通的效果。

我曾和一位企业家及其管理团队交流该公司的发展以及资本市场计划时，听企业家介绍创业历程，当听闻公司团队兢兢业业，遇到过几次危机都挺了过来时，我马上总结道："越努力，越幸运。"该公司管理团队非常认可我的观点，沟通的效果非常好。

英国作家塞缪尔·约翰逊说过："赞扬，像黄金钻石，只因稀少而有价值。"律师如果能够适当赞扬他人，则容易引起心理共鸣，容易达成合作。

六、要致力于委托人的成功

律师提供法律服务，目的是为合法实现委托人的目标，法律服务要时刻围绕客户目标而进行，要致力于委托人的成功。

有些律师在面对委托人的咨询时，会简单回复委托人的想法不符合法律规定，不可行。这样的回复是很难让委托人满意的，好的律师总是想方设法帮助委托人解决问题，律师帮助委托人争取的过程就是一种信任建立的过程，也是律师成长的过程。

如果律师能够充分理解委托人的诉求，在合法的基础上，考虑各种解决方案的利弊，沟通时和委托人商讨最优解决方案并帮助予以实施，最终实现委托人的合理利益，这样的律师一定能够得到委托人的信任并树立良好的口碑。

在律师与他人沟通的过程中，还有很多要注意的地方，如适当提问、精准表达、换位思考、提升思维等，这些都会在沟通的过程中起到良好的效果。另外，有人认为，在沟通方式上，见面沟通效果优于电话沟通，电话沟通优于微信语音留言，微信语音留言优于微信文字沟通，这些都可以在具体的沟通工作中予以考虑。

沟通，是联络感情的纽带；沟通，是通向友谊的桥梁；沟通，是事业成功的基础。沟通能力是律师执业中的一项重要能力，是律师应当在职业生涯中持续提升和完善的能力。

律师谈判心得

律师可能需要经常帮助客户参与谈判工作，有时候还要主导谈判工作，谈判工作是律师的日常工作之一。谈判能力是律师的一项重要技能，但是有些律师却并没有特别好地掌握和提升这项技能，在进行谈判时往往会出现力不从心的感觉。

我觉得律师应当充分重视谈判工作的重要性，无论是诉讼业务还是非诉讼业务，都有非常多的需要律师主导或参与谈判的场景。在诉讼业务中，很多时候要与对方当事人以及其律师展开谈判以谋求案件的妥善解决方案。资本市场律师有很多需要谈判的工作，投资并购业务中需要与各方交易主体就交易架构、交易协议和交割细节展开多轮谈判与沟通，在企业上市业务中，往往也要帮助客户处理与相关主体的合作谈判以及处理潜在纠纷的谈判。

律师在谈判中通常会出现哪些问题呢？我感觉主要有以下几个方面。

一、把谈判工作当成吵架的工作

我在做律师助理时曾经参加过一个跨国并购项目的谈判，有一次双方聘请的律所合伙人在讨论一份与收购相关的协议时发生了激烈的争吵，甚至导致收购谈判工作不得不因此而中断。双方因此处于比较被动的状态，都不得不更换其他律师继续相关协议的谈判工作。

二、认为谈判工作就是一项简单的工作，不需要特别学习和准备

我在工作中见过有些年轻律师对于谈判工作不太重视，平时未进行专门的学习。客户邀请律师参加谈判时，律师也未做充分准备，谈判开始后才发现对方已经做了大量前期准备，结果造成己方措手不及的被动局面。

三、对谈判工作比较恐惧，抗拒谈判工作，不愿意参加谈判

我在从事律师职业之初，就有过这样的问题，当时遇到重要的谈判工作时，内心非常紧张，就怕自己表达不当会影响客户的利益，有时候甚至会因此推迟或逃避谈判工作。

既然谈判是律师的一项重要工作，谈判能力也应当是律师的重要技能，但为何还是有不少律师并未掌握这项能力呢？我认为主要有以下几个原因。

第一，没有系统学习谈判的理论。

在我们接受法学专业教育的过程中，很多人没有专门学习或真正精通谈判学课程。我是在看到《哈佛商学院谈判课》这本书时，才知道谈判学是商学院的一门课程，我觉得谈判学对于律师同样也是一门重要的课程。

第二，律师执业后也没有系统学习谈判的实操课。

年轻律师入职后，往往主要办理具体的法律业务，更多的精力是放在完成各项法律研究、法律尽职调查和起草法律协议以及准备案件流程文件等工作上面，律所和合伙人也未特意对年轻律师的谈判能力进行培训。直到年轻律师需要面对谈判工作时，他们往往会有被赶鸭子上架的感觉，谈判效果自然可想而知。

第三，没有通过总结经验来提升谈判能力。

如果在每一次谈判后不能总结提升，未形成有效的谈判经验，谈判能力就无法随着执业年限的增长而增长。有些律师执业多年，但在谈判能力上进步不快，可能就是因为这个原因。

律师如何提升自己的谈判能力呢？我觉得这是一项可以通过学习和实践来提升的技能，建议从以下几个方面进行提升。

其一，系统性地进行理论学习。

谈判学是一门典型的边缘学科，其涉及面之广，可以说任何一门其他学科都难以企及。它涉及历史学、法学、经济学、社会学、心理学乃至控制论、一般系统论、对策论、语义学、口才学，以及传统和现代的行为科学等诸多学科。

我觉得，我们通过对谈判学的学习，不仅可以在谈判方面增加知识，

还可以增加很多学科的知识，这对我们从事律师业务是有益的。

当然，律师最需要的可能还是学习谈判实务方面的课程。关于谈判实务，我很幸运地读过罗杰·道森的《优势谈判》《绝对成交》以及斯图尔特·戴蒙德的《沃顿商学院最受欢迎的谈判课》，这些经典著作不仅对我增强谈判能力有帮助，甚至对于我的生活和人际关系处理也颇有帮助。

其二，在工作中展开谈判训练。

为了提升年轻律师的谈判能力，律师可以在为年轻律师准备的入职教育里安排相关的课程。

很多律所设置了模拟法庭，这就是一个非常好的训练口才和提升谈判能力的方式。

对于律师团队而言，团队在业务中更是可以展开谈判技能方面的训练，甚至可以在业务流程中嵌入谈判方面的内容，以提升整个团队成员的谈判能力。

其三，通过参加谈判不断提升谈判能力。

在游泳中学会游泳是最好的方法，谈判能力在实战中提升应该是最直接和最快的。

从事律师职业以来，我也经历过非常多的大大小小的谈判工作，正是在大量的业务中不断地磨炼自己的谈判技能，才越来越能够掌握谈判的方法，才能够取得实质上的进步。

谈判有术，谈判既是一门科学，又是一门艺术。我们律师应当通过学习、训练和实操，不断提升自己的谈判能力，不断提升自己的个人修为，把法律服务做得越来越精专，为客户创造更大的价值。

律师工作底稿管理

无论是做非诉业务还是做诉讼业务，都会收到客户或当事人提供的各种各样的资料和信息。诉讼业务中会收到当事人提供的各类证据和相关资料性文件。非诉讼业务中会收到尽职调查相关的文件和资料。同时，在承办业务的过程中，也会形成各种程序文件，如访谈笔录和纪要、会议纪要、文件审核记录、各类汇总表格等。对于在工作中形成的各项资料和文件，我们要根据业务的规范进行归类和保管，这就是工作底稿的管理。

工作底稿在律师业务中具有非常重要的作用，因为工作底稿不仅是基础性的资料性文件，还是律师开展进一步工作的重要支持。

在证券法律服务中，律师的工作底稿至关重要。《证券法》规定证券服务机构应当妥善保护工作底稿，保存期限自业务委托结束之日起不得少于十年。《律师事务所从事证券法律业务管理办法》等规则也规定了工作底稿的制作要求、保存要求、调阅工作底稿以及违反工作底稿相关规定的追究机制等。

中国证监会曾就某企业 IPO 的法律服务机构提供相关法律服务时，未能勤勉尽责地开展核查验证、出具的法律意见书等文件存在虚假记载而作出行政处罚。在对相关事实的认定中，中国证监会认为工作底稿的质量是判断律师是否勤勉尽责的重要依据，从律师事务所提供的全部工作底稿来看，并未发现相关工作记录，从而认定律师未勤勉尽责。

律师工作底稿的重要性，再怎么重视也不为过。但在实务中律师工作底稿的重要性往往被忽略，主要原因有以下几个方面。

一、律师团队未能充分重视工作底稿的重要性

特别是在一些申报项目的时间比较紧张的时候，承办律师往往很难兼

顾工作底稿的稳定性和质量，不能在第一时间做好工作底稿相关工作，导致工作底稿不能按期保质完成。

二、律师团队未能形成有效的关于工作底稿的工作机制

有些律师比较重视法律意见书和律师工作报告的形式内容，却未能将各项资料收集完备，未能将工作底稿做扎实，导致工作底稿的质量较低。另外，底稿工作的不完善，与没有有效地执行底稿管理的相关规定也有关。

三、各中介机构之间以及各中介机构与发行人之间未能形成有效的工作底稿核对机制

特别是律师的工作底稿和其他中介机构的工作底稿，缺乏有效的沟通和核对工作，有时候可能会出现各家中介机构的工作底稿内容并不完全一致的情形。

为了加强律师工作底稿的作业质量，我觉得应该从以下几个方面加以完善并形成执业准则或规范，确保工作底稿的完备以及确保作业质量。

一是要形成每个项目有专人负责工作底稿的机制。

每个项目应指定专门的主办律师负责收集和完善工作底稿，特别是在项目组成员比较多的时候，各成员分工完成相关工作，在所有成员完成工作时，所形成的工作底稿应及时提供给工作底稿的负责律师。这样才能保证工作底稿的完整性，也能够明确主办律师对工作底稿的工作责任。

二是要定期检查工作底稿的内容。

每个项目应设定关键时间节点，项目组应当在每一个关键时间节点及时汇总和检查工作底稿的全部内容。例如，在IPO业务首次申报时，即应当做好全部工作底稿后方能申报；在答复每一次问询时，应当做好该次答复所需的全部工作底稿后方能提交正式的答复意见。任何一个项目完成时，应当在设定的时间内完成全部工作底稿的收集工作，并存档备存。

三是要在律师事务所层面建立关于工作底稿的质量管理制度。

我们律所总部有整套的关于工作底稿的管理制度，也曾经组织过全国范围内的证券业务工作质量大检查，取得了非常好的效果。通过对律师事

务所关于工作底稿相关制度的良好执行，有利于进一步提升工作底稿的完成质量，有利于在全所范围内分享工作底稿相关经验及形成统一的工作底稿制作标准。

我认为，要想做好律师工作，一定要了解事实。底稿的工作就是了解事实的重要内容。通过观察工作底稿的完成状态，可以判断一个律师团队的作业质量和作业品质。完善的工作底稿，再加上认真细致的核查工作，是律师团队作业质量的重要保障。

另外，完备的工作底稿，是律师避免职业风险的有力武器。在律师从事的业务中，有时候会遇到和客户之间的纠纷。这个时候律师需要证明自己的工作质量或验证客户提供的事实的真实性，有了工作底稿做支撑，则能够有力地保护律师的职业安全，化解或避免律师的职业风险。

再者，工作底稿做得越扎实，则工作成果就越优秀。律师出具专业意见的基础在于工作底稿，只有工作底稿做得好，则法律意见的依据才能够做到充分，法律意见的准确性才能够更高，也才能够成为优秀的成果。

我认为律师团队和律师在工作中应当高度重视工作底稿的工作，严格执行底稿管理相关制度，只有这样才能够将业务做得稳健扎实。

九步法打造法律服务产品

“服务产品化”是由IBM服务部门提出的，经过多年实践，这个理念已经影响了服务行业的各个方面。服务产品化是指改变服务生产方式，将服务的生产过程变为产品制造过程，分解服务内容，实现标准化，然后按照传统产品市场的原则向顾客交付服务产品。服务产品化让无形的服务有了明确的标准，能够被量化评估，改变了服务行业低效率、高成本、缺标准、无定价、难评估等难题。

法律服务产品是随着法律服务的专业化要求越来越高而产生的，是把提供的法律服务内容按照一定的标准、流程和方法拆分、固化，并以某种有形的可批量提供的产品进行展示。法律服务产品可以实现法律服务的规范化和标准化，有利于提升法律服务的效率，有利于更好更快地满足客户需要并提升法律服务的客户体验，因此获得了广大律师的关注。

关于如何打造法律服务产品，我们律师团队也做了这方面的努力。下面就以IPO业务为例，谈谈我们律师团队是如何用九步法打造法律服务产品的。

第一步，收集和整理相关法律法规

IPO业务中涉及的法律法规和规范性文件的内容相当多，包括全国人大及其常务委员会制定的相关法律、国务院颁布的相关行政法规、中国证监会和证券交易所颁布的各类规范性文件等。全面知悉IPO相关法律法规和规范性文件是律师系统学习IPO的基础，如果律师连相关法律法规和规范性文件的内容都不知道，专业性就无从谈起。

收集和整理相关法律法规的主要作用是便于学习、查询和引用，也是法律服务产品的规则基础。律师对于法律服务产品相关的法律法规应当了然于胸，如数家珍。

我们律师团队在打造法律服务产品时，首先要将该法律服务相关的法律法规和规范性文件进行全面的收集并进行整理，定期对相关规定进行更新和完善，这样在需要查找相关规定时，可以快速地进行查找。

第二步，收集和整理相关经典案例

自1990年12月上海证券交易所成立，国内资本市场经过三十多年的发展，目前A股上市公司已经超过5000家，这些上市公司的上市历程为后来者提供了大量而广泛的借鉴样本。

律师应当熟知所在法律服务领域的具有代表性的案例和项目，对案例的研究有助于律师了解法律规则的适用，了解行业内的一些通常惯例，掌握行业内的重大和典型案件的信息可以在工作中进行援引。作为法律服务产品的一部分，律师应当将相关的典型案例进行收集和整理，对于数量众多的经典案例可以进行分类，可以就特定内容形成分析结果。

我们在打造IPO法律服务产品时，注意收集和整理典型案例。如果遇到某个项目具有市场创新或在某个专业问题的解决上出现新的方法，我们会及时下载招股说明书等文件，学习分析并加入典型案例库，通过这个方法不断积累和完善项目经验。

第三步，收集和整理经典文献

这是一个知识迅速膨胀的时代。律师如果想要学习一门课程，可能会面对海量的学习资料。从这个意义上讲，选择好的教材和学习资料就成为一项重要的工作。

律师应当精读行业内的经典著作，系统地掌握行业相关业务知识，形成成型的知识体系，并将经典的著作和文章等收集并分类，有利于随时查找和调用。

第四步，明确法律服务内容和项目建议书

法律服务产品中，针对律师提供的法律服务的具体内容，律师需要列出工作清单，既有利于让客户清楚律师具体完成哪些工作，又能够避免未来与客户之间就服务内容产生争议。

律师往往与客户接洽业务时要提交一份项目建议书，在这份项目建议书中会包括律所介绍、法律服务内容、律师团队介绍、报价、服务承诺等信息，该项目建议书是法律服务产品的一部分，客户往往通过项目建议书判断律师团队的专业性和匹配度。

第五步，明确法律服务流程

很多法律服务的时间跨度较长，服务程序复杂。如果完全依赖律师的经验来办理案件，往往在案件数量增多后会出现顾此失彼的情形。这时候打造完善的法律服务流程可以提高办案效率，也能够有效避免失误。

我们将 IPO 法律服务分为各个流程，并细化每个流程中的具体工作内容，这样有利于承办律师按照流程内容完成各项法律服务工作，真正做到不遗漏、不重复，完整高效地进行工作。

同样，在诉讼业务中，也是按照案件的进展情况划分各工作流程，已经有很多律师总结出了诉讼业务的流程。

第六步，提炼实务操作要点

培根说过："没有经验，任何新的东西都不能深知。"在律师职业中，实务经验的重要性自不待言，问题是如果实务经验只存在于有经验的律师心中，不利于形成律师团队的战斗力，也不利于其他律师的成长。

实务经验也要分享，对于律师团队而言，可以在法律服务产品的打造过程中，不断提炼具体法律事务的实务操作要点，形成实务操作备忘录或实务操作指引，既可以对团队律师的工作形成操作规范，也有利于年轻律师和新加入成员的学习和成长。

第七步，制作各类标准文件

律师在承办具体法律业务的过程中，会形成大量的法律文件和其他相关文件。因此对于经常承办的业务而言，形成一套标准文件是非常有必要的。

标准文件的质量代表着律师的专业水准。不同律所的律师起草的法律文件往往代表着该律所的品质和特点，如果标准文件做得好，则会大幅提升律师作业质量和效率。

有律师可能会提出，每项法律业务的内容不尽相关，有时候很难以一份标准的文件来适用不同的交易。这种说法确实有一定的道理，但这不影响标准文件的制作和准备。一是制作标准文件本身就是提升律师水平的方式，标准文件起草得好，再根据具体项目特色起草个性化交易文件的水平自然会提升；二是标准文件可以采用条款可选模式，根据不同的交易场景设计，可选择具体交易条款。

第八步，制作常见问题解答

律师在提供法律服务的时候，经常要向客户提供法律咨询意见，而这些意见很多是具有共性的，不同的客户经常会咨询相同的法律问题。

把客户经常提出的问题做出专业和标准的书面解答，并根据问题类型汇编成册，这些内容不仅是律师团队内部的学习资料，更是可以向客户分享的专业成果。

常见问题解答既可以统一律师团队的专业水准，又可以提交给客户以提升客户对该项专业服务的基本理解，是一举两得的好方法。

第九步，打造专业课程

作为法律服务产品的展现形式，也是作为律师团队成员的培养方式，法律专业课程是法律服务产品的重要表现。

律师团队的合伙人或资深律师应当就法律服务产品经常向客户或相关人员进行授课，并通过授课的形式，不断收集法律服务产品相关的问题和信息，不断完善法律服务产品的内容，也因此不断扩大专业品牌的影响力，探索更多的业务机会。

打造专业课程还可以促进律师编写专著。随着对法律服务产品的研究和打造越来越深入，就会在该法律服务领域越来越精专，这个时候出版专著就是水到渠成的事情了。

我们律师团队在打造法律服务产品的过程中，按照上述九步法做了许多尝试，也取得了不错的效果。相信随着法律服务产品理论和实践越来越丰富，我们还可以不断探索法律服务产品的完善方案。

第三章　律师合作

合作是一切团队繁荣的根本。

——大卫·史提尔

资本市场律师的四大护法

我们团队的业务方向主要是资本市场，包括为企业上市、投资、并购等提供法律服务，在我们从事资本市场法律服务的过程中，经常会出现客户需要我们推荐其他专业律师处理专业问题的情形。截至目前，我们经常向客户推荐的其他专业律师主要包括诉讼律师、知识产权律师、劳动律师、涉外律师，其被称为我们资本市场律师的四大护法。

一、诉讼律师

客户在聘请上市律师后，对于日常的法律事务和可能发生的诉讼事务一般分为两种情形处理：一种是另行聘请其他律所作为常年或诉讼业务的法律顾问，另一种是全部委托给上市律师所在的律师事务所。

由于上市律师熟悉公司的业务情况，对于业务的合规性要求有清楚的认识，加之上市律师需要判断诉讼对上市的影响和信息披露要求，客户经常聘请上市律师同时担任常年法律顾问，并要求上市律师所在的律所承办相关的诉讼业务。

因此，上市律师经常需要诉讼律师的帮助，主要针对客户的业务合同纠纷、合作纠纷、相关人员的个人纠纷案件等。在公司上市以后，还可能会因为信息披露或规范治理等方面导致的诉讼或潜在诉讼需要寻求诉讼律师的帮助。

二、知识产权律师

知识产权合规在上市过程中具有重要的意义，特别是对于科技型企业而言。首先是知识产权合规体系的建立，包括知识产权的战略规划、知识产权相关制度的建立和完善以及知识产权合规的培训等；其次是知识产权开发、合作等业务的合规咨询和建议；最后是知识产权相关争议案件的提起和应对等。

资本市场律师因此而需要经常听取知识产权律师的专业意见，特别是针对重大疑难的知识产权争议，往往决定着企业上市的成功与否，需要依赖知识产权律师的专业服务，有的上市项目还需要知识产权律师出具关于知识产权合规方面的专业意见。

三、劳动律师

部分拟上市公司和上市公司具有较大的员工数量规模，对这类客户而言，劳动合规是一个需要特别重视的方面。

劳动合规的内容也越来越广泛，包括劳动合同的签订、劳动合同的履行、各项规章制度的建立和完善、社会保险和公积金的缴纳、劳动争议和纠纷的处理等。由于很多企业在上市前进行股权激励，在进行劳动合规时还要对股权激励的合规性协助判断和提供建议。

上市律师在工作过程中经常需要得到劳动律师的帮助，特别是用工制度复杂、员工数量众多的客户，往往需要劳动律师的专项服务，这些客户在上市过程中关于劳动合规方面的核查工作量也是巨大的。

四、涉外律师

客户在发展的过程中，可能是由于主要从事进出口业务的原因，也可能是业务发展需要对境外进行投资或收购的原因等，会有涉外方面的法律服务需求。在这个时候，上市律师就可能需要寻求涉外律师的帮助。

在上市业务中，上市律师需要对客户的境外客户、境外供应商、境外子公司等展开尽职调查。企业在上市前或者上市后，往往会展开对境外的投资和收购，这时候需要对境外的交易标的进行尽职调查、起草交易协议、进行交割等工作，尤其是涉及多个国家和地区的交易，需要熟悉相关国家和地区的律师的专业服务。我们在为客户服务的过程中，就曾经需要与美国、法国、德国、英国、俄罗斯、意大利、新加坡等国家的律师展开合作，涉外律师的工作就显得特别重要。

国际化是企业业务发展的正常趋势，我们上市律师不仅要有本土智慧，还需要有国际视野，能够在客户发展的过程中帮助客户找到优秀的涉外律师，才能更好地为客户提供持续法律服务。

当然，除了以上四个专业的律师以外，我们还会遇到其他专业方面的法律需求，如刑事、反垄断、反倾销、数据合规、反腐败合规等。

客户的发展与法律需求的综合化趋势，也对上市律师以及上市律师所在的律所提出了更高的要求。我们也看到，目前能够在资本市场业务中处于领先地位的律师事务所大多数是综合性的律师事务所，特别是有些以资本市场为主要专业方面的律所也在扩大对其他相关专业业务的布局，以满足客户的综合需求。

就律师业务专业化而言，不仅资本市场律师需要其他专业律师的“护法”，任何一名专业律师都可能会产生对其他专业律师的合作需求。我们就经常遇到来自知识产权律师的合作需求，因为知识产权律师服务的企业在实现科技成果产业化后有资本市场计划；我们也经常遇到来自向客户提供常年法律顾问服务的律师的合作需求，因为常年法律顾问律师提供服务的客户要计划启动上市工作。

我们律所就是根据客户的需求建立了中心平台，统一调配全所人力与业务资源，以强大的专业团队，为客户提供全过程、全方位服务。

有了这四大护法以后，我们资本市场律师团队就能够帮助客户解决更多专业方面的法律问题了。

律师合作分配的思考

律师与律师之间经常存在合作，合作过程中除了工作的分工和协作以外，一个很重要的方面就是合作创收的分配。律师们在合作的过程中会产生分配方面的纠纷，也不少见。我觉得律师之间的合作分配如果产生问题，不仅影响工作的效率和效果，还会影响律师之间的信任，严重者可能会引发冲突甚至影响律所的形象。在日常工作中，常见的关于律师合作分配之间的问题主要有以下几个方面。

一、事先未谈好分配规则

有时候工作比较紧急，或者是任何一方均不好意思先开口，在合作之初，合作双方未就合作事宜商量分配规则。双方都是存有“先做了再说，做成功再分配”的心理，导致工作开展之初未确定分配规则。

如果在合作之前未商定好分配规则，就可能在未来分配时造成双方都预期过高的情况，未掌握分配权的一方很容易感觉自己是吃亏的一方，从而造成矛盾。

二、谈好分配规则后不尽心工作

有时候双方在合作之前确定了分配比例，在合作过程中需要双方全力以赴开展工作时，双方都有可能产生懈怠的心理。双方都有可能会想，既然分配比例已经确定了，多干少干都一样。特别是在一方的其他工作与合作工作有冲突时，这一方很可能就以其他工作优先，而把合作工作延后了。

三、对分配问题缺乏解决机制

律所一般不干涉律师之间的合作分配事宜，对于合作分配之间出现异议或纠纷，一般也没有专门的规定，还是适用其他纠纷的处理方式进行调和。这种纠纷往往比较难以调和，即使能够调和，也很有可能在双方心中留下不愉快的回忆。

有没有办法解决合作分配问题呢？我觉得方法还是会比问题多。随着律师业务的专业化和行业化的不断发展，律师之间的合作是常态，解决好合作分配事宜既有利于律师事业的持续发展，也有利于律师事务所的发展和建设。

关于律师合作分配事宜，我觉得应当做好以下几个方面。

一、合作之前要定好分配规则

在先合作再定分配规则和先定好分配规则再合作之间，我建议选择后者，即先定分配规则。先定好分配规则有诸多好处：一是有利于确定合作关系，在合作之前如果双方未能就分配规则达成一致，则此次合作就不必进行，有利于双方理性地选择合作伙伴；二是有利于避免未来的争议，分配规则确定后，双方都知道自己在工作中的权重，经过明确分工后各司其职，未来不容易产生争议；三是有利于建立长效机制，分配规则明确的律师，合作信任度更高，更容易与同行或同事建立长期合作机制。

二、合作过程中可以合理调整

合作分配机制一旦确定，原则上不再进行调整，但遇到特殊的情况，合作各方应当根据实际情况进行合理的调整。

合作业务的负责人应当统筹协调合作各方的工作，如果有一方在工作中出现懈怠或不尽责的行为，应当在工作过程中相互予以提醒和改正。如果出现合作方不能胜任工作的情形，则应当结合实际情况对工作和分配进行相应的调整。

对于特殊情况，如一方因自身原因需要退出合作业务，在分配规则中应当充分考虑该等情形，提前做好约定，并在例外情形发生时适用该等约定。

合作的目的是各施所长，共同把业务做得更好。如果这个目的不能实现，则有必要进行某种程度的调整包括分配方面的调整。

三、要建立调处机制

律师之间业务合作出现的分配争议，原则上可以由律所引导合作各方协商解决。如果无法协商解决，律所最好能够启动调处机制，按律所的相关规则进行合理处理，以化解风险。

因此，律所制定关于业务合作的相关调处制度就显得特别重要。在建立相关调处制度的基础上，律所应当建立相关的调处机构，并安排专门人员进行调处。

在律师的合作实践中，虽然大多数的合作还是很成功和融洽的，但也会遇到合作各方之间因分配事项产生不快或争议的情形，轻则在合作方之间产生罅隙，重则产生纠纷甚至诉诸法律形成诉讼。对律所而言，将该类潜在争议解决在律所内部，无疑是正确的选择。

另外，对于合作各方而言，努力做好自己的工作，并不断为其他各方助力，在合作的过程中达到通力协作的效果，共同追求完美的结果，而非为自己设限并只限于做好本职工作，这样会更好地以客户为中心，更好地实现合作共赢。

加菲尔德说："商业将整个人类联系成互相信赖、休戚相关的同胞兄弟。"我们律师之间也是如此，我们也要加强合作，共同创造，合理分配，共同推进事业的进步。

合作律师的案源之路

在多年的发展之中，我们律所逐渐形成了一种律师类型，即合作律师。合作律师主要是指独立执业的律师，有的已经是合伙人，但他们不属于任何一个律师团队，他们的案源主要来自和其他律师或合伙人的合作，案源可能有较大的不稳定性。

合作律师主要的特征是尚未拥有自己独立的客户体系，大多数创收依赖于和其他律师或合伙人的合作分成，律所内部因此形成了合作律师群体。合作律师形成的主要原因如下：一是某些律师团队由于无力处理客户的其他法律需求（如非诉讼团队经常遇到客户的诉讼需求），故寻找合作律师承办客户的诉讼案件。二是某些团队业务量过于饱和，来不及扩大团队规模，故寻找合作律师合办业务以解决人手不足的问题。三是有些律师或合伙人与合作律师长期合作，形成了较稳定的合作状态。

律师团队一般主攻某些法律服务领域，在此之外的领域采取和合作律师进行合作的模式。这样能够有效地扩大法律服务的覆盖面，解决团队力量不足的问题，也有利于为客户提供综合解决方案。

任何事物都有两面，对于律师团队而言，与合作律师的合作也可能存在不便之处。一是客户战略和营销方面，律师团队往往会有长期和通盘的考虑，可能不会计较某一个案件或项目的收费得失，但合作律师重视的是个案的合作，双方有时候会出现理念和利益不一致的情形。二是客户维护方面，由于客户是律师团队在负责联络的，合作律师完全融入律师团队维护客户的难度较大。三是合作持续性方面，合作律师不断成长后，对案件的要求也会有所提高，律师团队提供的案件未必是合作律师喜欢的案件，久而久之可能会出现合作匹配度偏差的情形。

律师团队和合作律师之间的合作，是一个难题。对于合作律师而言，要想真正成长，应当培养真正的市场能力。律师之路最难的是独立之路，我觉得合作律师应该从以下几个方面着手，打造自己的业务体系。

一、要培养市场意识

合作状态是一个过渡状态，合作律师要有危机意识。长期而言，合作律师要有自己的市场开拓渠道和方式，能够不断培养和开拓真正属于自己的客户。

合作律师在工作中很容易形成“饭来张口、衣来伸手”的习惯，即认为找来的都是比较确定的案件或项目，少了前期沟通准备的过程。从事常年法律顾问的律师都清楚，通过大量的合同审核等日常工作以及与客户的交流沟通，慢慢形成了客户和律师之间互相信任的关系，如果此时出现一个合同纠纷，客户拟提起诉讼，往往会和律师商讨很多细节，包括前期发出法务函以及律师函进行催讨，在形成诉讼之前，往往需要经办律师投入大量的时间和精力进行准备。合作律师往往在律师函发出后对方仍然不履约时才介入案件的工作，此时较容易与客户达成案件委托关系，这可能会让合作律师认为案件的委托是一件并不难的事情。

我建议合作律师要从常年法律顾问等基础工作做起，真正地培养客户，通过和客户长期的真诚交流和专业互动，建立起长久信任，则后面的新业务开拓就是水到渠成的事情了。

另外，合作律师要经常问自己一个问题：如果没有其他律师或合伙人的业务推荐或合作，我自己的业务在哪里？

二、要有市场营销行动

作为一名独立执业的律师，尤其是律所的合伙人律师，应当拥有独立的营销体系，并且长期从事专业营销活动，这样才能够将律师职业持续地进行下去。

律师的营销活动的种类，已经为业界所公认，《中华全国律师协会律师业务推广行为规则（试行）》第2条规定了以下六种推广方式：（1）发布律师个人广告、律师事务所广告；（2）建立、注册和使用网站、博客、微信公众号、领英等互联网媒介；（3）印制和使用名片、宣传册等具有业务推广性质的书面资料或视听资料；（4）出版书籍、发表文章；（5）举办、参加、资助会议、评比、评选活动；（6）其他可传达至社会公众的业务推广方式。

在上述营销活动中，我认为每一名合作律师都可以选择适合自己的宣传和推广方式。从做营销的角度而言，合作律师应该有长期的计划，不能寄希望于一蹴而就，而且应该有耐心有规划地持续进行营销。

我建议合作律师要勇敢地了解市场并开拓市场，通过专业的营销工作，打造自己的专业特色，形成自己的专业口碑，制造真正属于自己的专业流量。

三、要打造自己的业务体系

每一名律师，都应当立志成为一名律所的合伙人。作为律所的合伙人，应当是在某个业务领域有专长，并能够带领律所在这一领域发展和成长。合作律师也是如此，每一名合作律师，都应当明白自己的使命和目标，就是要成长为律所的合伙人。

合作律师需要有自己的业务体系，就像一家企业，要有完整的产供销体系。合伙律师要从案源端入手，能够在某个领域源源不断地获得案源或客户，能够生产出优质的法律服务产品和成果，能够取得客户的持续信任和委托。

合作律师不断发展以后，自己可以成为另外合作律师的合伙伙伴，从此淡化合作律师的模式，成为律所的真正合伙人。

律师团队之间的合作

律师和律师团队的专业化形成后，律师团队之间的合作就会成为一种必然。一是由于专业化分工后，对于律师团队并不擅长的业务，律师团队没有时间和精力再去兼顾，需要寻求其他律师团队的支持。二是律师团队在客户和市场中形成某些领域的专业形象后，对于其他专业业务，客户也会要求律师团队帮助找到该领域的专业律师团队处理专业的法律事务。

资本市场业务有时候是一种基础业务，企业在申请上市的过程中以及上市以后，各种各样的法律服务需求会被激发，这时候需要律师团队具有一定的综合服务能力，并能够帮助企业选择合适的其他专业律师。除了资本市场业务以外，企业常见的其他专业的法律服务需求包括：合同纠纷诉讼、劳动纠纷仲裁或诉讼、知识产权战略以及知识产权纠纷、跨境业务、刑事合规等。

律师团队之间的合作有很多的好处，我觉得主要表现在以下几个方面。

一、有利于满足客户的综合法律服务需求

许多律所都立志成为客户的战略级合作伙伴，向客户承诺提供一站式或全方位法律服务，但在实际上经常和客户联络的是某一律师团队，而依赖一个律师团队就向客户提供一站式或全方位法律服务是不现实的，也是不可行的。律师团队之间的合作，正好可以解决这一问题，既能够向客户提供专业化服务，又能够向客户提供一站式或全方位法律服务。

二、有利于扩大律师团队和律所的业务创收

对于客户而言，一旦出现法律服务需求，找到合适的律师是必然要进

行的工作。如果正在提供法律服务的律师团队不能推荐合适的律所内的其他专业律师，客户必然要寻找其他律所的专业律师的帮助。律师团队之间的合作可以帮助把客户的业务继续留在律所，这样势必会扩大律所的创收。另外，很多律所都建立了业务合作的机制和分配制度，互相合作的律师团队之间都可以享受新业务带来的收益。

我曾经和北京一家红圈所的资深合伙人探讨过团队合作的问题，他告诉我，他的团队当年数千万业务中近40%来自和其他团队的合作分配所得。

三、有利于彰显律所的品牌优势和综合实力

许多律所在向客户进行自荐时，会特别突出律所的业务架构和专业分工，有些专业虽然是客户暂时不会涉及的，但是作为客户发展战略的一部分，客户希望合作的律所有全面的专业布局和专业人员配置，一旦客户发生不同的专业法律服务需求，律所可以迅速安排合适的专业人士以提供解决方案。目前律所的发展趋势是越来越大型化和综合化，实力强的律所有更多的机会获得更优质的客户和业务。

律师团队之间的合作虽然有诸多的好处，但在实际的合作过程中，还是会出现各种各样的问题，我觉得主要有以下几个方面。

一是合作团队的理念可能与客户不一致，不能准确理解客户的价值观，从而导致合作出现不和谐的情形。

合作团队相比现有团队而言，和客户的熟悉程度相对欠缺，合作团队一般以办理某项专业业务为主，和客户的交流和沟通以及信任度都不如现有团队，如果合作团队不能做好充分的准备工作，可能会出现和客户合作不如现有团队融洽的状态。

二是合作团队和现有团队之间的工作分工可能会出现矛盾。

有些新业务需要合作团队和现有团队共同参与，合作团队与现有团队之间的分工和分配容易出现问题，每个团队都有其工作风格，也都可能从不同角度考虑轻重缓急来安排具体工作，从而可能出现不和谐的情况。

三是合作团队的工作可能并不能让客户满意，从而影响了现有团队已经打下的良好合作基础，影响客户与律所的长期合作。

合作有时候也是一把“双刃剑”，合作得好则客户满意，一旦合作不好，则可能会因此而失去客户。此时对现有团队而言，倒不如不推荐合作的团队，还能够维持目前正在合作的业务本身。

就律所层面而言，应当建立和完善各项制度，打造合作共赢的律所文化，鼓励和提升各律师团队之间的合作，我觉得可以从以下几个方面进行加强。

第一，律所应当建立和完善律师团队之间的合作机制，在考评方面充分考虑合作因素，鼓励合作并褒奖合作。

我见过有律所在考核合伙人的创收指标时，把其开发的与其他律师合作的案件的全部创收作为其创收的一部分。这样的做法确实有利于鼓励合作。

第二，律所应当根据客户的需要进行合理的专业分工，设置合理的专业部门和专业团队，以满足客户法律服务需求不断发展的需要。

目前很多律所都在根据客户的需求设置不同的专业部门，为客户提供一站式全方位法律服务提供架构上的支持。

第三，律所应当打造一站式法律服务的企业文化。

律所可以在宣传、品牌推广等方面突出律师团队之间的合作效果，将律所以客户为中心这一理念不断强化，这样也有利于增进客户和律所之间的长期认同感，有利于律所持续地为客户提供法律服务。

对于律师团队而言，合作既是一种外在的需要，也是一种内在的需求，关键是要找对人才能做对事。律师团队在平时的运营中，应不断选择能够长期稳定合作的其他业务团队，打造强强联合的律所服务团队。

律师为何要跨所合作

《律师法》规定，律师不得同时在两个以上律师事务所执业。一名律师虽然只能在一个律师事务所执业，但在律师执业的过程中，可能会出现两家以上的律所共同办理同一项法律业务的情形。这就是跨所之间的合作。我们这里所说的跨所合作，不包括同一家总所的不同分支机构之间的合作。

跨所合作因何而产生？我觉得常见的情形可能有以下几种。

一、因专业原因需要向外所寻找专业的律师

一名律师不可能承办所有的法律专业业务，有时候一家律所也不可能承办所有的法律专业业务，因为现在律师业务的专业化分工越来越细，在客户产生特定专业的业务需求时，律所就会面临无法胜任的情形。客户往往基于对法律顾问的信任和依赖，希望法律顾问帮助寻找业内胜任特定专业业务的律师来主办，并由法律顾问帮助把关，这就形成了跨所合作的业务情形。

杭州有位律师，专注于票据合规、票据商事、票据刑事案件的一站式法律服务，人称“票据刘”。很多其他律所有票据业务时，就会专门找“票据刘”来处理和合作。有一位律师在一次会议中谈到他和“票据刘”的合作时说，如果没有“票据刘”，自己根本拿不下票据业务，现在和“票据刘”合作，既帮助客户解决票据专业问题，自己也有合作的收益，两全其美，何乐不为?!

二、因地域原因需要寻找外所合作

有些法律业务涉及的地域范围广大或涉及的法域众多，一家律所无法

也不可能完成全部工作，这时候寻找外所合作成为一种合理的方式。

我们在承办一项 IPO 业务时，发行人因为业务发展的需要在境外数十个国家设立了子公司，在核查境外子公司的经营合规性时，我们帮助发行人寻找并聘请了境外子公司所在地的律师事务所，由当地律师事务所出具境外子公司合规法律意见。

北京有一家律所，擅长农民工法律援助业务，有渠道获得大量相关案件。由于很多案件在外地，这家律所在相关城市寻求了志同道合的律所合作伙伴共同办理法律援助案件。

以前也有不同地域的律所成立律师联盟，作为开展律所规模化的模式探索，这也是一种实现不同律所之间地域互补和合作的尝试。

三、因工作分工协作或工作量等原因需要寻找外所合作

有些法律服务工作涉及的工作量巨大，可能一家律所来不及完成全部工作，这样会由一家律所牵头联合其他律所合作共同完成委托业务。

在破产业务中，我们有时候会见到几家律所组成联合体参加投标并承办具体业务。在承办业务的过程中，各家律所分工协作，共同完成破产业务。我们团队曾经担任过一个上市公司控股股东破产重整案件的重整方法律顾问，当时的破产管理人就由两家律所和一家会计师事务所共同担任，其中一家律所是证券知名律所，另一家律所是当地比较有影响力的律所。两家律所的业务各有特色，分别发挥各自的特长，高效地完成了破产重整的工作。

在资本市场相关业务中，同一项业务需要聘请多家律所，如内地企业的香港上市项目，在项目中一般要聘请发行人有关香港法律的法律顾问、发行人有关中国法律的法律顾问、发行人有关开曼群岛法律的法律顾问、联席保荐人及包销商有关香港法律的法律顾问、联席保荐人及包销商有关中国法律的法律顾问等律所。在很多项目中往往需要律所之间的互相合作。

由此可知，律所之间的合作有利于为客户提供最为专业的服务、有利于承办工作量庞大或复杂的法律业务。为了更好地实现跨所合作，我觉得律师或律所在平时的工作中可以关注以下方面的工作。

第一，要多了解律师行业，特别要多了解各个专业领域突出的律师或律所。

随着专业化分工越来越精细，律师和律师之间不再完全是竞争关系，而更有可能是合作关系，我们应当了解各个专业领域的优秀律师。各大法律评级机构经常发布各个法律服务专业领域的优秀律师榜单，各级律师协会可能成立了专业委员会并对名单公示，很多专业律师通过各种媒体或媒介发布专业文章或资讯，这些都是我们了解同行的渠道。

第二，增加同行业间的交流和沟通。

对于律师之间的合作而言，只是了解某个律师精通某项专业可能是不够的。合作首先是人和人之间的合作，除了了解该律师的专业水准以外，最好能够了解该律师的个性和风格，这样才有利于合作。了解一个人，最好的方式是直接沟通和交流。多参加行业内的活动，多增加与同行之间的交流，有利于为以后的合作做好准备。

第三，建立成熟的合作机制。

成功合作的关键在于要有良好的合作机制。合作机制主要在于合作分工和合作分配。成熟的律所和律师团队都有成型的合作模式，虽然可能会因为个案的特殊情况而有所调整，但是基本的合作机制会保障合作的顺利开展和完成。

此外，跨所合作从整个法律服务行业而言，能够高效地扩大行业的市场容量，能够有效地提升法律服务质量，能够更好地帮助客户实现目标。我们每一名律师都应该留意跨所合作的机会，共同把法律服务事业做强做大。

第四章　律师思维

真正的财富是一种思维方式，而不是一个月收入数字。

——于丹

思维层次与律师发展

NLP（Neuro－Linguistic Programming，神经语言程序学）是一门研究我们大脑如何工作的学问，而“逻辑六层次”是 NLP 里面非常重要的思维工具，由理查·班德勒和约翰·格林德开创，于 1991 年被美国学者罗伯特·迪尔茨发展。

“逻辑六层次”将我们的思维方式分为六个不同的层次，理解并应用它，可以帮助我们在面对律师职业的各种决策时找到正确方向。我认为，这个理论也可以加深我们思考法律和律师执业等问题的深度，帮助我们理解在执业中可能遇到的各类问题。

一、环境层

环境层是思维层次的第一层。

环境是指除你自身之外的所有人、事、物，处在这一层的人通常将事物的结果归因于环境，因此解决问题的方式往往是改变环境。这类人除了环境，看不见其他，因此常常抱怨。

有一些年轻律师，在从事律师职业之初，容易遇到各种各样不顺心的事情，容易抱怨律所的合伙人过于苛刻、委托人的要求过高、律所的工作强度过大、薪酬过低等。

也有一些执业时间较长的律师，可能由于各种各样的原因，未形成核心业务优势以及创收不高，他们也会抱怨环境，特别是觉得律所平台对业务的支持较少，或者其他同事对其帮助不够。

从这类律师角度而言，抱怨并不能带来成长，抱怨也不能真正解决问题，与其抱怨，不如提升自己的思维认知，在更高的层次寻找解决之道。

正如高尔基所说："生活的情况越艰难，我越感到自己更坚强，甚而也更聪明。"

从律所管理者的角度而言，要特别关注这两类律师，在促进成长方面对他们进行环境上和政策上的支持和帮助。另外，还要帮助他们进行职业规划，分析和判断他们的成长要点，还可以采用优秀合伙人和年轻律师进行结对帮扶的模式，真正帮助他们的成长。

二、行为层

行为层是思维层次的第二层。

行为是指采取特定行动和反应。处于行为层的人从不对环境妥协，他们相信只要持续努力，事情就一定有转机，他们遇事从自身找问题，将目光投向内部，不会太多抱怨环境，而是把注意力放在自身的行为上。他们会把问题归结于"我的努力还不够"。同样是晋升失败，他会认为自己花在工作上的时间不够多，应该更多加班，这类人是外人眼中的"实干家"。

有一些律师，工作特别努力，勤勤恳恳，经常加班加点，但是很多时候工作效率并不高，工作成果也并不特别令人满意。这些律师中有一部分沟通能力也较弱，经常出现吃力不讨好的状况。

他们经常会发出疑问："我都这么努力了，怎么取得的成绩还是不尽如人意？"

从这类律师角度而言，他们更加注重行动，往往非常努力，这本没有什么不好。只是当努力成为唯一标准后，他们很容易忽略其他因素，应该避免用努力欺骗或麻痹自己。

从律所管理者的角度而言，在鼓励这类律师努力工作的同时，可以引导他们从更高的思维层次思考解决问题的方法和方式，引导他们提高技能和效率，引导他们增强选择和判断的能力。

三、能力层

能力层是思维层次的第三层。

能力是指所能应用的知识、技能和工具等。处于这一层的人在遇见问题时经常认为“我的能力不够”，从而寻找解决问题的不同方法，这类人有强大的学习能力和应用能力，能快速高效解决问题。这类人不再盲目努力，而是积极寻找事半功倍的方法。

作为法律服务的提供者，律师必须掌握必备的法律技术，如今高科技可以协助律师完成很多工作。如果一名律师不会使用电脑、不熟悉互联网，真不敢想象他如何进行工作。

有一类律师，他们不愿意做重复的工作，更喜欢寻找快捷的方式。但是过于沉迷方法的战术者，可能永远走在寻找最佳方法的路上，最终成了“道理都懂，就是不做”的那伙人。

从这类律师的角度而言，如果能够把各种技术和法律服务有机结合，一定会发挥出巨大的作用。

从律所管理者的角度而言，应积极推广与法律有关的技术，在律所内部建立一种分享的文化，以及建立知识管理体系，能够为律所的律师提供源源不断的技术支持。

四、价值层

价值层是思维层次的第四层。

价值体现的是我们所相信、认为重要的概念，在这一层的人相比能力层，最大的差别在于他们懂得选择，在众多的问题中找到最重要的，然后选择最合适的方法，把事情做对。第四层是一个人从被动跟从命运到主动掌握命运的分界线。

对于律师而言，无论是被动还是主动，每一名律师都要面对选择自己的业务方向和具体承办的业务。懂得思维层次关于价值层的内容，会有利于律师作出正确或合适的选择。

关于律师的专业化，有人把律师分为专业化律师和万金油律师，是做一名万金油型的律师还是做一名专业化的律师，这是许多律师要面临的选择。只有在充分理解自己最重要的追求，充分理解自己能力的时候，才能够作出对自己而言正确的选择。

从这类律师的角度而言，做好自己的职业选择，才能够找到自己最合适的方式和职业定位。

从律所管理者的角度而言，应鼓励每一名律师的选择和发展，在律所内部建立一种机制，设置不同的专业部门，实现人尽其用。

五、身份层

身份层是思维层次的第五层。

身份是对自身核心价值的认识，它可以指引我们的选择，带着理想中的身份来思考和解决问题，需要注意的是，身份与角色不同，角色是外界赋予的，是被动的；身份是主动的，是自己想成为的。

这一层的人学会了更高阶、更主动的选择，从身份定位开始思考问题。

这个视角之下，所有的选择、方法、努力都会主动围绕自我身份的建设而自动转换为合适的状态。这样的人，可以说是真正的觉醒者了。

无论是对律师还是对律所而言，能够在这一层次有明确认知和实践的人，是律所的栋梁，也是律师们学习的榜样。律所应当赋予这一层次的人更大的责任和权限，鼓励这一层次的律师往更高的理想进发。

六、使命层

使命层是思维层次的第六层，也是思维层次的最顶层。

使命解决的是人活着的意义是什么。这类人开始考虑自己的使命，把人生价值建立在为人民服务上。这类人的思想往往围绕“利他”来开展，他们以精神为引领，为了达到精神所念，愿意付出一切，甚至自己的生命。有使命追求，我们就能催生出真正的人生目标，就能不畏困苦，勇往直前。

律师界的很多业界贤达和特别资深的律师，他们为了律师行业的发展，为行业做了很多服务或公益等有意义的事情，奉献了自己的能力和时间。从思维的层次上看，他们处在最顶层，是我们这个行业最可敬的人。

追求使命的人不一定都是伟大的律师，也可能是普通的律师。在追求理想的路上，也是一道异常精彩的风景。

这六个层次并不是孤立存在的，有一部分人会同时具备这六个层次，只不过很多的时候我们没有让它发挥作用。当我们在从事法律服务的过程中遇到各种各样的问题时，我们可以主动地弃抱怨、尽全力、找方法、做选择、定身份、树意义，这时候我们就会更容易地解决问题。

如果没有思维层次的指引，我们可能会被困在某一层。当我们能够从更高的层次看待问题时，低层次的问题可能就自然被解决了或者消失了。

想问问各位律师，你在哪一层呢？

学问境界与律师发展

——以股权收购项目为思考

第一次读到梁漱溟先生的文章《学问的八层境界》时，我深深地被梁老深邃的思想和精练的语言吸引了，联想到自己的律师从业过程，我觉得梁老对于学问的八层境界对于我们律师而言也极其具有参考意义。

一、形成主见

关于第一层，梁老说："形成主见是学问的第一层。用心想一个问题，便会对这个问题有主见，形成自己的判断。"

在这一层的律师，遇到股权收购项目时，首先会根据委托人介绍的情况，形成律师的初步判断。例如，律师会考虑股权收购的合法性是否存在问题，股权收购的价格是否合理，股权收购需要缴纳的税费是否有过考虑，是否需要进行反垄断审查和安全审查程序，如何启动股权收购程序等。这个判断可能是不准确的，但初步的判断是工作的开始。只有形成了初步的判断，才能够往前推进这个项目。

二、发现不能解释的事情

关于第二层，梁老说："有了主见后，会发现前后左右都是与自己意见不同的人。这时候，你感觉到种种冲突，种种矛盾，种种没有道理，又种种都是道理。"

对在这一层的律师而言，这是一个纠结的过程，在股权收购交易中我们总能发现一些疑点。例如，代表买方时会产生卖方为何要出售控股权的疑问，或者对卖方解释为何要出售控股权的原因产生怀疑。又如，买方要求分多次支付股权收购价款，但作为卖方的律师，就会担心买方的资信和支付能力，担心未来收不到剩余的股权转让价款。再如，卖方要求先收到全部股权收购款项后再办理股权工商变更登记过户手续，作为买方的律师，就会担心卖方在收到全部股权收购款项后不及时办理工商变更登记，或卖方持有的标的股权被冻结或存在其他权利主张可能导致工商变更登记受到影响的风险等。

三、融会贯通

关于第三层，梁老说："从此以后，前人的主张、今人的言论，你不会轻易放过，稍有与自己不同处，便知道加以注意。你看到与自己想法相同的，感到亲切；看到与自己想法不同的，感到隔膜。有不同，就非求解决不可；有隔膜，就非求了解不可。于是，古人今人所曾用过的心思，慢慢融会到你自己。"

在这个层面，我们律师对于在股权收购交易中发现的问题，就会根据以前的交易中采取的方式和方法来进行本次交易的设计，对于担心股权收购价款支付的事宜，可以考虑采用的方式有多种：一是可以要求买方先将全部款项支付到监管账户进行监管，在达到支付条件时再进行具体支付工作；二是可以要求买方提供有足够资信和能力的担保方，对股权收购价款的支付义务承担连带责任的担保；三是要求买方先支付全部或大部分股权收购价款后再办理股权过户手续等。这个时候可以发现，解决问题的方案还是有多种可以考虑的，具体选择哪一种方案或多种方案的组合，取决于交易各方沟通或谈判的结果。

这个时候，无论是客户还是律师，都会发现律师其实是解决问题的高手，是能够不断提出合理解决方案的专业人士。

四、知不足

关于第四层，梁老说："用心之后，就知道要虚心了。自己当初一点见解之浮浅，不足以解决问题。学问的进步，不单是见解有进步，还表现在你的心思头脑锻炼得精密了，心气态度锻炼得谦虚了。心虚思密是求学的必要条件。”

在这个层面，我们律师虽然在某次交易中找到了合理的方案，也解决了问题，最终实现了客户的商业目的，但回头想想，感觉到任何一笔交易都是复杂的，都有其特殊性，都要定制化地设计独特的方案，才能够真正地解决问题。这时候我们可能会发现交易中还是有一些风险因素，是在交易完成之时并没有完全考虑到的。这时候我们甚至认为没有一种方式是普适的，还有很多需要学习的内容，必须谨慎地面对每一笔交易，我们不得不心存敬畏，不得不变得谨慎起来。

在很多时候，交易经验越丰富的律师越谦虚。因为他们的经历多起来以后，遇到并处理的问题也越来越多，他们就越容易理解交易的复杂性。因此，在很多时候，谦虚不仅仅是一种修养，更是一种敬畏。

五、以简御繁

关于第五层，梁老说：“你见到的意见越多，专研得愈深，这时候零碎的知识，片段的见解都没有了；心里全是一贯的系统，整个的组织。如此，就可以算成功了。到了这时候，才能以简御繁，才可以学问多而不觉得多。凡有系统的思想，在心里都很简单，仿佛只有一两句话。凡是大哲学家皆没有许多话说，总不过一两句。很复杂很沉重的宇宙，在他手心里是异常轻松的，所谓举重若轻。”

在这个层面，我们律师以后再面对类似的交易的时候，就不会太紧张。我们会充分考虑每一处细节，把问题想透彻后再提出具体的解决方案。我们的语言会变得越来越精练，我们能够迅速且准确地总结交易的本质，并能够用最简短的语句提出操作思路。

有一位客户曾经对我们团队的一位律师作出如下评价：“这位律师话不多，但是都在关键点上，不急不忙，耐心应对，有理有节。”我想这就是律师应有的以简御繁的状态吧。

六、运用自如

关于第六层，梁老说：“如果外面或里面还有解决不了的问题，那学问必是没到家。如果学问已经通了，就没有问题。真学问的人，学问可以完全归自己运用。假学问的人，学问在他的手里完全不会用。”

对于律师而言，在这个层面，我们已经成为交易的高手，成为该领域的专业人士，我们甚至可以不断地总结学术成果，形成自己独特的理论和实践经验并可以分享给他人。很多律师对于自己擅长的专业，出版了专著或写了文章，帮助别人解决专业问题，这也是运用自如的表现。由此及彼，我们甚至在办理其他业务时，也可以利用从这次交易中得到的经验，获得成功。

七、一览众山小

关于第七层，梁老说：“学问里面的甘苦都尝过了，再看旁人的见解主张，其中得失长短都能够看出来。这个浅薄，那个到家，这个是什么分数，那个是什么程度，都知道得很清楚；因为自己从前也是这样，一切深浅精粗的层次都曾经过。”

从律师职业而言，在这个层面，我们看其他类似的交易的时候，就会感觉自己所处的高度不一样了，我们能够通盘审视类似交易的实质，能够理解每个交易方的动机和利益诉求，也更容易理解看似不易理解的商业行为背后可能存在的合理原因和逻辑。

有时候我们听说行业中的股权收购交易，虽然我们并未亲自参与，但是可以根据公开的信息判断交易的本质。关于交易的事项，我们甚至可以指导别人了，我们总是比别人看得要远，因为我们站得比别人高了。

八、通透

关于第八层，梁老说：“思精理熟之后，心里就没有一点不透的了。”

我们做律师也是如此，在这个层面，我们可以平淡地面对一切，因为我们可以解释所有存在的现象，我们更能够理解这个世界，更能够理解交易中的各方主体的利益和诉求，更能够兼顾大局提出妥善的方案，并更能够与这个世界和平共处。

在工作中，我们面对同一项工作，可能会同时处在不同的层面，也可能需要处理好不同层面的问题，才能够寻找到最佳的法律解决方案。我在想，如果我们能够用学问的八层境界来理解和指导我们的律师事业，一定会有所收获的。

法律服务的本质

我从事律师职业已经二十年，从业时间不算太长，也不算太短。在从事律师职业的过程中，我经常思考法律服务的本质是什么。我认为，如果把握法律服务的本质，能够从根本上提升律师的执业能力，并促进这个行业的发展。我认为，法律服务的本质，无论是诉讼业务还是非诉讼业务，都可以理解为：探索真相、解决问题、建立信任。

一、探索真相

法律服务从了解法律事实开始，了解事实是一项基本功，优秀的律师能够通过丰富的经验、强大的逻辑分析能力以及对事实的精准把握，去粗取精、去伪存真、由此及彼、由表及里，准确把握法律事实。

无论是在诉讼业务还是在非诉讼业务中，客户或当事人陈述的事实，在多大程度上是真实和准确的，是可能存在不确定性的。有时候可能由于当事人的遗漏或者当事人的隐瞒，抑或由于当事人的理解或认知偏差，导致当事人陈述的事实是错误的或者不准确的，此时律师如果轻易根据当事人陈述的事实进行判断，会导致对事实把握不准，在业务中会处于被动地位。

我们律师团队曾经承办的一项投资尽职调查业务中，在核查目标公司的房屋所有权时，发现有一处疑点。在目标公司提供的房屋所有权证中，有一幢厂房的房产证中记载的总楼层是三层，我们现场核查时发现该幢楼总共四层。当我们向目标公司实际控制人求证时，他尴尬地解释道，是他忘记告诉我们了，最上面一层是他们擅自加盖的，是违章建筑。

二、解决问题

法律服务的核心是解决问题，诉讼业务要取得胜诉或达到诉讼目的，非诉业务要帮助客户实现商业目的，需要律师提供合法和合理的策略和方案，律师解决问题的能力高下往往成为律师职业发展成就的决定因素。所谓大律师擅长解决大问题，这种说法是有一定道理的。

有一些律师，面对客户提出的问题，经常简单地回应不能做或者说不符合法律规定。要知道，客户需要的是解决方案，客户很有可能已经知道是不能做或者不符合法律规定的。我认为应该从以下方面来进行解答。首先，律师应该找到不能做的原因，把相关的法律规则列出来，并让客户能够清晰地了解；其次，律师应该尽可能地寻求解决方案，可能需要从法规中找到新的解决之道，也可能需要从过往案例中借鉴其他的解决方案，上帝为你关闭了一扇门，就可能会为你打开一扇窗，往往解决方案就在努力之中豁然出现；最后，如果确实不能找到解决方案，也要和客户共同努力，持续不懈地努力也是客户非常需要的，寻找解决方案的过程，也是提供法律服务的主要过程，在这个时候，寻求解决方案本身可能就是解决方案，客户往往在律师的帮助下彻底理解本质，作出正确的选择，并会同样地感谢律师的努力。

在从事资本市场业务中，律师经常收到客户关于非法律方面问题的咨询，如关于股权激励中的股份支付事宜、个人卡收付款事宜、资金流水核查事宜等。有的律师在收到这些问题的时候，直接跟客户讲这是会计问题应该咨询会计师或券商。我觉得这样简单的回避式或拒绝式回复不利于帮助客户解决问题。此时，优秀的非诉律师往往可以通过自己在会计方面的知识给客户一个初步的答复，再向专业的会计人士求证后给予客户确定性的答复，而不是采用各种方式回避或拒绝回复此问题。因为客户为何向一名律师请教一个在上市过程中常见的会计问题，往往是出于对律师的专业宽度的认可，律师也可因此学习和增长更多知识，这对律师的成长也是非常有利的。

三、建立信任

客户选择什么样的律师，除了会对律师的基本能力进行考察以外，往往会选择既精通业务又值得信任的律师。在专业化已经非常普遍的情况下，能够和客户接洽业务的，往往是具有相当专业服务能力的律师或团队，这时如何能够与客户建立信任，就成了律师或团队能否承接相关业务的关键因素。

信任存在于细节之中。作为一名律师，首先要树立外在的专业形象，有的律师不用介绍，甚至不用讲话，别人一看就是律师的样子，这样的律师确实更容易成功；其次要注意言谈举止，会说话有修养的律师往往更容易取得客户的信任，也是客户更喜欢的合作对象；最后要注意文书的精准和美观，律师展现给客户的初步成果是语言，交付的最终成果是书面文件，一流的律师应当提交一流的书面成果给客户。

我在执业过程中，有幸取得了很多客户的信任，现在回想起来，与自己时刻注意保持律师的执业形象是密切相关的。例如守时的习惯，经常被客户提起，很多客户赞扬我总是那么守时。记得刚开始认识某投资公司董事长 C 总的时候，经过两次见面交流后，第三次约了上午 10 点在 C 总的办公室开会，到了 9 点 59 分，公司总经理 M 总对 C 总说，今天吴律师还没到，他可能要迟到了。C 总笃定地跟 M 总说，吴律师不会迟到，因为他没有提前发信息告知要迟到。C 总话音刚落，我开始敲门了。C 总和 M 总相视一笑，告诉我刚才他们的对话。一直以来，我和他们合作良好，C 总跟我说过一句话，他说无论何时何地，我们都是最好的朋友。

探索真相，解决问题和建立信任，是律师执业中的各个阶段所要追求和完成的目标，也是我认为的法律服务的本质，我也是这样要求团队和自己的。

我相信，如果年轻律师能够在这三方面做到优秀，就能抓住法律服务的本质，取得更大的进展。

法律服务流程思维

传统的法律服务，是律师接受委托人的委托，办理并完成诉讼案件或法律事务。律师提供法律服务的主要表现形式往往是开庭，律师开庭的样子往往是人们对律师最为深刻的印象。随着法律服务产品化的兴起，越来越多的律师和委托人都意识到，法律服务中的诉讼法律服务，不仅仅是开庭；法律服务中的非诉讼法律服务，不仅仅是起草法律文件。

我们以非诉讼业务中的 IPO 法律服务为例，探讨法律服务流程思维的帮助和影响。

目前的 IPO 法律服务，由于对律师核查范围的广度和深度的要求越来越高，由一名律师完成一个项目已经不太可能了；律师仅凭经验和记忆要想把整体项目的全部工作做到位，也几乎是不可能了。这时采用流程化管理已经成为必然。

流程化主要是将全部业务环节进行拆分，分成不同的流程，并针对每一流程规定具体的操作细则，达到全面管理和提升业务水平的目的。

在我们的业务实践过程中，我们总结的流程化管理的主要原则包括以下几点。

一、流程要为法律服务提供支持原则

流程设计和实施的目的是更好地提供法律服务，提高法律服务的准确性和效率，提升法律服务的体验。如果在实施流程管理的过程中，僵化地运用流程，而不注重流程的真正目的，则可能会出现本末倒置、为了流程而流程的情况，这样的做法是不可取的。如果在实际操作中，流程与法律服务的本质出现矛盾的时候，应以满足法律服务为根本，在此基础上进行流程的完善，而非执行影响法律服务的僵化流程。

二、MECE（Mutually Exclusive ，Collectively Exhaustive）原则

其又称为“相互独立，完全穷尽”原则，要求不遗漏、不重复，这也是麦肯锡公司提出的一个很重要的结构分类原则。

流程设计中很容易出现遗漏的情形，需要在具体的操作中将每一个业务环节置入流程之中，这对具体流程的划分提出了非常高的要求。如果出现一些特殊程序不能放置于具体的流程之中，则需要另行安排特殊流程，将其纳入。

流程设计中另一个常见的问题是重复，一般而言，不应重复放置同样的流程。但要注意，有的流程是需要持续更新的，如在 IPO 业务中，尽职调查是贯穿整体业务过程的，这时的尽职调查工作会出现在多个具体的流程之中；又如更新报告期导致的新的尽职调查工作，这就不是重复，而是必要的流程。

三、持续更新和完善原则

流程的优化没有止境。有时候是因为法律法规和规范性文件的颁布和更新，需要随之修改流程及相关文件。有时候是因为技术工具的升级，需要将其纳入流程之中。有时候是因为委托人的需求越来越全面，需要随之增加或优化相关流程。

流程思维对于法律服务工作而言，好处是不言而喻的，我认为流程思维会在以下几个方面对律师的工作提供帮助。

首先，形成业务的具体指导，有利于提高律师的工作效率。

好的流程设计和流程文件的准备，是天然形成的良好业务教材，是业务指导的实务手册。年轻律师可以因此直接接触到业务的核心，并迅速掌握业务的整体框架和各项细节，再加上具体的实务操作，会加速年轻律师的成长，并会促进律师工作效率的提升。

其次，增强委托人的体验，有利于法律服务的可视化。

对很多委托人而言，法律服务最大的问题在于其无形性。完善的业务

流程带来完善的客户体验，如果委托人能够见到律师提供法律服务的全部流程内容，会形成更加强大的信任，会更放心把业务托付给律师，也更清楚自己的案件或项目的法律要点在哪里。

最后，有利于提升整个行业的服务水平。

法律服务是一个行业，虽有其特殊性，但其应当具有大多数其他行业的特点。例如，法律服务产品作为一种产品，其趋势可能是从非标产品逐渐向标准产品迈进。任何业务活动都有明确的结构化流程来指导，流程建设有利于将人们从海量的、低价值的、简单重复的工作中解放出来。如果所有的法律服务都能够形成完善的流程，并按此规范地运作，则会提升律师的工作质量，并因此而提升整个行业的作业水平。

我们团队将 IPO 业务划分为九大流程，分别是前期准备、全面尽职调查、上市全面合规、股份制改制、上市辅导、首次公开发行申报文件准备、问询回复、挂牌上市流程和资料归档。在每一个具体流程中，设计具体的操作细则和准备各项具体法律文件，并在办理业务的过程中不断进行完善和升级迭代，不断打造专业的法律服务产品。

我们也看到，很多诉讼律师团队也建立了完善的诉讼业务流程，包括诉前阶段、起诉阶段、财产保全、审理阶段、申请执行、执行进程和卷宗归档等。这些流程全面而系统地指导着诉讼业务的稳定推进，是诉讼律师团队的有力武器。

流程是指导书，流程是加速器，流程管理必将大幅提升律师业务的品质，每一名律师都应该重视业务流程的建立和完善。我觉得每一名律师都可以从流程出发，建立流程框架，不断优化流程，并切实做到流程落地并融入日常的工作中，这将促进律师的专业化发展。

律师的产能

产能是指在计划期内，企业参与生产的全部固定资产，在既定的组织技术条件下，所能生产的产品数量，或者能够处理的原材料数量。

律师是法律服务的提供者。对客户而言，律师是法律服务的供应商。如同企业具有产能，不能无限制地提供产品一样，每位律师也存在服务能力的边界，不可能无限制地提供法律服务。

有的律师总是在不断地开拓新业务，不停地签进新客户，他以及他的团队成员的精力和时间能够足以胜任不断增加的业务吗？他们如何能够做到市场与服务能力的平衡？

一、关于产能的常见问题

一名忙碌的律师，每天的工作都分秒必争，给人的印象是事业有成，但客户也可能会有担心之处。那就是客户可能会问：“你们目前忙不忙，有没有时间帮助我们办理业务？”

律师们在遇到这个问题时，往往要考虑自己的工作时间安排，尽可能地对客户说，没有问题，时间上可以安排。如果遇到工作确实太忙无法分身的情形，也只好对客户说抱歉了。

我有一位同学也是律师，他每年要办理一百多个案件，主要是民商事案件和刑事案件。我问他：“你承办的案件是不是太多了，时间上忙得过来吗？如果不同案件的开庭时间冲突了怎么办？”

同学微笑着告诉我：“确实有点忙，但当事人找到我，我不能拒绝，我要尽可能地承办这些案件。至于遇到开庭时间上有冲突，就只好联系法院进行调整了，一般都是可以调整的。”

非诉业务也是如此。例如 IPO 业务，如果遇到多个项目都是以同样的基准日进行申报，巨大的工作量对律师团队是一个挑战。

虽然律师遇到产能不足是一种幸福的烦恼，但是也凸显了律师在业务发展过程中的管理能力问题，律师应当找到提高产能的方法，才能够不断发展业务。

二、如何提高产能

在从事律师团队建设的过程中，我觉得提高律师团队和律师产能的方法主要有以下几种。

一是扩大团队成员规模。

为了能够承办更多的业务，最简单的方式就是增加团队成员，律师团队也是因此而不断扩大的。

律师团队不仅应该招聘到优秀的人才，还应该能够留住优秀的人才。正如美国吉姆·柯林斯所言："那些成功实现从优秀到卓越转变的公司的人士心里十分清楚，任何卓越公司的最终飞跃，靠的不是市场，不是技术，不是竞争，也不是产品。有一件事情比其他任何事都举足轻重：那就是招聘并留住好的员工。"

此外，律师团队还可以和其他团队之间展开业务合作，这需要找到能够提供同样法律服务质量的其他团队，并能够形成默契的合作，不能因为跨团队而对法律服务或客户造成不利的影响。

二是提高工作效率。

沃伦·巴菲特说过："在我看来，能做好事情的人并不是'马力最大的'而是效率最高的。"法律服务也是如此，律师如何提高工作效率呢？我觉得可以从专业化、流程化和标准化等方面入手。

专业化使律师业务能够聚焦，流程化使工作分解可以替代，标准化使律师在工作中形成规范统一的作业成果。

行业内倡导的诉讼可视化，实际上也是帮助诉讼律师打造专业化、流程化和标准化的作业方式，不仅能够提升诉讼法律服务的档次，无疑也能提高诉讼法律服务的效率。

我们团队在提供资本市场专业服务中，也打造了各项具体业务流程，制定了各项工作的标准和各种文件的标准模板，这样在工作中大大提升了效率。

三是合理计划并留有余地。

对工业企业而言，产能利用率是一个重要方面。产能利用率过高，则表明企业的生产能力不能满足业务的需求。对律师也是如此，无论是律师个人还是律师团队，在制订工作计划时，应当给自己和团队预留一定的时间，以应对不时发生的新的机会。

我们在规划团队成员数量时，一直努力保持比现有业务的需要多一个人的配置，以便于给团队的发展预留一定的空间。

三、关于产能的思考

律师不仅会遇到产能不足的情况，而且会遇到产能过剩的情况。产能过剩指的是律师的空余时间较多，业务量不足的情形。就像企业的经营可能会出现淡季和旺季的情况一样，律师的业务也会出现类似的情况。

另外，对于律师而言，服务质量是立身之本，我们千万不能因为业务多而影响工作质量。有一位客户对我说，他不喜欢营销型的律师，更喜欢做专业的务实型的律师。我觉得不能一概而论，营销型的律师也有其长处，如果在营销之外能够把专业也做好，或者有专业的团队支撑，那么也是可以的，关键是要把专业服务做好。

法律服务业也是服务业的一种，而且是取决于专业人才服务的职业，有较强的人身属性，这份职业的属性决定了其不可能像制造业一样容易复制和扩张。对于如何扩大法律服务的产能，我觉得要找到适合自己的规模即可，律师要保持平和心态，看淡得失，长期做自己喜欢的专业，长期进步，就是一种好的状态。

律师发展从量变到质变的关键

年轻律师在从业之初，主要的任务和工作是承办案件和业务，通过办理业务提升工作能力和积累工作经验，并努力成长为律所的合伙人。律师这个发展的过程，也是律师的发展从量变到质变的过程。

有些年轻律师因此而困惑，自己很努力地工作，但并不能清楚地看到自己产生从量变到质变的趋势或结果。律师如何能够实现从量变到质变，哪些因素是从量变到质变的关键呢？我觉得可以从以下几个方面进行理解。

一、提炼

年轻律师在工作中，要学会提炼业务技能和经验。提炼就是总结业务中最精华的部分。

年轻律师在日复一日办理业务的过程中，不能仅追求办理过大量的业务这一目标，而是应当树立明确的发展目标，把每一次业务都当成在成长路上的历练，每一次成长都尽可能形成技能上或经验上的成果。

首先，要不断提炼所增长的知识。在工作中，我们经常会学习到各种各样的新知识，包括新的法律规则、新的案例以及法律专业以外的行业知识等。对于新的知识，我们要将其形成新的优势，有效地运用到以后的工作中。

其次，要不断提炼法律服务技术，即实现技能上的提升。实务工作总是可以让我们进步，但我们可以做得更有效率。例如，我们经常起草和修改各类协议，对于使用频率较高的常用协议和文件以及常用条款，我们可以按照自己喜欢的格式和内容做成标准文件，在工作中可以随时调用，这会大大提升工作效率和工作的规范性。

最后，要不断提炼在工作中形成的经验。正如英国谚语所说：“经验是知识之父。”我们在从事律师实务的工作中，可以将在工作中学习和总结的经验记录下来，形成我们的工作标准和工作秘籍，并因此不断增长我们的知识。

我刚开始从事律师工作的时候，遇到一位年轻的同事，他有一个做工作日记的习惯，每天工作结束后，他就把当天工作的结果分成三部分内容记录下来，分别是所学习到的知识、工作经验以及不足之处。当我看到他的笔记本电脑上密密麻麻地记录着他从业以来的工作日志时，我由衷地佩服他的提炼能力，知道了他进步快的原因。

二、补缺

我认为，在努力地完成各项工作之外，年轻律师还要学会对标找到自己应当进一步发展和完善的地方。年轻律师可以将自己和律所的合伙人或自己崇拜的业内偶像进行对比，找到自己差距所在，并有针对性地进行补缺。

我们在从事律师的工作中容易形成一种思维定式，就是我们一旦形成了自己的风格就很难再改变。例如，我们在从业之初就是以做业务为主，主要进行法律文件的起草和修改等工作，并未做过业务开拓的相关工作，我们可能就会认为自己并不擅长开拓业务，只会做具体法律服务工作。

但是要想真正成为一名优秀的律师，必须有一定的业务开拓能力。我们有办法提升吗？

我觉得办法是有的，我们要树立一种理念，缺什么就补什么，找到我们欠缺的能力，能够通过学习的方法去补上这一课。

我们在法学院求学的时候，应该没有专门学过法律市场营销相关的课程，但并不代表我们在工作中也无法学习。

我就是通过各种方法学习营销课程的，首先是找到经典的著作通读学习，其次是向擅长营销的律师同行请教学习，最后是通过自己的实践不断研习。虽然我目前并不算擅长营销，但我自己感觉同以前相比确实已经有了非常大的进步。

我有个同学也是律所合伙人，他强在不断突破自己的专业领域。他开始做刑事法律业务，后来做房地产法律业务，再后来做资本市场法律业务。他能够把每项业务都做得很专业，关键就在于他知道自己的目标，并找到自己欠缺的地方予以学习提升。我觉得他拥有补缺的能力，不管做什么方面的业务，都能够做得专业。

年轻律师既要低头拉车，又要抬头看路。树立目标，找到差距，缺什么就补什么，离成功就更近了。

三、自洽

律师能不能达到一种理想的状态，业务不多不少，工作强度也正好，创收或收入也刚刚好?

很难。我相信大多数律师都是持这样的观点。业务少的时候，焦虑，担心自己的前途，担心自己能不能在这个行业做得下去；业务多的时候，也焦虑，担心自己不能达到客户的要求，担心业务和收入的发展及增长能不能持续。

年轻律师应当健康地成长，应当努力做到自洽的状态。

一是要内心平衡，知道自己适合做什么，知道自己的追求所在，并保持身体的健康和学习的兴趣。二是要正视工作。工作不只是一项工作，工作刚好是我们喜欢的事情，要有对事业的执着追求的热忱，要有明确的目标，在工作中充满乐趣而非痛苦。三是要兼顾生活。工作不是全部，金钱更不是全部，我们要热爱生活，爱这个世界，爱这个世界的美。

我们律所就有不少这样的年轻律师，他们既成长，又快乐，工作生活自洽自如。

年轻律师的成长，并非按部就班自然而成的，应当是有规划有方法有效率的成长。工作不只是简单的重复，而是从量变到质变的神奇过程。

律师是否越努力越成功

努力和成功似乎有着必然的因果关系，成功必须经过努力，努力一定会取得成功，真的是这样吗？

我见过许多律师，有一些年纪已经较大，工作非常勤奋，但是创收或业绩并不突出，有的甚至陷入了越做越累并感觉很难有进步的怪圈中，找不到突破的方法，也不清楚自己的未来如何发展。我也曾经遇到过一个执业刚满两年的年轻律师，他每年要承办律所交给他的数百个案件，案件是同一类型的催收案件，大多数是重复的劳动，每天的工作都非常辛苦，案件收费不高，他的报酬也不高。他当时跟我说，他不知道自己的未来在哪里。

我也见过许多看上去比较悠闲的律师，特别是有一些大律师，他们很少做或基本不做具体的业务，看上去却特别的轻松。他们的更多时间是在打高尔夫球，是在和客户或潜在客户进行应酬，是在进行讲课或出版著作，但是他们的创收非常好，在业内也拥有非常高的知名度。

不同的律师在工作方式方面竟然有着巨大的差别，看上去他们的努力程度大相径庭，但值得我们深思。

我认为，努力是成功的必要条件，但不是充分条件。一个人的成功，除了努力之外，还需要考虑很多方面的因素，特别是以下三种关系。

一、要重视战略与战术的关系

传统的律师发展之路，往往是因为律师个人工作努力和出色，能够办理好当事人或者客户委托的法律服务事项，从而得到当事人或客户的认可。随着律师的业务能力越来越精湛，律师的客户和业务越来越多，律师因此发展成长为律所的合伙人，部分合伙人有机会参与了律所的管理。至于发展战略或战略管理一类，似乎更多适用于企业的发展，对于律所和律师似乎并不特别重要。

然而，现在越来越多的律所和律师意识到，战略同样适用于律所和律师的发展。很多优秀的律所之所以能够取得优异的发展成果，在于其制定了合适的发展战略并得到了良好的实施。战略是一个宏大的全局框架，是总体构思。战术是微观层面的具体细节，是执行步骤。

律所和律师的发展，都应当需要进行战略方面的布局。我认为，没有战略的律所，是很难走得长久的。律所的发展，如果只是通过引进更多的合伙人进行规模的扩张，这种模式是很难长久的，律所不可能无限制地引进和发展新的合伙人。作为律师的个人发展，也是同样的道理，律师不可能无限地扩张自己的业务范围和业务数量。

战略即选择，选择做什么和选择不做什么。有战略的律所，会明确律所的发展方向，将资源向重点方面集中，按预定计划发展业务。有战略的律师，会明确自己的发展方向，集中精力突破自己的业务，按预定计划发展自己的业务和提升自己的能力。

没有战略的律所和律师，很容易随波逐流，客户要求做什么，就去做什么，很难在这个不确定的市场中，做特别能够确定的事情。

不要用战术上的勤奋，掩盖战略上的懒惰。

二、要重视业务与市场的关系

我们在法学院读书的时候，法学院的课程表里没有市场营销这门课程，司法考试中也没有市场营销相关内容，律师的职业培训也很少有市场营销的内容。

但律师承办业务在大多数时候也是商业行为，没有市场营销专业基础的律师们，就这样在取得律师执业证后投入商海中，大多数只能凭着自己的商业天分和运气了。

我认为，既然法律服务也属于商业，必然需要遵守和适用普适的商业规则和商业惯例，也一定需要市场营销的专业知识和专业方法。

相当多的合伙人和执业律师，自从业之初，即勤勤恳恳地从事律师业务，认真做好每一项业务，通过历练不断成长。等到执业水平成熟后，往往通过自己的优良口碑获得更多业务机会。

我认为，传统的模式固然有其合理性，但律所和律师都需要学习市场营销学。一是传统的模式有其局限性，好酒也怕巷子深，何况现在是一个互联网时代，如果没有适度的市场营销行为，很难获得足够多的客户的关注。二是主动进行市场营销能够极大地促进律师的业务水平提升，从而提升整个行业的专业水准。三是市场营销有利于客户更加方便地寻找合适的律所和律师。

业务和市场，两者缺一不可。

三、要重视成本与收益的关系，即研发投入问题

有很多律师不愿意投入时间从事与直接业务无关的事项，如果没有收费，宁愿不做任何与工作无关的事情。

这是一个认知的问题，法律服务产品作为一种商品，应当有商品的特性，投入必要的时间和成本对商品进行研发和完善，是提升商品质量的应有之义，正如公司对研发进行投入一样，律所和律师也应当有自己的研发计划。

由于受制于战略和市场的认知欠缺，对业务提升的投入也同样可能被忽略，律师在这方面的意识应当加强。

科学技术是第一生产力，法律服务也是如此。

我认为，律师们应当从自己的忙碌中给自己留出一些时间，考虑自己的发展战略，考虑自己的市场营销，考虑自己的研发投入。只有不断提升格局，不断提升视野，不断提升法律服务质量，方能在这个日益激烈的市场竞争中，立于不败之地，并找到自己真正能够发展的方向。

第五章　律师职业相关思考

真正的快乐，是对生活的乐观，对工作的愉快，对事业的热心。

——爱因斯坦

律师的金钱观

我们为何要做律师？有人回答是为了赚更多的钱。我不同意这样的观点。

我为什么要做律师？我进入律师这个行业之初时，自己可能也并没有认真考虑过这个问题，虽然研究生毕业，但是就业还是比较困难，当时有律所给我就业的机会，对我来说已经是非常幸运的事情。当然，我当时做律师，根本没有考虑未来能够赚多少钱，主要是觉得自己比较适合做这项工作，特别喜欢做律师的感觉。

我相信很多年轻人选择做律师时，只是把律师当作自己喜欢的一项职业，并未特别考虑未来究竟会有什么样的“钱途”。然而，我们一旦进入律师这个行业，却不能不谈钱。

人们在评价律师的成就时，总是喜欢用创收作为最主要的衡量指标，某某律师创收超过百万，某某律师创收过千万，似乎创收是判断律师能力的最为重要的指标。

我比较喜欢我们律所的风格，律所内部不搞创收竞赛，律所对合伙人虽然有创收的要求，但是我们的合伙人完成了创收指标后，较少关注其他合伙人的创收情况。我们律所的合伙人关注更多的是业务水平的提升情况，为律所做出贡献的情况等。

我们在从事律师职业时，应当拥有怎么样的金钱观，是一个值得我们思考的问题。我的体会如下。

第一，每一名律师都要学会赚钱。

律师首先是一份职业，我们从事职业的首要目标就是谋生，通过从事这份职业取得报酬，因此能够在这个社会上生存和立足，这个是基础。

奥斯卡·王尔德说过：“我年轻时以为金钱是世界上最重要的东西，等到老了才知道，原来真的是这样。”对此，我的体会如下：“我年轻时以为金钱并不是世界上多么重要的东西，等到老了才知道，金钱确实是世界上非常重要的东西。”

工作和生活的经验经常告诉我们，我们面对的很多难题，往往通过金钱可以解决一大部分。所以，我们需要培养自己赚钱的能力。做律师也是如此，从入行之初的小案件和小项目做起，到不断承办标的越来越大的案件和项目，律师费自然也是水涨船高，我们在提升自己法律专业水平的同时，也在不断提升自己赚钱的能力。

律师职业具有商业性，律师事务所也越来越像商业化的机构，这本身无可厚非。所谓君子爱财，取之有道，我们律师通过合法合规的方式取得合理的报酬，这是我们从事律师职业的回报。

很多人把律师视为这个社会的精英，只有在经济地位上也是精英的时候，我们才能成为这个社会真正的精英。

只有当律师和律师事务所真正有钱的时候，我们才能够更多地去帮助他人，我们才能够更加自由地面对这个世界。

第二，不能将金钱放在唯一重要的地位，许多时候，不能只为金钱而工作。

金钱虽然重要，但在我们的职业中，它并不能成为唯一重要的因素，因为我们从事的是法律职业。

当我们面临正义需要伸张时，当我们需要提供法律援助以帮助弱小时，当社会需要我们的专业帮助时，我们此时主要考虑的因素不应该是金钱，而是正义。就像电影《辩护人》里的那位宋佑硕律师一样。

律师事务所对律师的评价体系中，也不宜过多强调创收的作用。评价一名律师的标准，不仅要考虑创收因素，还要考虑其他多方面的素质和能力。在我们律所，很多合伙人在花大量的时间从事公益性的工作和律所的管理工作，这些工作本身并不创造直接收益，但是这些工作对律所的品牌建设和长期发展是非常有利的，律所一直在鼓励从事这些工作的律师。

近几年，在律师界出现过个别律师为了赚钱而违法犯罪被追究刑事责任的案例，让同行们大跌眼镜。

从赚钱的角度而言，做律师确实不算特别赚钱的职业，如果一个人只是为了赚钱而工作，他可能就偏离了做律师的初衷。如果出于对法律职业的热爱，在从事自己喜欢的律师工作的同时，合情合理地去赚钱，这样的状态是我们应当追求的，也是我们应当享受的。

第三，必须树立正确的金钱观，才能够长久地从事律师职业并享受这份职业的荣光。

律师在从事不同的专业工作中，可能会出现某些业务比较赚钱，某些业务并不怎么赚钱的情况。这需要我们律师理性地看待，不必过于功利，而且律师业务一直在发展变化之中，很难说某个业务一直比较赚钱或一直不能赚钱。

律师队伍中有一类律师，他们工作一直勤勤恳恳，维护法律正义，维护当事人的权利。虽然做的案件看上去可能是并不怎么赚钱的业务，但是他们的工作很有意义，经常帮助社会弱势群体维护正义，这些人是我们律师队伍中的中坚力量。

热爱我们的律师职业，合理地赚钱，合理地使用金钱，是我们作为法律人必备素质，只有这样，才能在这个充满诱惑的世界里，保有自己的一份纯真，才能够真正享受这份职业带来的荣光和尊严。

树立正确的金钱观，有利于长久地从事律师职业，君子爱财，取之有道。合理地赚钱，赚合理的钱，真正地热爱自己的律师事业，如此甚好！

律师要不要做公益

律师要不要做公益，这不应该是一个问题。我认为，不管我们从事的是什么样的专业化法律服务，每一名律师都应当适当做些力所能及的公益工作。

很多年轻律师在从业之初，并不了解律师为何要从事公益活动，特别是从事资本市场业务的年轻律师。由于从事的专业与公益活动的法律服务内容相去甚远，他们感觉公益活动似乎离他们非常遥远，也不清楚该如何开始公益法律服务。

我在从事律师职业之初，主要精力用于从事专业法律服务工作。到了律所成立了党支部的时候，我担任党支部书记职务，开始更多涉及公益法律服务。

2009 年，我们律所接到了上级部门倡导并布置的一项公益法律服务任务，就是律师进社区活动。收到这一任务后，我们非常重视这项工作，为了鼓励年轻律师积极参加律师进社区活动，我们律所制定了相关规定，并对参加律师进社区活动的律师进行了额外的补助。如今律师进社区公益活动已经进行了十余年，律所指派的进社区的律师已经换了几次，每一位参加律师进社区活动并提供公益法律服务的年轻律师，都非常出色地完成了任务，得到了社区领导以及社区广大居民的好评。

我们律所长期重视公益活动的开展。年轻律师们积极参与楼宇律师公益法律服务，律所也和郊县的村庄结对提供“法治扶贫”公益帮助，律所组织了大量的律师为企业进行法律体检工作等。我们律师的身影经常出现在各种各样的公益活动现场。

对于律所和律师而言，从事公益活动是非常有益的，主要表现在以下几个方面。

一、有利于律所的品牌和文化建设

我们律所是一家有着红色基因的律所，律所总部以及其他兄弟分所已经做了大量的公益法律服务，我们作为律所体系中的一分子，一定要传承律所的公益传统和文化，将公益工作做好。我们律所的发展也离不开律所对公益工作的重视，正是这些点点滴滴的努力，铸就了律所的品牌和良好形象。

二、有利于年轻律师的成长

年轻律师做公益也是一种成长，有部分年轻律师认为做公益可能是浪费时间，这种观点是不正确的。我们律所有很多积极参加公益活动的年轻律师，他们不仅没有因为参加公益活动而影响自己的工作，反而因为多参加公益活动，积极地发展自己各方面的能力，在工作中表现得更为优异，在律所平台帮助下，都取得了非常快速的发展和进步。我一直认为，愿意积极参与公益活动或愿意为律所的公益事业做出贡献的年轻律师，一定是有大格局的律师，他们的性格和态度决定了他们更容易成功。

三、有助于律所和律师的形象提升

《关于促进律师参与公益法律服务的意见》（以下简称《意见》）规定，对在公益法律服务中表现突出的律师和律师事务所，各地司法行政机关、律师协会要在本系统评先评优活动中优先考虑，并积极推荐其参加劳动模范、道德模范或者其他形式的评选表彰，组织各类媒体大力宣传律师参与公益法律服务的做法成效，深入报道律师服务为民的感人事迹，生动展示律师队伍的高尚道德品质和良好精神风貌，增强律师参与公益法律服务的荣誉感、自豪感。这种做法会有助于提升律所和律师形象。

《意见》第6条规定，律师应当积极参与党委和政府、司法行政机关和律师协会组织的公益法律服务活动。倡导每名律师每年参与不少于50个小时的公益法律服务或者至少办理两件法律援助案件。

《意见》规定了律师从事公益法律服务的具体内容，包括鼓励、引导律师为残疾人、农民工、老年人、妇女、未成年人等特殊群体提供公益法律服务；担任村（居）法律顾问，为城乡群众和基层群众性自治组织提供服务；参与公益性法治宣传活动，担任普法志愿者、法治辅导员等；在公共法律服务平台或者通过其他渠道提供免费法律咨询服务；参与法治扶贫活动，到边疆地区、欠发达地区和少数民族地区担任志愿律师；协助党政机关开展信访接待、涉法涉诉案件化解、重大突发案事件处置、城市管理执法等工作；提供公益性律师调解服务，志愿参与人民调解、行政调解、司法调解和行业性、专业性调解；参与民营企业“法治体检”公益服务；从事公益法律服务政策研究、立法论证、学术交流、人才培养等工作；为公益法律服务活动提供赞助或者支持；从事其他形式的公益法律服务。

我认为，每一名律师都要积极地参加公益法律服务，我自己也在多年前加入中国青年志愿者协会权益保护工作委员会并担任副主任职务，尽自己所能为中国的青年志愿者事业贡献一份力量。在权益保护委员会我认识了很多优秀的律师，他们把公益法律当作自己的事业，也做出了非常显著的成就，成为公众非常景仰的著名律师。

从律所的层面而言，应当持续加大对律师从事公益法律服务和公益活动的支持力度，进一步完善各项规章制度，鼓励和支持律师从事公益工作。我们的年轻律师特别是党员律师，不仅要坚守敬业、专业、忠诚的职业精神，更要做好新时代的人民律师。无论是在疫情下还是和平安好的日子里，只要国家和人民有需要的时候，必须挺身而出，从日常生活中小事做起，为公益法律服务和社会法治建设贡献一份力量，把自己的小我融入国家、人民的大局之中，在执业道路上发光发热，更好地实现人生价值。

律师的应酬

作为社会活动家的律师，难免会面对各种各样的应酬场面，应酬有时候也是工作的一部分。作为一名专业律师，我们有时候也会为应酬而困扰，大多数时候自己想做专业的工作，不想在吃饭或活动上花太多时间。

对于如何找到平衡，如何找到适合自己的生活和工作方式，如何面对必不可少的应酬，可能是每一位律师需要妥善选择和处理的。对于应酬，我有以下几点看法。

一、适当的应酬是有必要的

有人把应酬和喝酒混为一谈，认为应酬就是喝酒，我认为也有一定的道理。在不少人的心目中，作为习惯，请客往往就意味着要喝酒。

我在刚进入律师行业的时候，酒量尚可。虽然我并无喝酒的爱好，但是遇到觥筹交错之时，总是控制不住要多喝几杯，属于酒风偏豪爽的那一类。那时候虽然喝酒的次数不多，但喝醉的次数不少。

后来我的消化系统出了一些问题，饭后消化不良，反酸反流，肝胃不和，有可能和这样喝酒的风格有关。有位医生告诉我，一次喝醉酒，就等于一次急性肝炎。酒精对肝脏有一定的损伤作用，大量的酗酒可以造成肝脏的损伤，尤其是长期大量的饮酒，可能会引起酒精性脂肪肝或者酒精性肝炎。

我请教了许多医生，总的建议就是要少喝酒，尤其不能喝醉酒。另外，要注意适当运动，早睡早起，保持良好的生活习惯，保持心情愉快。经过几年的调理，我的身体有了明显的好转，但是不敢多喝酒了。

目前偶有应酬，我会选择喝适量红酒，聊以助兴，所谓小酒怡情，大酒伤身。我也经常劝朋友们不要多喝酒，点到为止。

参加应酬也未必就一定要喝酒，我身边有一些朋友和同学，是一贯不喝酒的，每次聚会，大家知道他们不喝酒，也不会强求，这样其实也很好。

应酬可以让大家更多地互相了解和加强沟通，互相学习和提高，互相交换信息和想法，是非常好的交际方式。律师这个职业，确实需要有一定的社交圈子，所谓朋友多了路好走，适当的应酬确属必要。

二、应酬不必过度

有一种律师，有人戏称其不是在酒桌上，就是在奔往酒桌的路上。当然，我觉得这是一句戏言，这样的律师是极少的。

对于一名律师而言，应酬过度，可能不利于形成自己的专业形象。一个人的时间是有限的，在应酬上花的时间多，则必然在专业上花的时间少。当然，也确实有应酬既多专业又好的律师，但这类律师比较少见。

酒多伤身，长期过多喝酒，会使身体受到损害，最终造成巨大影响。莎士比亚说过："每一杯过量的酒都是魔鬼酿成的毒汁。"

应酬不仅是吃饭喝酒，有时候吃饭后还要打牌或打麻将，或者唱歌娱乐等。这样的话，花在应酬上的时间就更多了。

法律服务的本质，还是以专业的服务解决法律相关的问题，过多的应酬可能会降低对专业的追求，一个人很难既花大量的时间应酬，又能够静下心来钻研业务。

三、找到适合自己的方式最为重要

我觉得，绝对的不应酬或过度的应酬都是不可取的。所谓恰到好处就是最好的状态。

每个人的生活方式不能一概而论，也不必强求。就像李白斗酒诗百篇，如果没有酒，不知道诗仙是否还会有创作灵感。苏轼也是一位懂酒爱酒之人，他的三百多首词作中，酒出现了九十多次，如果没有酒，我们可能读不到"大江东去"这样的绝世佳作。

人生不同的阶段，应酬的频率和内容也可能有所不同。有一个朋友，他的酒量和我相仿，以前每次聚会，我们两个人都喝得差不多的时候感觉特别好。后来因为工作忙，有几年没遇上，等几年后再次相聚吃饭时，我们两个异口同声地说："今天少喝一点。"因为我们的身体已经不允许我们再像以前那样大碗喝酒大口吃肉了。

年纪轻的时候喜欢聚会，经常参加各种各样的应酬。现在年纪越来越大了，对聚会有时候会有恐惧心理，怕喝多，怕太累。倒是有时候，自己会邀请三五好友或同道中人，喝酒自便，轻松愉快，不亦乐乎！

随着年纪越来越大，很多人开始喜欢喝茶，这是一个好现象。喝茶有很多好处，喝茶对身体健康有益，也有利于增进友谊，对事业也有所帮助。

律师职业与其他职业一样，既是我们谋生的手段，也是我们在这个世界上能够做有意义的工作的方法。我们应当享受这份工作，享受这份工作中的应酬，享受快乐的时光。

律师的自由与约束

律师是自由职业者，很多人羡慕律师职业，觉得可以自由自在，可以天马行空，可以自己决定自己的所有时间，可以想做什么就做什么。

事实确实如此吗？非也。

我自从2004年6月正式进入律所工作以来，目前已经从事律师工作二十年了。从时间上而言我并没有感觉自己特别自由，每天的工作基本上是很充实的，偶尔有一些空闲的时候，也是在不断的学习和思考之中度过的。

对于律师的自由，很多人理解的是两种：一是没有标准的工作打卡时间的约束，律师对于自己的时间安排比较自由；二是对于业务有选择承接或不承接的自由。

实际上，并没有那么简单。

律师职业看上去比较自由自在，可以自由支配自己的时间。在大多数的时候，确实也可以做到时间上的相对自由，但随着客户数量和法律服务工作越来越多，不可避免地会遇到以下情况：一是开庭日期冲突，不同的案件法院排在同一个时间段开庭。特别是对于需要尽早进行开庭的案件，这个时候律师是非常纠结的，也是万般无奈的。二是两个都非常重要的事务，安排在同一个时间段开会或进行处理。三是多项重要的工作都快到了截止期限时，又遇到要特别紧急处理的工作，势必造成一些工作不能按时完成。

律师在这种情况下，只能感叹分身乏术，还要向当事人或客户汇报并取得他们的理解，也是非常不容易的。

由此可见，律师事情太多工作量太大的时候，我们拥有的并不是自由，而是繁重的工作。

萧伯纳说过："自由意味着责任，这就是为什么大多数人都畏惧它的缘故。"我认为他说得非常有道理。很多时候，对于我们律师而言，自由更多的是一种义务，一种责任，是对自我约束的最高要求。

这几年经常看到一些报道，很多正当壮年的律师，特别是一些律所的主任和合伙人，以及年轻的律界才俊，因为工作过于劳累导致英年早逝，甚为可惜。究其原因，与过于劳累和繁重的工作是不无关系的。

任何事物都可能有相反的一面，对于自由职业者的律师而言，另一个极端的情况就是，有些执业律师没什么事情可做，时间上确实自由了，但是却引发了另一个问题——律师无事可做的时候，拥有的不是自由，是恐慌。

我见过有些年轻律师，他们在取得律师执业证书后，立即选择做了一名独立执业的提成律师。这时候，他们的时间是非常自由的，但是需要面临案源方面的压力。这些年轻律师，有的在开始独立执业的时候，非常有激情，积极地开拓，但苦于年纪尚轻，经验相对不足，很难立即得到客户或当事人的信任，往往是功亏一篑，很难获得优质的案源或客户。时间久了，这些年轻律师往往失去了信心，对律师之路产生了怀疑和困惑，有相当一部分甚至因此离开了律师队伍，转做其他工作。

还有一些年轻律师在选择独立执业以后，并不能严格管理好自己的时间，放松了对自己的要求，甚至沉湎于游戏或其他不良爱好，荒废了大好的青年时光，最终可能在事业上难有作为，沦为平庸之辈。

当然，行业中确实有一些非常成功的律师，他们看上去非常自由自在，并不做具体业务，却获得了一些大客户和大业务。他们的时间主要用于应酬和人际交往，由于在市场上取得了成功，他们的律师之路走得非常轻松和自在。

是不是可以有一种情况：事情不太多，赚钱也不少，可以自由自在？

其实这只是表象，任何成功人士的背后，一定有其超出常人的努力和进取。虽然这些律师看上去非常轻松，但实际上他们也是非常努力的。在工作中他们除了能够娴熟理解法律并适用法律外，还需要精准理解客户的商业运作逻辑，能够提出精准的专业建议，并为客户提供整套的解决方案。

这需要丰富的综合知识、敏锐而深刻的分析能力以及超级高效的沟通能力。

冰冻三尺，非一日之寒；水滴石穿，非一日之功。这需要顶级的智商和情商，需要长期的积累和实践，并不是一般的律师所能够做到的。

即使是这样，这些所谓的成功人士，也会遇到各种各样的烦恼。例如，有时候精力不济导致疾病缠身，有时候与客户或对手方产生纠纷导致不胜其扰，也有时候因为团队管理出现问题导致很难建立稳定的团队为客户提供持续服务。

总体而言，我感觉从事律师职业，对于自由和束缚应该辩证地看待，没有绝对的自由，也没有特别的束缚。关键是每名律师要找到自己的平衡，在追求自己律师事业的同时，也不能忽略自己的家庭和生活；在追求名声和财富的过程中，也不能忽视自己的健康和身体。

相对于紧张而繁忙的节奏，我还是喜欢有条不紊的人生，喜欢稳稳的幸福。

选择是否大于努力

最近听到一句话，就是“选择大于努力，运气大于选择”。乍听感觉非常有道理，细想还是觉得值得商榷。

首先，从字面上理解可能存在误导。

仅从字面上看，这句话是否意味着，因为选择大于努力，因此努力是没有用的，不需要努力而是进行选择就可以了。因为运气大于选择，因此选择也是没有用的，不需要进行选择而是等待运气的来临就可以了。这样是不是就可以直接躺平了呢，人生就是运气罢了？显然这不是这句话的本意。

其次，应该正确理解选择与努力，以及运气与选择的关系。

从这句话来看，容易被误解为选择和努力是相反的关系，运气和选择也是相反的关系，这两对词组都是非此即彼的关系。这也是一种误解。选择和努力，运气和选择，应该是层层递进的关系，即没有努力根本就不会有选择的机会，努力是选择的前提；没有选择根本就不用等待运气，因为选择不正确，运气再好也没有用。

最后，应该理解选择与努力之间，以及运气和选择之间，并不是一种对立关系，而是辩证统一的关系。

例如，经过努力以后进行了新的选择，需要进行新的努力，再进行新的选择，不断循环，不断进步，人生和事业才能够不断取得新的成就，个人修为才能够不断得到提升。运气和选择之间也是如此，一个人进行选择后，遇到好的运气则乘势发展，发展的过程中也要留意新的选择机会，没遇到运气则努力继续选择，直至遇到新的机遇。

对于律师们来说，上面的思考也有一定的参考意义。下面这几个场景值得思考。

一是年轻律师在刚刚进入这个行业从事初步的工作，开始时一般遵从律所的要求，从事具体的基础工作，慢慢地就需要考虑，自己是把诉讼业务作为发展方向还是把非诉讼业务作为发展方向；或在非诉讼中，是把资本市场业务作为发展方向，还是把金融业务作为发展方向；抑或在诉讼业务中，把商事诉讼作为发展方向，还是把刑事诉讼作为发展方向等。

我于2004年研究生毕业后进入第一家律所从事律师助理工作，当时有机会参与数个商事诉讼业务和一个跨国并购项目，无论是诉讼还是非诉讼，都学习到了很多知识。后来进入第二家律所主要从事非诉业务，感觉到自己对诉讼和非诉讼都具有强烈的兴趣，考虑到第二家律所以资本市场非诉业务为主，当时就专攻非诉业务，也取得了非常大的进步。

在后来的律师职业生涯中，除了在资本市场非诉业务上不断精进以外，我还扩大了业务范围，在资本市场相关诉讼方面也不断积累经验，办理了一批有质量的诉讼案件，这样有利于自己能够通盘考虑法律风险以及设计更为全面的法律解决方案。

二是年轻律师成长为资深律师或有一定的业务经验和业务能力后，需要考虑是长期作为授薪律师还是作为独立提成律师。

我在2004年6月至2006年12月是一名授薪律师。授薪律师的好处就是不用担心案源，特别是在第二家律所，团队合伙人商业意识好，业务开拓能力强，不断承接资本市场相关业务，我们授薪律师的主要任务就是把业务做好。当我们在不断积累业务经验的同时，我们也经常考虑一个问题，就是自己如何开拓法律服务市场？

我是在2006年年底决定要勇敢迈出去，独立做一名提成律师，当时加入了第三家律所。

三是合伙人律师发展到一定程度，需要考虑是否转换更大或更强的平台律所。

我在第三家律所工作一年后，升为律所合伙人，一方面是由于我的业务有所起色并达到了合伙人的标准，另一方面也是第三家律所主要领导比较支持我主攻的证券业务的发展。第三家律所还特地成立了证券部并任命我为证券部主任，我对第三家律所深表感激。

在第三家律所工作了一年半左右的时间，我陷入了另一个困惑，就是虽然遇到了很多证券业务的机会，但由于第三家律所在资本市场的业绩不多，往往是客户选择了在资本市场名气更大的品牌律所，当然这也与当时自己还不够成熟有关。

考虑到自己的专业发展，虽然对第三家律所非常不舍，我还是不得不考虑对自己的专业方向更为有利的律所平台，所以我在 2008 年年底参与了目前律所的筹划和设立工作，从此找到了自己的职业舞台。

我的律师之路，就是一个不断努力与选择的过程，在具体的成长过程中会有一定的运气成分。有时候我们虽然努力，但是机会并不会及时光顾。我经常在想，如果不是幸运地遇到机会，自己或许很难达到目前的状态吧。

因此，对于选择和努力的关系，我想并没有那么绝对。选择一定比努力重要吗？未必。如果不努力，所有的选择将没有意义。努力能够解决所有的问题吗？应该不是。不懂得选择的努力是低效的或无效的，是无法达到目标的。

在努力中选择，在选择后努力，不断循环往复，螺旋式前进，不断成长，如斯而已。

证券律师与股票投资

记得20世纪90年代初在北京读大学时，有位同宿舍的同学开始炒股票，当时为了购买认股权证，需要排队很长时间。该同学谈起股票事宜，一脸的神秘，表示是为了学习新知识，跟上这个时代的发展。那是我第一次知道股票这种投资方式。

2004年10月，进入第二家律师事务所后，我开始从事资本市场相关法律服务业务，开始接触大量拟上市公司和上市公司，对股票交易逐渐有了了解。2005年至2007年，那是个全民炒股的时代，我们曾经开立证券账户，经常买进卖出股票，结果在2007年5月遇到了股灾，股价大跌，从此对股票投资兴趣索然。2007年11月左右，我们把股票全部出售，从此不再进行股票交易，至今已经十多年了。

我身边的朋友，有很多是在工作之余从事股票投资的。我们在一起聚会聊天时，谈起股票事宜，他们往往聊得热火朝天，我这个专业从事证券业务的律师，经常插不上话，主要原因是我很久没有投资股票了。

我为什么这么多年不投资股票？主要是考虑到以下几个方面。

一、不想在股票投资上花时间

记得2007年上半年在第三家律师事务所工作时，许多律师（包括我在内）上班时间经常忙着看股票，有时可能会影响正常的工作。我记得当时有位合伙人惊呼，律师事务所简直成了股票交易所了，大家经常谈的话题就是某某的股票赚了多少钱。因为股票指数增长快，当时股民的数量确实增加非常快，股票成为社会的热点话题，好像如果不进行股票投资就是落后于那个时代似的。

我也是因为经常进行股票交易，影响了自己的工作效率。我后来感觉到，如果一直投资股票，自己就可能要花费大量的时间和精力在股票上。我在想，如果把投资股票的时间用在做律师业务上，可以有正常的收入，还增加了律师业务的经验和能力，这对我而言才是最为有效的。

我经常跟朋友们说，我在股票市场上最大的收获就是收获了时间，那些没有用在股票投资上的时间，我都可以用来从事律师业务和学习各类知识。

二、不想惹麻烦

我从事的法律服务专业方向是资本市场，在工作中会接触大量的上市公司或获悉上市公司的相关信息，稍有不慎，很容易违反证券法律的相关规定。为了避免不必要的麻烦，我决定在从事证券法律服务期间，不再从事股票投资事宜。

我记得2006年在北京代表某集团进行一项投资谈判时，对方聘请的律师是国内一家知名律师事务所的合伙人，当时和该合伙人有一面之缘。后来看到该合伙人由于办理相关证券业务时涉及内幕交易行为，被中国证监会处以行政处罚。

我身边的朋友也有因为内幕交易被行政处罚的情形，有的还是我提醒过的，得知这些信息的时候，我感觉非常遗憾，也感觉对自己而言是一种警醒。

2019年，由于为浙江的某科技类上市公司提供法律服务期间收到公司证券部门的群发邮件，在中国证监会进行内幕交易调查时，我也被列为调查对象。我在律师事务所接待了中国证监会的两位工作人员，并配合他们查取了手机的信息和邮件信息等。当两位调查人员了解到我多年不从事股票投资时，都非常认可我的观点和行为，调查的过程也非常愉快。

作为一名从事资本市场业务的律师，法律并不禁止我进行股票投资，为了安全起见，我不做股票投资就会杜绝类似风险，不给自己犯错的机会，也算是一种相对安全的选择吧。

我有时候在想，也许我会在从律师岗位退休之后，在远离资本市场具体业务的情况下，在闲暇之余做一些股票投资，作为资产配置的一部分，作为人生新的尝试，那也是有意思的一件事情吧。但在从事律师职业期间，特别是从事资本市场法律服务期间，我尚无进行股票投资的计划。

三、缺乏实践的勇气

我的同学和朋友中，进行股票投资的确实不在少数，但我很少看到有真正通过股票投资赚到很多钱的。特别是有几位好朋友，我感觉他们花了不少时间在打理股票，但实际收益并不如预期好。我觉得自己缺乏进行股票投资的勇气，从投资者风险等级分类而言，我应该是属于最保守的那一种类型。

我有一位师兄，热衷于投资股票，我听他介绍说经常遇到类似过山车的情形，有的年份大涨，有的年份会亏很多。对于这样的情况，我有自知之明，自知心理承受能力有限，感觉自己并不喜欢面对这样大起大落的局面。

有朋友建议可以投资一些股票基金，由专业基金经理进行管理，是相对稳健的投资。我感觉既然都是投资股票，基金经理也不是特别保险，我还是以后再考虑。当然，从理财的角度而言，适当在股票市场配置资金也是正常的做法。

作为一名资本市场律师，我最喜欢的还是提供专业法律服务，在提供服务的过程中，我能够得到职业尊严并享受这种感觉。我想还是认真做好证券法律服务为好，踏踏实实地做好自己的本职工作，安安心心地自得其乐吧。

律师是社会活动家

很多人认为，律师是社会活动家。因为律师的职业特点决定他们要和社会上各种各样的人打交道，必然是社会活动家。

首先来看看社会活动家的定义。百度百科上是这样说的，社会活动家是指在社会上积极的活跃人士，他们在社会活动中具有一定的影响力。例如，在社会上热心公益事业，热心公众事务，关注民生民情的人物。

按这个定义，我想大多数律师都可以努力成为社会活动家。随着律师的职业化和专业化发展得越来越深入，律师在社会活动中具有一定影响力的方式和方法还有很多，例如，成为某一专业领域的专家型律师并形成一定的影响力，在某个领域能够为社会或某些群体带来帮助，因从事的专业领域而受到公众关注等。

律师由于职业的社会属性，更需要多参与社会活动，更需要通过影响力发展自己的事业，这样理解可能更为准确。

律师为何要多参与社会活动呢？我觉得主要有以下几个方面的原因。

一、律师的职业属性决定了律师需要一定的社交圈

律师是指依法取得律师执业证书，接受委托或者指定，为当事人提供法律服务的执业人员。律师要为当事人提供法律服务，就要接触当事人，就要接触社会，并形成自己的社交圈。

《中华全国律师协会律师业务推广行为规则（试行）》第2条规定的律师业务推广的主要方式，包括发布广告，建立、注册、使用互联网媒介，印制和使用具有业务推广性质的书面资料和视听资料等，出版书籍、发表文章，举办、参加、资助会议、评比、评选活动等。这些都是律师依规参

与社会活动的具体方式，也是律师这个职业社会活动属性的具体体现。

律师从事法律服务职业，从客户积累上而言，也是一个不断扩大和提升社交的过程。我在从事律师职业后，不断地认识新朋友，有一个逐步发展的过程。

首先是老客户圈，由于服务认真专业，我做律师之初即得到了很多客户的认可，在我独立执业后，很多老客户一直和我合作至今。其次是投资圈，由于我长期为数家知名投资机构提供法律服务，认识了投资圈的很多朋友，时间长了，也得到了很多业务机会。最后是合作圈，由于我主要从事资本市场业务，结识了很多券商和会计师等其他中介机构朋友，大家互相认同互相帮助，也多了很多的业务机会。另外，还有同学圈、行业协会圈等，都是会对我们的业务产生帮助的社交圈。

我观察过很多合伙人同事，作为律所的合伙人，大多数都是有自己独特的社交圈的，或者总是自带流量的，正是由于他们的流量能够不断地变现，才促成了自己事业更好的发展。

二、律师的专业性决定了律师需要通过社会活动扩大影响力

律师的法律服务越来越专业化，甚至越来越行业化，很多律师可能会认为，只要自己专业好，不用担心业务少。这种观点值得商榷。

专业好的律师是否必然拥有大量的业务机会？我认为主要取决于供求关系。如果在一个成熟的法律服务市场中专业律师是稀缺的，则专业律师可能不需要开拓市场就可以得到很多业务机会。如果专业律师的供应是不缺乏的或者过剩的，则专业好并不必然导致业务多。

另外，法律服务属于服务行业，除了专业以外，当事人还要考虑律师的沟通能力、表达能力、信任度等很多方面，当事人的体验感也是非常重要的因素。我也见过不少专业水平非常不错，但是业务开拓却不算好的律师同行。

律师的专业性固然重要，但很多时候，酒香也怕巷子深。律师要主动走出去，不断展现自己的专业风采，才能带来更多的业务机会。

三、律师需要在社会活动中汲取营养，丰富自我

律师的专业服务离不开社会，社会也需要律师的专业服务。律师进行社会活动有助于律师更多地了解和理解社会的各种现象，有助于律师有效地运用法律专业知识，为当事人解决法律问题。

很多律师经常会参加各种专业论坛和行业活动，可能这些活动并不能带来具体的业务，但是参加这些活动，有利于了解这个行业的发展动向，有利于在活动中认识同行业中的优秀人士，也有利于学习前沿知识，这些对律师的业务发展有很大的帮助。

律师的很多服务经验，是来自社会实践的。律师只有深入社会实践中，才能够更深地体会法律服务的意义和作用，也才能够更好地提供法律服务。

另外，法治国家的实现，离不开每一位心忧天下、勇于担当的律师的深度参与。律师更多地参加法治相关的社会活动，是一种情怀，也是一种责任。

总而言之，每名律师都应当在专业服务和社会活动之间，找到属于自己的平衡，静则独善其身，动则兼济天下，把自己的职业和这个社会的发展有效地结合起来，成为一名专业的社会活动家，以促进自己的律师事业的发展。

且行且思

第二部分　服务实践编

第六章　律师业务初探

伟大的事业是根源于坚韧不断地工作，以全副精神去从事，不避艰苦。

——罗素

律师的诉讼与非诉讼业务

很多年轻律师包括法学院的毕业生在进入律师行业之前，需要考虑的一个问题就是：进入律师行业，从事诉讼业务还是非诉讼业务？

这个问题是源于法律服务的发展和专业化的分工。律师职业发展之初，律师办理各类法律服务案件和事务，虽然以诉讼业务为主，但是遇到非诉讼业务时也尽量承办。随着社会对法律服务的需求越来越大，以及法律服务的内容越来越复杂，一名律师很难胜任全部法律服务业务，律师们也在法律服务的过程中找到了自己最为擅长或最为喜欢的业务，法律服务专业化也就应运而生。

对于新入行的律师而言，选择诉讼业务还是非诉讼业务，我认为主要应当考虑以下几点。

一、要理解法律服务的本质，在此基础上，选择自己的方向

法律服务的本质是通过提供法律服务和法律解决方案而解决法律问题。委托人在寻求律师的帮助之前，往往是遇到了法律方面的问题。有的法律问题需要通过诉讼的方式来解决，有的法律问题并不会形成诉讼，而是可能通过谈判、协商等方式解决，有的法律问题则通过律师起草申报文件和相关协议方式解决。

对于一名律师而言，要理解诉讼和非诉讼只是解决法律问题的方式，法律服务应以客户为中心，以解决客户面临的法律问题为服务目标。

有一些法律服务，涉及的法律关系复杂，法律主体众多，各方的利益诉求错综交织，律师团队要提供综合的法律服务内容，既包括诉讼，也包括谈判和协商以达成交易，更包括起草各类法律文件以及提供相关咨询服

务。这个时候，只做诉讼或只做非诉讼业务的律师是很难满足客户的法律服务需求的。

有人会说，可以请诉讼律师和非诉讼律师共同工作以解决问题。但是有一个必须要考虑的问题就是，整体方案的提出和完善需要一名或多名牵头律师兼具诉讼业务和非诉讼业务的经验，且能够融会贯通，方能更容易提出切实可行的解决方案。

二、要认清自己的专业定位和职业理想，自己更喜欢通过何种方式从事法律服务

一名执业律师在执业过程中，要真正建立自己的业务体系，只有将诉讼业务和非诉讼业务有机结合起来，具备法律专业的广度，才能更好地为客户提供全方位的法律服务。例如，作为一名诉讼律师，在为客户提供专业的诉讼服务并得到客户的认同后，客户会提出希望和律师长期合作，拟聘请律师担任客户的常年法律顾问，这个时候如果律师以自己只做诉讼业务为由不担任常年法律顾问，在失去新增业务的同时，很可能会失去未来再次合作的机会。又如，作为客户的非诉讼业务律师，在承办业务的过程中，往往需要帮助客户分析各种法律风险以及必要的防范措施，此时要对法律风险特别是潜在的诉讼进行预判和防范，而没有一定的诉讼业务基础是很难完成的。

律师在个人发展的过程中，应当考虑自己的专业定位，即面对诸多的法律专业服务方向，选择哪一项或哪几项专业；也要考虑职业理想，律师不仅是一项工作或谋生的手段，而且是可以用自己的人生来追求的理想。考虑清楚专业定位和职业理想，更有利于作出适合自己的选择。

三、确认自己的特点和喜好，找到适合自己的职业发展路径

北宋思想家张载说过："人若志趣不远，心不在焉，虽学无成。"作为一名律师，这个道理同样是适用的。兴趣是最好的老师。一名律师只有真正喜欢法律并热爱法律，能够沉下心来钻研自己感兴趣的专业领域，才能够真正将自己培养成为一名专业律师，并在工作的过程中得到最大的满足

感和成就感。

律师从事法律服务工作，不能仅仅为了谋生，应当在具有职业理想的基础上，对法律服务本身产生兴趣，并为之着迷。律师在法律服务中应该也存在一种专业情感，即律师对其擅长和提供的专业服务特别倾心，有一种执着的热爱，并热衷于对该专业领域的研究和实践，不断提升自己的专业水准。

在实务中，有许多律师是兼顾诉讼业务和非诉讼业务的，我们的团队亦是如此。我认为主要原因有以下几个方面。

一、为了满足客户全方位的法律服务需求

律师服务往往具有人身属性，客户觉得某位律师好，往往经常会寻求这位律师的帮助。此时的律师需要有一定的专业广度，在处理好自己擅长的专业领域事务的同时，也能够对其他相关的法律问题有一定的分析能力和解决能力，这样即使寻求其他专业律师的帮助也存在较大的便利。

二、有利于提升和扩大律师的法律服务能力

作为一名执业律师，如果专业服务领域过窄，则会出现法律服务能力不足的情形。此时最好的方法就是适当增加专业广度，兼具诉讼业务和非诉讼业务基本能力和知识的律师更能够有力展现自己的能力。

三、有利于丰富律师团队的专业服务范围

作为律师团队，如果在团队中既有诉讼律师又有非诉讼律师，则团队的服务能力和专业广度会大大加强，这样的律师团队往往能够解决客户更多法律方面的问题。

我认为，年轻律师如果能够在诉讼和非诉讼业务都得到学习的机会，则更有利于成长。

从申报到交易

很多年轻律师在从事一段时间的IPO业务以后，很容易形成以下观点，即律师的非诉讼业务就是申报业务。根据证监会或交易所的规定准备各项申报文件，律师主要就是进行法律尽职调查工作，并起草上市法律意见书和律师工作报告，做好向证监会或交易所进行申报的工作。另外，有一些律师业务也是申报业务，如反垄断申报、反倾销申报、ODI（对外直接投资）申报、FDI（外商直接投资）申报等。

申报业务的主要工作是进行尽职调查和准备申报文件，这类业务的对抗性相对较小，不像诉讼业务那样容易存在激烈的争辩，律师在这类业务承办的过程中往往是为客户准备相关文件以提供给相关主管机构进行审核。

申报业务并不是非诉讼业务的全部，如果把律师的业务分为诉讼业务和非诉讼业务，则申报业务属于非诉讼业务的一部分，非诉讼业务中还有很多并不属于申报的业务。从律师业务的对抗性角度来划分，我觉得可以考虑将律师业务大致划分为三类，分别是申报业务、交易业务和诉讼业务。

我认为，作为一名以非诉讼业务为主的执业律师，只有同时拥有申报业务和交易业务的业务理解和业务技能，才能够更好地为客户提供高层次的法律服务。

作为申报业务典型代表的IPO业务中，也可能存在诸多的交易业务内容。其交易业务包括交易文件相关的尽职调查、交易文件的起草、交易的谈判和交割等工作。我认为，从事IPO业务的律师应当重视交易业务并不断提升交易业务的水平，主要有以下几个方面的原因。

一、交易业务有利于培养律师的法律服务技能水平

相对于申报业务，交易业务对律师的法律服务技能要求更高。

首先，交易业务要求律师要有进行对抗的能力。无论是交易的谈判还是交易文件的修改和磋商，律师要面对的不再仅仅是相关主管机构的问询，而是要面对交易对方及其聘请的律师等中介机构。

其次，律师要展现高超的谈判技巧和沟通技巧。交易中存在大量的谈判和沟通工作，律师要面对各种各样的人员，要在纷繁复杂的关系中找到解决方案，就必须进行大量的交流和沟通工作。

再次，律师要学会应对交易中的各种情况。有时候交易对方的人员比较强势，甚至有时候比较蛮横，如果这个时候律师表现得手足无措，则会导致在交易中处于不利的地位，进而可能影响客户的利益。律师要学习谈判术，要学习心理学，要掌握谈判和沟通的必备技巧，方能在工作中游刃有余并应对自如。

最后，律师要展现高水准的文件起草和修改水平。相对于申报业务，交易业务更能体现律师的文字功底和水平。交易文件中主要条款往往涉及客户的重大利益，稍有不慎就有可能导致客户的利益受到损害，律师一定要注意文字的准确性。

我个人的体会是，在拥有上述执业能力的同时，律师还必须拥有自己的三样武器：第一样武器是法律，第二样武器是经验，第三样武器是良知（正义感）。当律师拥有这三样武器时，就有机会帮助客户找到解决方案并维护其权益。

二、交易业务有利于展现律师统揽全局和流程管理的能力

相对于申报业务，交易业务更需要律师具备统揽全局和流程管理的能力。很多交易的时间跨度长，交易流程复杂，客户往往缺少这方面的经验，这就需要律师能够在全局上和流程中更多地帮助客户。例如并购交易，很多客户在做公司并购的时候是第一次，这就特别需要律师能够统揽全局，每个交易重要节点都需要律师运用经验和智慧进行指导。

每项交易业务各有不同，有经验的律师会帮助客户制订不同的具体方案，方案中会考虑到交易的各项背景、各方关注的利益、项目每个节点需要完成的工作等。

相对于申报业务，交易业务中流程管理的难度较大，因为很多工作不仅取决于客户的选择，还要取决于交易对方的行为和反馈，律师对交易对方的分析判断往往会起到一定的作用。

三、交易业务有利于发挥律师的创造性并体现价值

相对于申报业务，律师在交易业务中的作用可能更大。交易业务的很多工作是个性化的甚至是无先例的，很难完全照搬照抄其他项目，这个时候就需要律师进行独特的设计，并和客户共同研究有针对性的解决方案。

客户对申报业务的核心诉求是准确，因此律师起草的申报文件从格式到内容均要准确，不能有明显的瑕疵或可能影响申报结果或进程的内容。客户对交易业务的核心要求是兼顾风险控制和交易成功，因此律师要利用自己的专业知识和经验，提出解决方案，实现客户的商业目的。

申报业务中也存在很多交易业务，我们在承办的IPO业务中，往往会有很多交易业务的内容，如参与公司与管理人员的离职谈判并达成离职协议，参与公司与合同纠纷或侵权纠纷的对方进行的谈判并达成和解协议，参与公司与相关投资方或被投资方的谈判并达成交易，参与公司的股权激励方案的设计与运行等。律师在处理交易业务中的表现，往往会更容易给客户留下深刻的专业服务印象，因为交易业务的服务成果更容易被客户感知。

申报业务和交易业务以及诉讼业务，并不是对立存在的三种律师业务，更多的时候是共同存在且互相延伸的。律师业务的本质是提供法律解决方案，实现委托人的商业目的。就这一点而言，律师以及律师团队应当同时重视申报业务和交易业务，在这一过程中不断提升法律服务能力，这样才能够更好地解决客户遇到的法律问题。

资本市场律师的知识面

作为一名资本市场专业律师，我常常感觉到自己的知识不够用，总是感觉自己需要学习的知识太多了。对于资本市场律师而言需要具备哪些知识呢?

一、要掌握法律知识

作为一名律师，首先应当精通法律，特别是要精通与自己的专业业务相关的法律，其他专业的法律，可能来不及精通，但是一般了解也是需要的。资本市场律师首先要精通证券法和公司法，以及国务院、中国证监会和证券交易所颁布的各类行政法规和规范性文件。

作为一名资本市场律师，要不要熟悉民法、刑法和行政法等法律法规呢？我觉得这不应该是一个问题，资本市场律师首先是一名律师，律师应当对基本法律有基本的了解，所以熟悉民法、刑法和行政法的基本规则是任何一名律师从事专业法律服务的基础。

试想，一家拟上市公司的董事长因为继承或劳动方面的基本法律问题咨询我们的时候，如果我们以这些法律不属于资本市场相关法律为由而无法解答时，就很难帮助客户解决资本相关法律问题。

另外，资本市场律师也经常遇到与争议解决相关的事项，因此也应当熟悉与诉讼、仲裁相关的法律法规和规范性文件。有些资本市场律师号称连法院的门开在哪里都不知道，他们基本上不接触争议解决业务，这种情况的发生确实是由于专业化造成的，但是如果对争议解决业务缺乏基本的认识，又如何帮助客户防范争议解决相关的风险呢?

二、要具备经济学相关知识

资本市场业务中，律师经常要参加企业的上市协调会，上市协调会讨论各种与上市相关的问题，其中相当一部分是法律专业以外的问题，包括行业方面和财务等方面。

如果律师不具备经济学相关的知识，在协调会上很难发表专业意见，甚至很难完全听懂券商和会计师讨论的专业问题，这样对于律师全面理解项目是不利的。另外，许多法律之外的问题，看似和律师的工作关系不大，但实际上是很难分开的，律师在考虑解决方案时往往要兼顾法律以外的方面的影响。

例如，在讨论发行人的股权激励方案时，就不得不考虑报告期内因股权激励导致的股份支付对发行人业绩的影响。此时如果律师认为股份支付属于会计问题不属于法律问题而不加以考虑，则律师就无法帮助发行人设计切实可行的股权激励方案。

资本市场律师在承办项目的过程中，经常被券商和会计师等其他中介机构带入，主动或被动地学习经济学相关的知识，包括股票投资和交易、证券市场、财务管理、会计和审计、税务等方面的知识。

我在长期从事资本市场业务的过程中养成了学习经济学相关知识的习惯，律师多掌握一些经济学方面的知识，一方面有利于和企业家进行沟通，另一方面也有利于与券商和会计师等中介机构代表进行沟通，如果律师能够了解企业上市相关的经济学方面的知识，会大大增强其综合解决问题的能力，也能够与企业家形成更多的共同语言，共同寻找解决方案。

记得我们团队曾承办过一个上市重组专项业务，公司在此之前接触了多家律所，企业家最终选择了我们律师团队作为专项法律顾问。企业家后来告诉了我选择我们律师团队的原因，最重要的因素是他觉得我们团队具有更强的综合能力，更能够从整体角度考虑资本市场解决方案。

三、要具备客户所在行业的相关知识

关于法律服务的行业化，是这几年比较热门的话题。其实在资本市场业务中，行业化早就被实践了。

某个行业的公司在申请 IPO 的过程中，会表现出该行业所特有的合规问题，如果律师有该行业的合规经验，无疑会对公司产生直接而有效的帮助。在承办某医疗器械的 IPO 业务中，由于我们提前研究过该行业并且承办过该行业的另一个项目，在前期尽调的过程中就发现了该公司存在捆绑销售不合规的情形，并提前帮助公司进行了规范，消除了不合规的捆绑销售行为。该问题在上市审核的过程中被重点关注，由于公司合规及时，中介机构核查充分，最终很顺利地通过了上市审核。

客户在上市时选择中介机构的一个重要的考量因素是该中介机构有无承办同行业公司上市的经验，特殊行业尤其如此。我们律师团队由于承办了一家公司的创业板上市项目，在参加同行业的另一家公司选聘上市中介机构时就占据了优势。该公司的管理层认为，能够顺利完成同行业的公司上市的中介机构，应该是非常适合的。

我认识一位头部券商的投行部负责人，他在多年前就专注于 TMT（电信、媒体和科技）行业，并充分研究了这个行业。他对我说，他在开发业务时经常处于非常领先的地位，主要是因为他对这个行业的熟悉，让企业家对他非常认同和依赖。

如果我是企业家，我相信我也会认同和依赖精通所在行业的中介机构团队。

另外，如果能够具备与业务相关的综合知识，则是多多益善。

律师团队在帮助公司上市的过程中，除了准备申报材料和进行尽职调查以外，往往还需要帮助企业处理各类争议和化解各类风险，这对律师提出了更高的要求，律师往往需要掌握谈判的技巧、需要准确把握人性和心理、需要运用必要的谋略来实现客户的商业目标等。这需要律师学习谈判学、心理学和战略管理等方面的知识。

资本市场律师在帮助企业走向资本市场的过程中，如果能够在哲学、历史、文学等方面与企业家产生共鸣，如果能够拥有许多共同的话题，则非常有利于在工作中达成更多的共识，有利于形成共同的价值观，有利于互相理解最终达成愉快的合作。

学无止境，精益求精，在资本市场律师追求专业知识的基础上，相信还有许多方面的知识值得我们探索，唯有不断完善自身，不断学习精进，我们才有可能成为一名优秀的资本市场律师。

如何提升上市法律服务

自2004年10月开始，我一直从事资本市场法律服务，上市法律服务是我们团队的一项重要业务。在二十年的法律服务实践中，我们团队为相当数量的公司提供上市法律服务，并与众多客户建立了良好的合作关系。如何提升上市法律服务的质量，一直是我思考的内容。

一、做好企业发展过程中的长期陪跑者，专业陪伴建立信任

首先，上市律师要拥有足够的耐心和经验，在企业上市的整个过程中，即在股权架构设计、股权激励、引进投资、重组并购、股份制改造、上市辅导、上市申报、挂牌上市等阶段均为企业提供专业和精准的法律支持，成为企业的上市全流程法律智囊。

其次，上市律师要深刻理解客户所在行业及合规要点，全方位持续帮助企业提升合规水平。每个企业所处的行业都有其合规特点，每个企业自身也都有需要特别关注的合规方面，从事上市法律服务，重在个性化，这样才能切中企业合规特点。

最后，上市律师要珍视品德的重要性，做一个值得信赖的合作伙伴。在提供法律服务的过程中，难免会遇到不同的方案或建议所引致不同主体之间的权利义务或利益上的差别，这要求上市律师务必以企业最大利益为核心，坚持高尚的道德准则，不为自己或他人谋求任何不当的利益。

二、展现专业水平，解决专业问题

首先，上市律师要深耕专业，成为企业放心的上市合规专家。律师要展现的是专业水平，作为一名上市专业律师，应当精通上市过程中涉及的

全部法律法规，并不断更新专业法律知识，做到应答如流和准确运用。

律师除了精通法律专业知识以外，还要尽可能熟悉上市过程中其他相关的知识，越是能够提供增值服务的律师，对客户越有价值。我们团队有不少业务，就是因为客户认可我们团队的综合性，而选择我们团队作为合作伙伴的。

其次，上市律师要善于提出解决方案，解决企业上市中的重大问题。每个拟上市企业或多或少会遇到法律上的合规问题，这需要上市律师运用丰富的经验和专业知识，帮助企业提出解决方案，这是上市律师的主要工作，也是上市律师的价值所在。

最后，上市律师还要善于排除重大危机。企业在申请上市的过程中，可能会遇到突发性的重大危机事件，这时候需要上市律师运用专业和逻辑的分析，迅速帮助企业作出精准的判断，化解危机。

在为企业提供上市法律服务的漫长过程中，律师要提供大量的法律服务工作，其中很多工作内容是程序性的，有时候甚至是枯燥的和乏味的。对于程序性的法律服务工作，大家可能会觉得这些工作是简单的，技术含量并不高。这种观点是不正确的，正是以这些基础性的工作作为支撑，律师才能够保证出具的法律意见客观、真实、准确。

在上市法律服务中，最终实现企业上市成功，客户的最终体验是无疑非常好的。但律师们更加要注意追求的，应该是法律服务过程中的最优体验，这就需要在提供法律服务的过程中做到勤勉尽责，严格按照工作流程完成各项工作，做客户放心的中介机构。

三、追求融洽的合作关系，认同出价值

首先，上市律师要学会做企业家的朋友，得到企业家和管理团队的认同。上市陪跑的过程也是一个建立友谊的过程，上市律师应当充分珍惜难得的机会，多听企业家和管理团队的想法，多从法律专业和上市经验的角度和他们分享探讨。企业对法律服务的满意就是对律师的满意。

其次，上市律师要努力成为各中介机构的润滑剂。律师职业往往会让别人产生严谨有余而活泼不足的印象，但在上市服务中，律师可以更加包

容。有经验的上市律师往往充分尊重其他中介机构的专业建议和意见，充分尊重其他中介机构的人员，坚持合规原则并共同维护良好的合作关系，各中介机构也会互相支持和帮助，这样更有利于形成合力共同完成企业的上市相关工作。

最后，上市律师应当长期换位思考，兼顾各方利益，实现共赢。在上市服务过程中，不同的方案往往对不同主体的利益影响巨大，需要上市律师充分考虑各方的利益平衡，在保证企业整体利益的基础上，设计出最为优化的解决方案。此时，上市律师需要不断地换位思考，提供建议时做到利益分配的合理和公允，才能得到各方的认可，也才有可能将项目顺利地推进。

我相信，有了以上的各种专业表现后，企业家和其团队往往会认同上市律师的工作，形成良好的合作关系。在这个时候，上市律师更多的应该是享受这份职业带来的成就感和满足感吧。

常年法律顾问的重要性

从事民商事法律服务的律师，经常采用的是常年法律顾问加诉讼的业务模式，很多律师认为这是比较普遍的业务模式。律师行业内也有“无常法不稳，无诉讼不富”的说法，由此可见，常年法律顾问业务是律师的基础业务，具有相当的重要性。

我从事律师职业伊始，即在律所合伙人的指导下进行常年法律顾问的法律服务，迄今为止服务过的客户有数十家，有些常年法律顾问已经合作了近二十年。在从事常年法律顾问服务的过程中，我感觉这是律师的一项基本业务，是律师的根据地业务。我认为，对于律师而言，常年法律顾问业务的意义主要在于以下几个方面。

一、有利于律师拥有相对稳定的业务和收入

常年法律顾问业务是律师的基础业务，律师作为专业法律服务的提供者，需要拥有法律服务技能，常年法律服务就是一项基础法律服务技能，往往包括合同审核、合规性论证、法律培训、法律咨询等方面的内容。

与其他法律服务相比，常年法律顾问服务也有其特点，并非拥有了律师资格就一定能够做好或胜任常年法律顾问服务业务。在现实中，有的律师特别擅长从事常年法律顾问业务，但也有部分律师并不能将常年法律顾问业务做得特别好。擅长常年法律顾问业务的律师，特别容易形成积累，形成相对稳定的业务。

常年法律顾问业务是律师相对稳定的业务，一般而言，如果律师提供的常年法律服务是优质的，往往可以和客户不断续签常年法律顾问合同，这种合作常常是长期的。

对于客户而言，常常把聘请常年法律顾问纳入年度预算，客户需要聘请律师审查各类合同、提供重大决策的法律咨询意见、开展合规相关培训等，常年法律顾问往往会成为客户生产经营中的合规保障。

我刚开始独立执业的时候，主要的业务构成就是常年法律顾问加一些早期 IPO 和投融资等专项业务。由于专项业务当时的收费不高，主要的业务收入就是来自常年法律顾问。后来由于专项业务的发展，才使常年法律顾问业务的占比不断下降。因此，可以说正是常年法律顾问业务，给了我在这个行业立足的信心和基础支持。

二、有利于理解客户并提升法律服务能力

对于律师而言，如果能够深入地理解客户的业务，就有可能为客户提供更加精准的法律建议。

常年法律顾问律师胜在长久的陪伴和长情的关怀。通过长期的专业服务和训练，包括大量的业务合同审核以及大量的法律事务处理等，律师往往更能够理解客户的业务实质和业务特点，更能够迅速帮助客户提出法律解决方案，更能够在客户所在的业务领域成为法律方面的专家。

我特别重视常年法律顾问服务工作，也一直在提供常年法律顾问服务。我觉得常年客户的需求是真正的来自法律服务一线的需求，这项业务特别有利于我们了解客户，甚至可以通过客户的法律需求了解客户所在行业的动向。另外，作为常年法律顾问也能够锻炼律师的综合解决能力，对律师是非常好的业务实践，而且客户要求越高意味着律师的服务水准也要与之相匹配，这有利于律师不断提升法律服务水平。

三、有利于开拓延伸业务

常年法律顾问服务虽然是一项基础业务，但同时也很可能是一项孵化业务，即通过常年法律顾问业务可以带来许多专项业务或其他业务机会。

作为常年法律顾问，律师往往会和企业家或管理层之间形成互相认可和互相信任的良性合作关系。客户有法律服务需求时，往往首先寻找自己信任的律师进行咨询。有的时候，客户会把全部法律事务交给自己的常年

法律顾问，因为客户相信自己的常年法律顾问有能力处理好这些事务。有时候，客户会请常年法律顾问帮助寻求其他专业律师解决专业问题，这时候常年法律顾问律师会起到推荐或监督的作用。甚至有的时候，客户将某项新业务交给并不熟悉该领域的常年法律顾问承办，原因是觉得常年法律顾问律师帮助客户太多，客户希望以此对常年法律顾问进行支持和补偿，这也是一种表示认可和表达感激的方式。

对于有能力提供多专业法律服务的律所而言，经常会产生律师之间交叉销售的情况，很多业务就是因为常年法律顾问律师将客户的专业需求推荐给该领域的专业律师而产生的。

我们团队主攻资本市场法律服务，也经常担任创业企业的常年法律顾问。在为一家创业公司担任常年法律顾问两年多后，我们和企业建立了良好的信任，该公司也启动了 IPO 工作，此时公司董事长才发现我们团队其实长期从事 IPO 法律服务，这个项目的 IPO 律师就迅速确定由我们团队担任了。

另外，律师要做好常年法律顾问并不容易，要熟悉客户所在的行业，要能够为客户的合规事项提供专业且可行的建议或意见，要真正地帮助和关心客户。

总体而言，我认为，对律师而言，应当重视常年法律顾问业务。无论对于创收，还是对于业务的提升，抑或培养长期稳定的客户群，都是非常有利的。

律师业务的行业化发展

我于2004年研究生毕业后，进入第一家律所工作，那时候我是律所主任的助理。我记得律所主任团队的业务范围较广，包含民事、刑事、公司、知识产权、建筑房地产等。我做律师助理约半年时间，学习和办理了著作权纠纷案件、刑事案件、民事纠纷案件、公司纠纷案件以及公司并购（跨境并购）等业务。

2004年10月，我到第二家律所工作后，从事资本市场专业法律服务，认识到专业化法律服务的竞争力所在。虽然自2001年后证券法律服务不再有律师事务所从事证券业务资格限制，任何一家律所均可以从事该业务（2020年后有证券业务律所备案要求，但不属于资质许可），但由于证券业务的专业性较高，证券品牌律所在业务开拓和承办等方面具有相当大的优势。记得2006年年初，我和团队的负责人以及其他同事去浙江某经济发达地区开拓证券法律服务市场时，该地区很多企业想了解企业上市的情况，苦于找不到擅长证券业务的中介机构，我们当时去该地区洽谈上市合作业务时，很少会遇到竞争对手。

专业化发展到今天，随着各大律师事务所的区域战略布局越来越完整，律师的业务竞争也越来越激烈。对于一家计划上市的企业而言，选择上市律师时，不仅要考察其证券业务的专业性，还可能要考虑律所在企业所在行业中的业绩和实力，这意味着律师业务的行业化已经成为企业选择律所时的重要因素。

在资本市场业务中，券商可能是比较早进行行业布局的，特别是头部的券商，很早就设立了相关行业组，在实践中行业组的分工确实有利于业务的开拓和做精做深，也能够展现行业优势。

很多有远见的律所，早已经布局了行业的法律服务。我们律所总部也在2020年年初成立了科技委员会，专门针对TMT行业和大健康行业进行行业的业务整合与深耕。根据我对律师业务的理解，行业化的发展主要源于以下几个方面。

一、客户的需求

客户对于业务合规的要求越来越具体和明确，也希望从事资本市场业务的律所能够理解客户的业务并精通相关合规要求，这样才能够让律所真正帮助客户在业务规范的同时走向资本市场。

我们在承办一家企业上市的业务时，由于我们中介机构都具有办理同类项目的经验，在前期准备过程中即针对该行业企业在上市过程中经常被关注的方面，以及该行业特有的重点合规事项展开深入和充分的调查，并就发现的问题帮助客户寻求合规解决方案，在前期即完成了全部规范工作，并将该行业在上市审核中重点关注的方面均做了合规的梳理。这不仅避免了可能因为合规问题而造成对客户上市形成实质性不利影响，也大大提高了上市过程中问询回复的效率。

二、竞争的需要

很多律所在了解到客户的专业服务需求后，可以就客户所在的行业有针对性地提出法律解决和服务方案。律所提供这样的方案可以有效地提升竞争力。

我们在与潜在客户接触和商讨合作的过程中，发现客户经常关注的一个问题就是："你们有没有做过同行业的业务？"一般而言，拥有同行业客户业务经验的团队总是更容易和客户形成共同话题并更容易得到客户的认可。

我们团队曾经承办过一家科技型公司A的上市业务，在公司A成功上市后，我们又接触到了同行业的另一家公司B。公司B负责人很关心我们团队有无同行业的业务经验，当他听说我们成功办理了公司A的上市项目后，马上表示出对我们的认可。公司B负责人对我们说，他们行业内很多人认为公司 A 的上市工作量非常大，有很多复杂的工作需要专业的团队才能够胜任，我们既然能够把公司 A 做成功，那说明我们是很专业的。

最终，公司 B 很快选定了我们团队作为上市法律顾问。

三、律所和律师对于行业化的战略布局的需要

律所进行专业化布局后，必然会向行业化进军。布局重点行业，发展行业化业务，是很多律所和律师进行的战略规划并正在付诸实施的。

近年来，在行业化方面布局的律所和律师越来越多。在我执业的过程中，我遇到过专门办理 MCN（Multi – Channel Network，多频道网络产品，即短视频机构）行业业务的律师，遇到过专门办理消防行业业务的律师，也遇到过专门办理票据业务的律师等。这些律师都深刻地理解他们擅长的业务所处的行业，并取得了令人敬佩的专业成果。

国际律所中，律师的行业化早已成为惯例，客户往往寻求精通自己所在行业的律师。自从 2004 年进入律师行业以来，我已经见证了律师行业在这二十年的飞速发展。中国律师充满智慧，加上勤奋和进取，使律师行业逐渐向国际接轨，中国律所的许多指标已经跻身国际前列，行业化的发展也必然紧跟国际步伐。

作为团队发展的一项重要目标，加上目前的客户积累，我们也必须成为精通行业的律师。杭州是中国互联网的发展特例，取得了国内领先的互联网发展成果，我们律师团队也应该迎头赶上，顺应互联网科技的发展，紧跟发展潮流，方能更好地成为具有行业竞争力的律师团队。

律师业务行业化方法的思考

律师业务的行业化是当前比较热门的话题。随着律师业务专业化的发展，律师们和客户们都觉得，仅凭专业化的法律服务不足以更好地解决客户全部的与法律相关的问题，只有精通专业并熟悉客户所在行业的律师，方能够为客户提供更为完善的法律服务。

我也非常认同这样的观点。我们团队从事的资本市场业务也是如此，从律师服务的专业化角度来说，律师要提供资本市场专业法律服务，要精通资本市场专业的相关法律法规和相关法律服务内容，例如，律师要精通公司法、证券法、上市规则、首次公开发行股票管理办法等法律规则，才能够为客户提供资本市场相关的法律服务内容。

我们所面临的一大问题是，我们的客户可能来自各个行业，每个行业都有不同的政策和特有的法律法规和规范性文件，如果我们不熟悉客户所在行业的法律规则，就很难精准把握客户的合规要求。另外，不同的行业有不同的行业背景和惯例，如果我们对此一无所知，不仅会大大降低与客户的沟通效率，还有可能因此而不能够有效保障客户的利益。

那么，律师如何往行业化方面发展呢？我觉得可以从以下几个方面进行探索和尝试。

一、进入行业

要想精通一个行业，首先要进入这个行业。

从律师的角度而言，可以考虑首先从熟悉这个行业的相关法律法规和规范性文件开始。例如，我们要想学习互联网行业，可以从《中华人民共和国互联网法律法规文件全书》开始，这样可以系统地学习和了解行业的相关规定。

其次，要学习行业相关的知识。我们可以从了解这个行业的行业术语和行业惯例等开始，并学习行业内的经典著作以及文献。例如，对于互联网行业，我们要理解常用行业词语的含义，这样才能够更快地学习行业的知识。

最后，要有机会与行业的人士进行一定程度的交流。这方面可以视学习和工作的需要而展开，交流渠道是多种多样的。

二、融入行业

我们经过初步的学习后，便可以将所学习的行业知识和我们已经具备的其他知识进行融合。

对于我们团队从事的资本市场专业法律服务而言，如果我们将互联网行业的知识和资本市场专业知识进行融合，即专注于互联网行业的资本市场法律服务，将会促进专业和行业的有机结合，有利于形成细分领域的专业提升。

我们可以通过特定的方式融入行业，如可以试着加入一些行业协会，参加行业的专业活动，展开对行业的合规研究并形成研究成果后在行业内分享等。

在我从事资本市场法律服务的过程中，也发现很多专业律师通过与资本市场的结合取得了突破。有的刑事律师专攻证券犯罪，在这个领域建立优势，有的诉讼律师组建证券诉讼团队而取得优异业绩，也有的资本市场非诉讼律师转攻证券民事赔偿诉讼而实现华丽转型。

三、迷入行业

如果我们能够沉浸在感兴趣的行业之中，无疑会更快地进步。我觉得，我们钻研一个行业，就是要有入迷的精神。虽然我们进入一个行业是要在这个领域内有所作为，但是我觉得前期不宜过于功利，而是应当耐心地进行前期的积淀，享受入迷的过程。

我的体会是，应当在喜欢的行业内深耕细作，订立学习和提升计划，有步骤地进行学习和提升。对于行业内的经典案例，我喜欢进行研习，借此总结出行业内的法律规则的理解和适用方面的要点，不断地进行积累。在学习过程中，建立行业知识的知识库特别重要，知识库中应包括行业术语、行业基础知识、行业热点问题及基本判断、行业常见法律问题及解决思路、行业典型案例及分析、行业推荐阅读书目和论文等。

我们要加强在行业内的业务实践。一是通过理解以及借鉴，形成具体的法律服务产品，法律服务产品包括全套法律服务所需文本、法律服务流程文件等。二是承办相关项目业务以积累实战经验，特别是在业务发展初期，可以通过和战略客户合作的方式，办理相关的项目业务，迅速形成业绩。三是扩大和相关客户以及合作方甚至是同行的交流，充分了解市场的实际需求，从而进一步完善法律服务产品以及推进市场开拓。

当我们在行业内积累到一定程度的时候，就可以形成行业方面成果。一是要形成书面的专业成果，可以以法规汇编、业务手册、合规建议书、合规案件分析汇总等具体形式，提供给客户或相关方进行参考，以分享团队在行业中的专业积累。二是培养出行业化业务讲师队伍，根据需要开展专业培训，并通过培训进一步优化行业化法律服务技术和产品。三是撰写高质量的论文或出版相关行业化专著，进一步提升团队的行业化影响力。

从事律师职业的人，想做好一件事情，就得方方面面都考虑到，想做好具体一个方面，就得从全局出发。相信经过上述整体规划并认真实施，我们就可以在律师业务行业化发展道路上，取得长足的进步。

从资本市场到财富管理

近年来，财富管理的法律服务越来越成为法律服务的重要市场。我们资本市场律师在为客户提供上市、投资和并购等相关业务后，要持续陪伴上市公司、股东、董事、监事和高级管理人员等主体不断发展，因此应该重视资本市场的财富管理业务。关注财富管理业务，这既是客户事业不断发展和财富增值向资本市场律师提出的新的服务要求，也是资本市场律师扩大专业服务范围的好机会。

一、资本市场财富管理法律服务的内容

财富管理法律服务的内容非常广泛，包括各类资产（股权、不动产、现金及金融衍生品、知识产权等）的管理（含资产的安全保障措施、资产的风险防范、资产的合规处置和分配、税收筹划等）和处置而产生的法律服务以及通过家族信托、家族办公室、家族治理、购买保险、继承等方式将各类资产进行管理和传承而产生的法律服务等。

对于资本市场律师而言，无论是针对拟上市公司还是上市公司，特别需要关注的财富管理内容应该包括公司股权或股票处置（包括减持、分割、继承等）、公司控制权的稳定、公司法人治理结构完善及风险防范、公司控股股东和实际控制人以及董监高的行为规范、财富传承及危机处理等。这些方面的内容在目前的律师专业分工中，可能是涉及资本市场业务和财富管理业务互相交叉的内容，如果律师同时具备资本市场业务和财富管理业务的双重知识和能力，则更有可能向客户提供专业的法律服务。

资本市场在起到资源配置的同时也产生创富效应，甚至可以说资本市场改变财富格局。随着资本市场的发展，在富人的财产组成中，股权资产

的价值占比越来越高。

基于以上内容，针对资本市场的财富管理的法律服务必然具有巨大的前景。我认为，律师最重要的是帮助客户通过解决法律问题并创造价值，财富管理业务是企业在资本运作后必然会发生的业务需求。

二、资本市场财富管理法律服务的实现路径

随着法律服务专业化的深入，各细分法律服务市场越来越精专的同时，也可能会造成专业和专业之间的隔断，专业和专业之间的互通可能会成为问题，针对同一主体的全方位法律服务机制可能会受到影响。

在现实中，可能出现的情况是，资本市场律师不熟悉财富管理业务，财富管理律师不熟悉资本市场的需求，从而可能导致两个专业的律师都没有特别重视资本市场可能产生的财富管理法律服务需求。

有关资本市场律师如何帮助客户进行财富管理，特别是要帮助客户打理股票等资产相关的财富管理，我觉得可以从以下几个方面入手。

一是积极拓展业务边界，扩大专业范围。我认为未来的资本市场律师团队可以采用“资本市场+财富管理”的业务模式，既做好资本市场业务，又能够胜任资本市场相关的财富管理业务。这是以客户为中心而打造专业范围，这样有利于为资本市场客户提供持续的法律服务。

二是通过合作组建全方位业务的法律服务团队。有的时候仅凭资本市场律师无法为客户提供包含财富管理在内的全面法律服务，这时候可以通过合作的方式组建全方位业务的法律服务团队。这样的法律服务团队，包含资本市场和财富管理以及其他相关业务的专业律师，能够为客户提供更为广泛的法律服务。

三是探索资本市场中财富管理服务的新模式。在资本市场财富管理中，会用到各种各样的法律工具，如信托在财富管理业务中被广泛使用。律师可以专攻某一项专业技能，并在财富管理中将这项技能用到极致，也能够为客户创造巨大的价值并将自己打造为专业律师。

过度的专业化有时候不利于更好地为客户提供法律服务，特别是在资本市场律师完成资本运作相关业务以后。我觉得资本市场律师不必为自己

设限，客户的需求就是我们的市场，资本市场不应当拒绝财富管理业务，资本市场律师应该勇敢并主动地拥抱财富管理业务。

三、资本市场律师从事财富管理业务的前景

我认为，资本市场律师离财富管理业务特别近，主要表现在以下几个方面。

一是在客户走向资本市场以后，其财富出现指数级别的增长，财富管理的法律服务需求自然也会增长。

二是资本市场律师已经与潜在财富管理客户建立信任，应当重视财富管理的业务机会。

我们团队在为企业提供上市法律服务的过程中，不断地帮助企业打理投资和其他相关业务，有些企业家对我们说，我们现在是他们企业的上市律师，以后要为他们家族的财富管理提供全面服务。

企业家基于信任对我们提出了全新的法律服务需求，也愿意放心把财富管理业务交给我们办理，这就是资本市场律师的优势所在。

三是资本市场律师长期帮助客户处理资本市场合规事务，其中相当一部分事务也是涉及财富管理的，可以说资本市场律师几乎不可能不涉及财富管理的法律服务内容。

最近有一家上市公司的股东，在上市后通过将有限公司迁址并变更为合伙企业的方式进行税收筹划，却被税务主管机关追缴超 10 亿元税款，这可能与上市后股东未做好财富管理的合规方案有关。

我们也在业务实践中不断尝试运用财富管理的手段，帮助资本市场客户树立财富管理意识，并与客户不断地探讨资本市场的财富管理方案，积极为客户的长期可持续发展寻求法律解决方案。

世界在变化，唯有创新不变，财富管理业务是资本市场律师的新的蓝海。我认为资本市场律师和财富管理律师都要重视资本市场的财富管理业务，帮助客户实现财富管理，共同打造优质的法律服务。

无法承接的业务

在我们的执业过程中，总会因为各种各样的原因，导致我们无法承接某些法律业务。这种情况开始出现的时候，我总是有些纠结，总感觉不能承办业务是律师的损失，但后来想得很清楚了，对于哪些业务能做，哪些业务不能做，我们应该有自己的原则和判断。

哪些业务是无法承接的呢？我觉得主要有以下几种情形。

一是业务本身存在不合规或合规性存在重大疑问的事项，对于这样的业务，不能承接。

律师在承接业务时，首先要判断业务本身的合规性，如果业务涉及虚假诉讼或其他不合规事项或存在重大合规风险时，律师应当坚决予以拒绝。

我们也遇到过类似的情形，有的是案件缺乏主要证据，有的是项目本身存在重大合规问题且无法解决，有的是委托人的目的可能并不合规，对于这些业务，我们会迅速地判断风险并尽快停止。

二是专业性较强但我们并不擅长的业务。

做自己擅长的业务，应该是律师执业的最好选择，但是在现实中，我们可能会遇到各种各样的业务机会，这时候要尊重专业，对于我们不擅长的业务，我们不能直接承办。

我作为执业律师独立办理的第一个诉讼案件是知识产权方面的，当时代理客户作为被告的专利纠纷并取得了胜诉。随着自己在资本市场业务方面越做越投入，我也对其他专业方面的业务越来越陌生，早已不敢再承接知识产权案件。前几年客户遇到知识产权案件来找我，我推荐了专攻知识产权案件的同事，同事较好地完成了案件的工作，我看着同事整理的厚厚的案卷资料和复杂的案件分析资料，自己感觉确实很难再办理这类业务了。

专业的工作交给专业的律师办理，既是对客户负责，也是对自己负责。

三是没有时间承办的业务。

有人认为律师是自由职业者，我有时候是这样理解的：因为我们无法控制自己的时间，所以我们才获得了自由。正如有句话说的：我们从不上班，因为我们从不下班。

做非诉业务，特别是工作量非常大的 IPO 业务，客户经常关心的一个方面就是：你们团队的人员能否保证？其他业务应该也是如此。如果一名律师承办过多的业务，势必造成精力上的欠缺，进而影响业务的承办效果和客户体验。

对于我们在时间上无法保证或者确实没有足够时间承办的业务，我们会如实向客户进行解释，尽可能取得客户的理解，并建议他们寻求其他律师的合作。当然，团队人员规模也可以因此而进一步扩大，以提高承办更多业务的能力，但我一直认为，团队的培养和成长是需要较长时间的，对于团队的承办能力以外的业务，还是不能勉强去承接的。

当然，除了以上这三种情形以外，还有一些特殊情况会导致无法承接的业务，如客户与律师之间的价值观明显不匹配，客户与律师的工作节奏不合拍，客户与律师的性格很难契合，存在利益冲突的业务等。客户在寻找律师的时候，不仅看重律师的专业和品牌，有很多时候也很在乎眼缘，在乎那种可以信任的感觉，在乎自己的直觉判断等。我一直觉得，承办业务在很多时候要随缘，认真努力，然后顺其自然。

对于不能承办的业务，我们应该以平常心来看待，这样更有利于我们保持既有的原则和节奏。与此同时，我们也应做好以下几个方面的工作。

一、及时拒绝

对于我们无法承接的业务，要尽早跟客户讲清楚不能承办的原因，不能有所拖延。如果我们久久不作决定，到很晚才告诉客户不承接业务，因此影响了客户的时间，就会给客户造成不好的印象，甚至会影响客户的工作计划。

二、广交同行朋友

随着专业化的分工越来越细，同行更多的时候不再是对手而是朋友。对于我们无法承接的业务，有很多时候需要向客户引荐专业的或合适的律师同行，所以说，我们平时应广交同行朋友，这样就能为客户及时推荐合适的律师。

三、不断提高效率

很多行业精英的成长过程就是时间价值不断增加的过程，律师行业也是如此。对于律师而言，如果经常因为时间不够而无法承接更多业务的时候，往往要考虑的是提升效率，包括工作效率和决策效率，这样可以不断提高自己承接业务的能力或作出更优的选择。

我们团队确实曾经因为上述原因婉拒过不少业务，我们并未因此而感到失落，反而更清楚团队应该坚持的方向和选择。我们团队作为一个工作单元，也受限于团队的产能，我们不可能无限制地扩大团队规模和承接业务，我们也要追求工作和生活的平衡。

另外，过往的经验告诉我们，如果客户和律师能够互相理解并沟通顺畅，互相之间的认同度高，则项目和业务成功的概率会更高。

就法律服务产品而言，选择团队特别擅长的业务，会更加轻松和自如，这也是专业化的一个重要原因。我们应该更加细致地打造专业化法律服务产品，做到越来越精深地掌握专业，极大地提升效率，并在此基础上精通行业，才能够达到兼顾效率和效果的合理均衡状态。

第七章　诉讼案件复盘

举证之所在，败诉之所在。

——古罗马法谚

我代理的第一个诉讼案件

虽然从2004年6月开始从事律师工作起，跟着老师办理过几个诉讼案件，但是我当时没有独立出庭的经历。2004年10月加入新的律所后，从事的主要是非诉讼法律服务，我真正独自代理诉讼案件的时间始于2006年8月。

S公司是我们的常年法律顾问单位，其遇到专利诉讼成为被告。业内知名的J公司向某市中级人民法院对S公司提起专利诉讼，诉讼请求是要求S公司停止专利侵权行为并赔偿损失合计人民币100万元。

S公司收到诉状后如临大敌，紧张万分，S公司的董事会秘书Y总和负责业务的T总第一时间和我联系，希望我能够代理这个案件。

我当时主要从事企业上市和常年法律顾问等非诉讼法律服务，为S公司提供的也是股份制改制以及常年法律顾问服务，客户为何要委托我来代理这个专利诉讼案件呢？我当时也在考虑这个问题，感觉主要有以下两个方面的原因。

一是在为S公司提供法律服务的过程中，我表现出了较为扎实的法律功底和风险防范意识，也为S公司的一些争议事项提出过法律意见或建议，他们认为我应该是熟悉诉讼业务的。

二是S公司的管理团队已经对我比较信任，他们比较认可我的专业水平和敬业态度，特别是我的诚信。记得S公司当时有申请上市的计划，我经过分析后认为当时条件并不具备，建议S公司暂不启动上市计划，这个观点得到了S公司管理层的高度认同。

关于我当时为何要代理这个专利诉讼案件，也有几点原因。其一是我虽然主要从事非诉讼业务，但我内心还是希望有机会能够学习办理诉讼案件，想锻炼自己在诉讼方面的能力；其二是我本科学习的是工科，对于专利法律比较有兴趣，曾经一度立志要从事知识产权专业法律服务，这个专利侵权纠纷案件正好与我工科所学专业有所关联；三是客户既然如此信任我，我应当努力办案不辜负这份信任。

作为被告代理人代理这个案件，我主要做了以下三方面的工作。

一、了解案情

由于我是第一次独立代理案件，标的金额对 S 公司来说也是巨大的款项，Y 总和 T 总都很紧张，我也格外重视案件。我认真地阅读并分析原告提交的每一份证据，仔细研究起诉状的内容，并同 Y 总和 T 总多次交流讨论各项细节内容，也去了 S 公司现场核查相关情况，对案件的情况有了基本的了解。

我们发现，原告提交的证据中，没有直接能够证明案涉产品是 S 公司生产和销售的证据。原告提交的销售合同的主体并不包括被告，原告提交的销售发票也并非由被告开具。从证据上看，原告提起的诉讼甚至不符合民事诉讼法中关于起诉的条件的要求，因为被告不够明确。

通过前期调查工作，我对案情有了详细的了解，也逐渐形成了答辩和代理思路。

二、撰写质证意见、答辩状和代理词

对于原告提交的各份证据，我都认真分析了证据的三性，经过和 Y 总的多次讨论，形成了关于各份证据的质证意见。

对于原告提出的诉讼请求，我首先根据案件整体情况以及针对原告提交的证据，撰写了答辩意见，主要从被告有无生产和销售案涉侵权产品的事实以及本案诉讼主体错误方面，分析原告的诉讼请求应由法院予以驳回的结论。

我和 Y 总甚至模拟了原告和被告庭审中可能会出现的情况，Y 总从原告的角度提出各种请求或理由，我从抗辩的角度提出被告的观点，有一点类似模拟法庭，我们尽可能做了各项准备。

我在开庭前向法庭提交了答辩状和质证意见。

三、参加庭审

虽然在此之前参与过几个诉讼案件的前期工作，但是对我来说，正式参加庭审还是第一次，尤其是那时候还没有庭审公开直播网站可以通过观摩庭审视频向同行学习庭审的经验。我提前向律所的诉讼律师们请教参加庭审的要点，尽可能多准备，特别是要应对庭审中的突发情况。

在举证环节，原告代理人临时向法庭提交了实物证据，这个行为是我事先没有预料到的。我沉着应对，仔细察看了实物，指出该份证据与本案并无直接的关联性，并不能实现其证明目的。加之 Y 总也参与了旁听，他也协助确认了该产品并非 S 公司生产和销售。

在庭审过程中，原告代理律师多次采用并不礼貌的语言展开对 S 公司的攻击，已经违反了代理律师应当遵守的执业行为规范，严重影响其职业修养。针对这一情况，我当场提出要求原告律师纠正其不当言行，并要求法庭阻止原告律师的不当行为。主审法官对原告律师提出了警告，并要求原告律师注意职业修养。

庭审结束后，主审法官问原告代理律师要不要撤诉，原告代理律师回答愿意撤诉。

案件以原告撤诉结案。

我和 Y 总一阵惊喜，我们共同的努力终于迎来预期的结果。

这个案件虽然不复杂，法律关系也比较清晰，但我还是非常认真地对待，感觉自己投入较多的时间办理这个案件还是非常值得的。案件的结果好，S 公司管理团队对我的认同感又加深了一层，这为我和 S 公司的长期合作奠定了坚实的基础。

案件复盘之市值管理第一案

2015 年，我们团队接受 T 基金的委托，对 D 上市公司提起诉讼，要求 D 上市公司依约承担股权回购义务并支付股权回购相关款项。这个案件最终以双方和解结案，我们顺利帮助客户实现诉讼目的，但是我们在办案时并未想到，该案成为上市公司市值管理第一案。

一、案件起因

2012 年前后，T 基金收购了数家项目公司，合计支付收购款项人民币数亿元。D 上市公司和 T 基金签署的协议约定，在满足先决条件的前提下，由 D 上市公司收购 T 基金持有的全部项目公司的股权。

可能是由于 D 上市公司变更了实际控制人，也可能是其他原因，在前述先决条件成就后，D 上市公司并未依约收购 T 基金持有的数家项目公司的股权。虽经 T 基金管理人多次催促，D 上市公司仍未履行收购义务，反而以各种理由拖延，T 基金因此聘请我们团队提起诉讼。

当时，类似上市公司并购基金的模式尚在探索和创新之中，该案之前尚无同类案件的先例，因此该案被市场称为“市值管理第一案”。

二、诉讼策略

考虑到被告是上市公司，一旦进入诉讼，被告会面临信息披露义务和其他相关可能的问询，我们会同客户制定了相关诉讼策略。

一是选择数个项目公司中的一个项目公司提起股权回购之诉，而非将全部项目公司的股权回购都发起诉讼。这样做的目的是先行提起一个案件的诉讼，以达到给被告施加压力，并争取通过谈判的方式将案件和解。如果案件能够和解，则有望“一揽子”解决全部项目公司的股权回购纠纷，也可以达到经济有效地解决纠纷的目的。如果不能实现和解，则再将其余项目公司的股权回购提起诉讼。

二是在起诉的同时申请对被告相关财产的诉讼保全措施。由于被告是上市公司，在其信息披露的文件中很容易查到相关资产信息，我们选择性地选取了相关银行账号和不动产作为保全资产。由于保全策略非常有效，在法院进行财产保全后，确实给被告造成了较大的压力。

三是采取多渠道救济以及边打边谈的方式，谋求“一揽子”解决全部项目公司的股权回购纠纷。除了采取诉讼手段以外，原告还积极和被告联系进行沟通和磋商，并拟准备向被告的证券监督管理机构提起相关投诉。我们团队律师也陪同原告参与了和被告的谈判工作，我们充分向被告陈述了原告合理的主张，以及因为被告的违约行为给原告带来的巨大损失，尽可能地保持克制，希望和被告达成和解的方案。

三、关键文章

在案件立案成功后，法院向 D 上市公司发出了相关诉讼法律文书，D 上市公司在收到该案的相关诉讼法律文书后对该案的信息进行了披露。

在 D 上市公司披露该案信息后不久，网上开始流传一篇关于该案的文章。该文章出于律师同行之手，文章客观地分析了案件的基本法律关系，认为从公开的信息看，双方之间的此种约定并未损害第三人利益，也未造成“滥用公司股东权利”的情形，更没有违反法律法规强制性规定，并认为就目前情况看来双方关于股权收购的对赌约定合法有效。

文章中对上市公司的行为做了一个描述，认为上市公司“愿赌不服输”，非常形象和准确。后来据未经核实的消息称，D 上市公司在应诉准备时也邀请了两家律所论证该案件的可能结果，律所也认为 D 上市公司面临极大的败诉风险。

四、结案

经过多轮谈判，在我们和客户管理团队的通力配合和共同努力下，原告和被告双方终于达成了和解的方案，由D上市公司按协议约定的价格收购T基金持有的全部项目公司的股权，T基金在原协议项下的全部权利和权益均得以满足。

争议全部解决，客户对我们团队的工作表示特别满意。对于这个案件，我们团队认为虽然结果比较理想，但是案件的办理过程还是非常艰难的，工作量也是比较大的，我们的工作存在以下几个方面的亮点。

一是在交易环节做了充分的法律论证和风险控制。在起草T基金与D上市公司合作的各项法律文件时，我们就充分考虑到未来可能有的风险并提前设计了控制措施，确保法律关系的有效性，当纠纷出现时能够经得起检验，有效地保障了T基金的各项权利。

二是合理设计了诉讼策略。我们的诉讼策略既降低了前期维权成本，又把案件的影响控制在一定的范围内。该案中我们以小博大，以个案带动整个交易纠纷的解决，最终顺利地解决了纠纷。

三是通过积极的谈判工作促进双方的和解。我们作为承办诉讼案件的律师，并不仅仅通过法院程序解决纠纷。我们和客户共同设计了谈判方案，在谈判过程中我们针锋相对地提出了D上市公司面临的法律风险和诚信危机，合理地推动了案件的妥善解决。

看到媒体报道本案是首例市值管理纠纷案，我还是很想通过法院审理形成判决的，但通过谈判解决争议从而实现客户的商业目的是我们首先要考虑的。只要客户的权利得到维护，通过何种方式结案，还是重要的事情吗?!

案件复盘之定增投资纠纷诉讼

数年前，客户H公司投资人民币数亿元（加上S公司为保障H公司资金安全，由S公司向H公司出借且用于H公司投资本金保底的同等金额投资款），参与设立Z券商基金发起的资产管理计划，该资产管理计划投资了A股某上市公司定向增发股票。定向增发股票解禁期满后，上市公司迟迟未予以解禁，S公司进入破产重整程序，Z券商基金亦未有合理方式实现H公司的投资退出，故H公司委托我们律师团队代理此投资项目的退出实现事宜。

如何实现上市公司定向增发股票的解禁？如何将上市公司的股票从Z券商基金分配到H公司？如何确认优先破产债权以实现利益保护？能否成功追究上市公司的违约责任并得到赔偿？这是我们要面对的主要问题。

我们接受委托后，主要从以下几个方面开展相关工作。

一、整体维权方案的制订

考虑到前期客户也向证券监督管理部门进行了举报程序但未取得明显效果，我们律师团队在经过详细核实案件各方面的事实后，建设性提出以民事诉讼为切入点解决整体纠纷的工作方案，由我们律师团队代理Z证券基金，向上市公司提起要求股票解禁和违约赔偿之诉。我们试图以诉讼案件为切入点，以点带面，最终争取全面整体解决投资纠纷。我们的这一方案在实践中得到全面验证，最终实现了较好的案件结果。

二、上市公司定增股票的解禁

为了实现上市公司定向增发股票的解禁，我们发起了诉讼，并申请对上市公司进行诉讼保全，通过诉讼给上市公司施加压力，推动股票解禁的相关工作。案件由某中级人民法院立案审理，在庭审中我们团队表现出了良好的法律专业素养和对案件的整体把控能力，对案件的最终调解成功起到了推进和引导的作用。

三、如何将上市公司的股票从 Z 券商基金分配到 H 公司

由于上市公司的股票价格与定增时相比已经下跌很多，客户不希望 Z 券商基金将股票抛售后进行资金分配，而是希望 Z 券商基金将股票进行实物分配。Z 券商基金因为风险控制的因素以及股票过户的手续考虑，不愿意直接进行实物分配，必须有司法强制执行的手续才能办理股票过户。为此，我们律师团队多次和客户一起赴北京与 Z 券商基金讨论交流股票分配事宜，并根据我们律师团队的过往经验，创造性地提出采用强制执行公证的方案实现股票过户的目的，这一方案也得到了法院、Z 券商基金、上市公司和客户的认可。

四、如何确认优先破产债权以实现利益保护

S 公司向 H 公司出借且用于 H 公司投资本金保底的数亿元投资款亦由 H 公司投资了 Z 券商基金的资产管理计划份额，这一约定出现在《民法典》和相关司法解释规定的让与担保制度之前，这一方式是否属于让与担保，是 H 公司在申请 S 公司破产重整优先债权的关键。

我们认为，虽然本案中的约定在让与担保制度之前，但本案中的情形完全符合让与担保的特征，一是担保标的物即资管计划份额已由担保方 S 公司转移给债权人 H 公司；二是已经约定在债务清偿之后，标的物的所有权归于担保人；三是已经约定如果债务届时未能得到清偿，债权人有权就担保物优先受偿。

我们的观点得到了 S 公司破产重整管理人的认同，最终认定了 H 公司对 S 公司享有的债权为优先债权，有力地保护了 H 公司的投资利益。

五、能否成功追究上市公司的违约责任并得到赔偿

对于上市公司未及时为定增股东办理解禁手续，在审判实务中往往倾向于支持定增股东关于要求解禁的诉讼请求，但赔偿金的计算方式有所不同。有的案件按市值损失来认定损失，有的案件按资金成本来认定损失。个别法院曾经驳回了定增股东作为原告要求解禁以及支付赔偿金的诉讼请求。

上市公司开始以各种理由不接受H公司要求赔偿的请求，理由是上市公司的股东较为复杂，接受不了赔偿的后果。

律师团队向上市公司展示了过往案例的判决书，经过与上市公司的多轮谈判，H公司和上市公司最终共同确认了未及时解禁对H公司造成的合理损失金额，并在调解书中确认了这一内容。

本案由于涉及的主体众多，各方利益诉求各有差异，对律师团队的能力提出很大的挑战。律师团队最终不辱使命，顺利完成了各项任务，达到了客户的预期，体现了以下几个方面的经验和作用。

一是我们律师团队由于兼顾诉讼与非诉讼的经验，能够合理地将诉讼和非诉讼的手段结合使用，在方案设计中，有向法院提起诉讼的程序，也有进行强制执行公证的安排，更有通过谈判和磋商的方式协调达成交易方案的过程。

二是律师团队精通资本市场的全方位业务并能够融会贯通，提出精准的法律解决方案。一名律师精通资本市场业务，并不仅仅是精通证券法等资本市场的法律法规和规范性文件，而且应当在具备一定的专业广度的基础之上，有机运用各类法律专业知识，聚焦于解决与资本市场相关的法律问题或提出方案。在本案中，律师团队既要熟悉上市公司定增相关的规则，也要熟悉证券投资基金运行的机理，更要熟悉民法典中的让与担保规则以及民事诉讼和民事诉讼执行程序中的强制执行公证内容等。正是由于律师团队具有相应的知识和丰富的经验，才能够出色地办理好本案。

三是律师团队展现了出色的谈判和沟通技巧。在办理案件的过程中，律师团队充分运用专业知识和谈判经验，全程参与了和上市公司、Z券商基

金、S公司以及其破产重整管理人的谈判工作，有效地推进了各项工作的顺利进行。律师团队多次赶赴相关城市，经过不懈的努力，终于促成各方达成一致。

由于案件出色的工作表现，客户对律师团队非常认可，这也为后续的合作打下了坚实的基础。律师团队在办理本案的过程中，也积累了相应的经验，主要在于以下几个方面。

一是不断积累法律专业知识和专业经验，提升整体解决方案设计的能力。

复杂的案件涉及的法律主体众多，法律关系复杂，利益诉求各不相同，需要律师团队运用专业知识和专业经验，化繁为简，去伪存真，才有可能提出合理的解决方案。律师团队在实务工作中应当不断复盘，积累知识和经验，不断垒高专业基础，这样律师团队解决问题的水平才能够不断提升。

二是吸收项目管理的专业知识，对案例进行项目管理和流程管理。

对于律师团队而言，承办的案例和业务很少有完全类似的，特别是一些复杂的或新型的业务，没有完全成型的经验和模板文件。这时候，过往的经验也是有用的，这要求律师团队在承办的业务过程中，尽可能做好每一个流程的工作标准和文本制作，把每一项业务都分解成细化流程。在承办复杂的或新型的业务时，可以调用过往业务中的许多细分模块，迅速形成复杂的或新型业务的操作流程和标准文件。

三是通过专业的法律知识和勤勉的专业服务打动客户，最终取得客户的信任。

本案开始承办的时候，律师团队提出的方案是通过启动解禁及其赔偿之诉寻求整体解决方案。在展现专业性的基础之上，律师团队在承办业务的过程中勤勉尽责，按时高效地完成了各项工作。在承办案件的过程中，客户的负责人因为对律师团队的满意，多次提出感谢之意，这也让律师团队成员特别有成就感。

案件复盘之医院收购纠纷案件

我们律师团队于2018年代理了A医院控股股东与某上市公司关于A医院的股权收购项目，上市公司向A医院控股股东支付了定金，后由于上市公司终止了收购，双方关于定金是否退还形成争议。经省高级人民法院和最高人民法院两级法院审理，最终我们律师团队代理的A医院控股股东取得胜诉。

由于我们律师团队既承办了股权收购非诉业务，也代理了股权收购诉讼业务，因此熟悉整个交易和争议的流程。在整个股权收购项目及争议解决的业务承办过程中，我们遇到了以下几个方面的法律问题和挑战。

一、股权收购中的合规管理

股权收购交易中，收购协议的内容至关重要，我们律师团队在审核和修改收购相关协议的过程中严格把关，防范转让方即卖方的法律风险。

案件中有一个重要的条款是定金条款，收购框架协议中约定了收购方向转让方支付人民币数千万元定金。在正式收购协议中，由于上市公司采取了主协议加补充协议的模式，在补充协议中特别约定了即使主协议未能生效，或者因有权机关对主协议提出异议、因法规或政策发生变化导致主协议无法履行、发生不可抗力等情形，收购方已支付的定金不予退还。

补充协议的约定是关键性的，保障了转让方不予退还定金的权利，也被省高级人民法院和最高人民法院所认可。

收购方在起草收购协议时，在主协议中约定了定金可以退还，在补充协议中约定定金不予退还，可能是其考虑到信息披露的需要。我们认为这是不符合常理的，希望直接在主协议中约定全部内容，没必要再进行补充协议的安排，但收购方坚持按此安排。最终收购方因为未披露补充协议的内容而被证券监管机构予以警示。

在收购过程中，收购方要求转让方签署各类承诺文件和申报文件，我们律师团队严格审查转让方需要出具的各份文件内容，确保转让方出具的文件不存在瑕疵，有效防范了转让方可能面临的风险。

二、诉讼方案的策划

在收购方终止本次收购后，收购方要求转让方退还全部定金，这与双方的约定并不相符，因此转让方就定金事宜与收购方展开谈判，双方经多次沟通与谈判但最终未能就定金退还问题达成一致意见。

考虑到主协议中约定，双方产生争议时，任何一方可向原告住所地有管辖权的人民法院提起诉讼。在我们律师团队和转让方充分讨论后，转让方决定先提起诉讼，主动通过诉讼程序来解决双方存在的纠纷。

关于本案的诉讼请求，有两个选择：一是要求执行定金条款，确认定金不予退还；二是要求收购方赔偿按框架协议约定交易总额20%计算的违约金，该违约金金额逾2亿元。

考虑到转让方的实际损失较难证明及被法院认定，违约金约定过高存在被法院按实际损失进行调整的风险，经我们律师团队和转让方充分讨论，转让方决定诉讼请求为确认定金不予退还。

三、诉讼中的争议焦点把握

本案在审理的过程中即受到业内的关注，本案的争议焦点之一是框架协议和补充协议是否具有法律效力?

本案中主要的协议有三份，第一份是双方签署的框架协议，第二份是主协议，第三份是补充协议，其中框架协议和补充协议的效力是其签署后即生效，主协议的效力是其签署且经收购方股东大会或董事会通过后生效。框架协议和补充协议的法律效力最终被法院予以认可，因为内容未违反法律、行政法规的禁止性规定，系交易各方协商一致订立，且已经在履行，不能因为不符合《上市公司重大资产重组管理办法》《中国证券监督管理委员会关于规范上市公司重大资产重组若干问题的规定》等非法律和行政法规的管理性规范而不具有法律效力。

框架协议和补充协议的效力确认为本案最终胜诉奠定了基础。

本案的另一个争议焦点是转让方收取的定金是否可以不予返还？定金是否需要返还取决于定金的约定是否明确以及收购方是否存在违约行为，这两点都有足够的证据可以证明。框架协议和主协议以及补充协议均对定金的性质和处置方式进行了明确，收购方未在约定的期限内完成收购且单方面公告终止了案涉股权收购，已经构成违约。因此，转让方不予返还定金符合法律的规定，一审法院和二审法院均判决转让方胜诉。

从本案中，我们律师团队还得到这样的一个体会，即在承办非诉讼的业务过程中，要充分防范诉讼风险，为未来可能的诉讼做好充分的准备。我记得有一位律师说过，签署合同的目的就是诉讼，因此应当以将来会产生纠纷和诉讼的眼光审查需要签署的合同。

我们律师团队的很多诉讼案件就来自团队承办过的非诉项目，特别是投资并购项目中，往往要提前预判未来可能会发生的争议，提前做好应对的准备。在起草和审核交易协议的过程中，防范未来可能发生争议的风险，未雨绸缪，这样既有利于提前做好诉讼风险防范准备，也有利于律师团队继续承办因此而产生的诉讼业务，能够最大程度上为客户提供全流程法律服务。

案件复盘之SY担保案

2015年5月，我们团队的常年客户SY公司董事会秘书Y总联系我，说他们公司遭遇巨额担保诉讼，被索赔金额达到人民币2600万元，公司管理层异常焦急，需要我们来公司讨论应诉方案。

一、基本案情

我和团队另一名诉讼律师Y律师第一时间赶到公司所在地，并立即开展工作。经过初步了解，SY公司确实有过为其他公司担保的情形。2009年3月9日，A公司与B公司签署《集装箱租赁合同》，并于此后签署相关补充协议，约定A公司向B公司承租各种类型集装箱合计2300个。2009年5月19日，SY公司向B公司出具《担保函》，同意为《集装箱租赁合同》及补充协议项下A公司的债务承担连带保证担保责任，担保责任上限为人民币2600万元，担保期限至租赁期限届满之日。后来由于A公司违约，B公司向某海事法院提起诉讼，要求A公司承担各类责任合计金额逾3000万元，并要求SY公司承担连带保证责任。

由于案件中的主要证据《担保函》出具的时间较早，SY公司情急之下未能找到当时各方往来的信函和联系记录，故经SY公司和律师的共同讨论，决定先提起管辖权异议，尽可能争取时间寻找证据并应对诉讼。

二、管辖权异议

根据我们对《集装箱租赁合同》的审核和分析，该合同中约定的管辖法院有两个，为了赢得寻找相关证据的时间，也是为了争取合理的管辖法院，我们根据SY公司的意见向法院提起了管辖权异议申请。

从2015年5月下旬提起管辖权异议到2015年6月中旬被驳回管辖权异议，我们争取到了时间。在这一期间内，SY公司经过仔细查找，终于找到一份B公司曾经向SY公司发送的《租赁到期通知函》。

这份函对我们来说如获至宝。

三、关键证据

SY公司找到的关键证据是2013年1月18日原告B公司向SY公司发出的《租赁到期通知函》，在该函中，明确了租赁期限届满之日是2012年7月30日。

由于SY公司并不了解A公司和B公司的具体业务，对于担保的债务情况并不清楚，本来很难判断担保期限是否已经届满。这份函的及时找到，对SY公司来说无异于峰回路转。

四、抗辩策略

经过分析和准备工作，对于原告提出的诉讼请求，我们认为被告不应承担保证责任，并准备从以下四个层面进行抗辩。

一是我们认为原告未在保证期间内要求答辩人承担保证责任，答辩人的保证责任已免除。

二是本案原告起诉时已超过诉讼时效，应驳回原告对答辩人的诉讼请求。

三是由于A公司和B公司签署的《集装箱租赁合同》已于2012年7月30日期限届满，该合同已经终止，此后发生的租赁行为应为A公司和B公司之间新的约定，原告主张的诉讼请求中的债权并非基于对答辩人有效的《集装箱租赁合同》发生，应驳回原告对答辩人的诉讼请求。

四是由于在本案中A公司向B公司提供了物的担保，假定答辩人仍应承担保证责任，本案中既有保证又有物的担保，物的担保的金额超过债权金额，保证人无须承担保证责任，应驳回原告对答辩人的诉讼请求。

五、法院沟通

由于管辖法院是位于外省的海事法院，我们经常通过电话和法院沟通联系案件进展情况。承办法官是一位资深法官，经验丰富，办案认真负责。我们提交证据时特意去了一趟法院，当场将证据交给了法院，并有机会向法官解释了我们的案件情况。我们发现法官已经详细地了解了案情和相关证据情况，对于案件中的主要事实了如指掌。

六、庭审表现

由于我们做了精心的准备，在开庭时我们发表答辩意见后，原告的两位代理人之一马上提出他们并不了解情况，现在听到我们的答辩意见后要当场撤回对 SY 公司的起诉。原告的另一位代理人相对老成，觉得要回去汇报后方可决定，庭审继续进行。

主审法官也围绕我们准备的焦点问题展开法庭调查，特别关注保证期限的约定和具体期限、诉讼时效、集装箱租赁合同履行情况等。我们一一做了回应。

七、案件结果

开庭后不久，原告撤回了对 SY 公司的起诉。

八、客户评价

SY 公司收到案件裁定结果后，管理层如释重负，董事长对我说，非常感谢律师团队帮助 SY 公司渡过重大危机。

本案也反映了 SY 公司在管理中的不足，如此重要的担保函，公司并未经过严格的审核程序即行出具，且在资料的保管和管理中也存在不够规范之处。案件虽然以胜诉结束了，但是管理工作的加强才刚刚开始，SY 公司因此加强了合同管理工作。我们律师团队安排对 SY 公司的管理人员进行了合同管理方面的培训，在常年法律顾问中也加大了对合同的审核工作，SY 公司的重大合同必须经过律师的审核才能够进行签署。

虽然案件取得了理想的结果，但作为代理律师，刚拿到案卷的时候，从原告提供的证据来看，SY 公司还是存在败诉风险的。好在及时找到了相关证据，加上我们律师团队和公司管理层的共同努力，最终取得了满意的结果。

这个案件从收到诉状到结案，历时近一年，在此过程中我们律师团队和公司管理层多次探讨交流案件，取得了满意的结果。

案件复盘之基金管理人责任纠纷

近年来，私募股权投资基金的管理人由于在管理人履职和责任方面的原因，而被投资人起诉的案件不断增多。2019 年 9 月，我们的客户也因为此类案件成为被告。我们代理被告应诉并取得了胜诉，但我们深切地体会到，基金管理人的合规水平必须严格规范，否则还是有可能存在被投资人追究责任的风险。

一、案件起因

2017 年 9 月，我们的客户 A 公司作为基金管理人发行了一只投资基金，投资期限为 18 个月，投资期限届满后，由于被投资项目的原因，未能按时收回投资本金及收益。虽然管理人已经按规定履行基金清算程序，且已经就投资项目提起诉讼并达成和解（相关方尚未向投资基金支付完毕全部款项），但是投资人还是向管理人提起了诉讼，要求管理人向投资人支付投资款本金及相关收益。

在投资人提交的起诉状中，投资人要求管理人承担支付义务的理由比较多，包括其认为管理人存在信息披露不全面完整的瑕疵、管理人存在可能影响投资人收益的交易、管理人存在不公平对待投资人的情形、管理人存在未落实投资保障措施的情形等。

我们团队受托承办该案，立即对案件进行详细了解和分析。基金管理人是国内知名投资机构，多次获得行业内的各类奖项，在行业中的排名也非常靠前，在日常的经营中也非常重视合规工作。经过分析，我们认为，投资人所述各项理由很多是猜测或主观判断，并没有足够的证据支撑。

管理人在投资项目的相对方出现违约后，已经代表投资基金提起了诉讼并已经和相对方达成调解。考虑到相对方的还款能力，管理人同意了相对方在一定的期限内分期还款，相对方已经在履行调解协议并分期支付相关款项。

二、针锋相对

我们团队和管理人的负责人员根据投资人提交的各项证据和在起诉状中提出的理由，逐项核查事实情况。管理人提供资料非常高效，业务过程中的各项流程文件和交易文件非常齐备，我们经过核实后，对案件有了更大的信心，并准备了质证意见和抗辩的理由。

关于信息披露是否全面的问题。我们认为投资人对信息披露的理解存在偏差。在基金合同和相关业务规则中，已经规定了管理人应向投资人进行信息披露的范围，投资人不能任意扩大信息披露要求。

关于管理人可能存在影响投资人利益交易的问题。我们核查后认为，投资人对这一理由的提出并无足够的证据，管理人的相关交易存在商业合理性，投资人不能仅因为怀疑而构成对管理人的责任认定。

关于管理人可能存在不公平对待投资人的问题。我们核查了管理人管理的不同基金的运作情况，由于每只基金的期限有所不同，每只基金的基金合同和运作有所差异，这属于正常的管理行为，投资人对管理人的该项起诉理由也不应当成立。

关于管理人未能落实投资保障措施的问题。我们核查了管理人对于基金合同内容的执行和落实情况，管理人在实际操作中因为投资项目所在地相关政策的原因，有部分保障措施未能够办理具体手续，但是该保障措施对应的保障资产一直处于管理人监管之中，未对投资人的利益造成损害。

此外，我们认为，投资人的诉讼请求应以损失发生且能够明确计算作为前提。在管理人已经在尽力追讨投资及收益，且未来有希望收回全部投资和收益的情况下，投资人未必会产生损失，即使投资人可能产生损失，但该损失尚难以确定，存在不确定性，投资人的诉讼请求不应得到支持。

我们在开庭前做了大量细致的准备工作，对于投资人的代理人可能提出的各种理由都进行了预演。庭审时双方代理人都据理力争、针锋相对，法庭也对案件的实际情况作了深入的了解，庭审还是比较激烈的。

最终法院驳回了原告的全部诉讼请求，我们取得了胜诉。

三、感想

尽管案件取得了胜诉，我们感觉对于私募股权投资基金的管理人而言，合规的重要性还是要引起足够的重视。这个案件中的管理人是比较规范的，尚且被投资人提出诸多合规方面的质疑，如果管理人在投资活动中存在管理不到位之处，被投资人追究未勤勉尽责等风险的可能性还是存在的。

对于为私募股权投资基金提供法律服务的律师而言，也应当重视平时法律服务中对基金管理人合规运作的跟进和促进，未雨绸缪方能尽可能防范风险。2022 年，我们接受一位私募股权投资机构管理人的委托，对该管理人管理的各只基金和管理人的合规运作方面进行了系统的审核和梳理，并就管理人合规经营提出法律建议，取得了较好的效果。

对于投资人而言，其投资权利理当得到维护和主张，但更应在合法合理的范围内进行。如果采取过激的方式或并无胜算的维权措施，可能会产生并浪费高额的维权费用，最终也很难取得理想的结果。

本案结案后，我们加强了和客户关于私募股权基金管理人合规方面的讨论和联络，值得我们思考并完善的方面还有很多。

案件复盘之股权回购案件

如果在一个股权回购案件中，原告要求多个被告承担回购责任，各被告应该承担共同回购责任还是按份回购责任？如果在一个股权回购案件中，在针对同样的标的企业和同样的被告、基于同一份投资协议的其他回购案件中出现判决各被告承担按份回购责任时，作为原告的代理人如何继续主张各被告的共同回购责任？

我们团队代理的 A 基金诉多位被告股权回购纠纷案件中，就遇到上述难题。

一、共同责任和按份责任之争

A 基金投资的 B 公司由于未能在约定的期限内实现上市成功的目标，B 公司的多位原股东未按协议承担对 A 基金持有的 B 公司的股权的回购义务，A 基金委托我们团队代理该案，向多位被告提起诉讼，要求多位被告回购 A 基金持有的 B 公司股权并承担违约责任。

A 基金处于清算过程之中，本案的诉讼请求如果得到支持并能够全部执行到位，则 A 基金能够实现盈利；如果不能全部执行到位，则很有可能处于亏损的境地。考虑到多位被告并非全部都具有足够的偿债能力，该案中最终判决各被告是共同回购责任还是按份回购责任就显得特别重要。

2018 年 3 月，我们团队代理 A 基金向 X 区法院提起股权回购诉讼。在诉讼的过程中，网络上公开了 S 区法院（S 区法院和 X 区法院的上级法院为同一家中级人民法院）的一份判决书，该判决书中的案件原告为和 A 基金同时投资 B 公司的 C 基金，被告同为多位原股东，该案中 S 区法院判决多位被告按照他们之间持有 B 公司的股权比例承担按份责任。

本案中的部分被告将S区法院的判决书作为补充证据向法庭提交。

我们感觉到了巨大的压力，虽然我们认为S区法院的判决并不合理。A基金负责人员高度关注案件动向，我们迅速和A基金负责人员进行了讨论。

S区法院的理由是认为连带责任或共同责任属于较为严格的责任类型，只有在法律有明确规定及当事人有明确约定的情况下，才能适用。由于各方在协议中未明确约定被告承担责任的方式，原告要求各被告就股权回购承担连带责任缺乏依据，各被告应按各自之间的比例回购原告股权并支付回购价款。

二、多方论证

我们认为，各被告应该向A基金承担共同回购责任，主要有以下几个方面的理由。

一是协议中虽未明确约定共同责任，但也未约定按份责任。从协议各方的意思表示看，各方在签署回购相关协议时，原告和各被告均无认可各被告承担按份回购责任的意思表示。按照协议约定的内容，原告有权追究任一被告的全部责任，对某一被告而言，其应当承担对原告的全部回购责任。各被告共同签署的回购条款，理应被认定为共同回购责任。

二是我们查阅了诸多股权回购的案例，在这些案例中，在类似情形下，大多数案件是认定各被告应承担共同回购责任，只有少数案例是认定为按份责任，且近期的案例大多数是按共同回购责任认定的。

三是我们认为本案中认定各被告的共同回购责任，有利于有效保护投资者的合法利益。投资者作为被投资项目公司的股东，本身不参与被投资项目公司的经营，认定各被告共同回购责任是对投资者的一种合理保护。至于各被告之间的责任如何分配，各被告之间可以通过互相之间的责任分配机制予以解决。

X区法院一审判决支持了A基金的全部诉讼请求，相关被告提起上诉，经二审法院审理维持了一审判决，我们取得了胜诉。

在本案中，被告也提出其他多种理由认为其不应当承担回购义务，如被告认为原告应当提前知悉回购条件已经成就、回购义务因违反相关规定应予无效等，被我们一一反驳，最终法院未采信被告的这些理由。

本案的执行也相对顺利，因为各被告要承担共同回购责任，在执行程序中，各方达成了和解，A 基金顺利收到了执行款项。

三、感想

这个案件从提起诉讼到执行完毕，经历了被告提起管辖权异议并上诉、一审、二审和执行等程序，历时近两年时间。在 A 基金负责人员的通力配合下，我们团队不辱使命，取得胜诉并帮助 A 基金取得执行款项，A 基金也实现了预期的收益。

这个案件告诉我们，A 基金等投资机构的合规工作永无止境。投资机构应当时刻关注行业的合规动态，不断完善投资业务中的协议内容，才有可能做到勤勉尽责，才有可能成为合格的投资机构。

对于从事投资法律服务的律师而言，也应当不断研习行业中的案例和热点法律问题，从条款设计上追求尽善尽美，尽专业所能维护客户的合法权益和利益。例如，最高人民法院于 2019 年 11 月 8 日颁布的《全国法院民商事审判工作会议纪要》中对于股权回购的效力和履行作了详细的规定，很大程度上影响了投资行为中投资方的利益保护，我们律师在为投资机构提供法律服务的过程中，应当为客户设计符合该纪要的具有法律效力的相关条款，切实保护投资方的利益。

案件复盘之刑事申诉案件

在迄今从事律师职业的经历中，我极少办理刑事案件。一个案件是在2004年，跟着具有丰富刑事案件经验的律所主任办理了一个故意伤害罪的侦查阶段的案件，经过律师团队的努力，最终公安机关撤销案件。另一个案件就是我帮助当事人办理的本文所述刑事申诉案件。

一、基本案情

2005年下半年，我在律所接待了一位当事人，他就是Z先生。Z先生的儿子当时是一名财经记者，与我们团队有业务上的合作，因此Z先生的儿子请我们团队的律师接待他的父亲并就刑事有关事项进行咨询。

当时的Z先生，五十多岁，个子不高，精神状态还不错。Z先生介绍了他的案情，原来Z先生挂靠在一家化工公司从事化工产品业务（含化工剧毒产品），化工公司因与其他公司合并导致经营化工剧毒品相关许可证书尚处于重新申请之中，公司得到了有关机关承办人员作出的“以公司名义经营，边经营边办证不矛盾”等意见，且该公司从1998年起也一直在经营，并为公安代销收缴的剧毒物品至2003年12月止。

2001年9月，当地治安部门以当事人非法经营化工剧毒产品为由对当事人处以行政罚款，并没收个人非法所得款项以及相关物品。2002年5月，当事人被法院以“非法经营罪”判处有期徒刑二年六个月缓刑三年，并处罚金。

Z先生的刑罚执行完毕之后，他还是认为这是一个冤案，即开始他的维权之路。Z先生也坦诚相告，他去省高级人民法院提交过申诉状，但未被受理。他之前在当地聘请了专业人士帮他写了申诉状，但是他觉得在沟通的时候并不顺畅，因此才找到我们来进行咨询。

我认真审阅了Z先生提供的资料，包括一份申诉状及相关证据材料。从申诉状的内容来看，基本事实也都写了，但条理性有所欠缺。从证据材料来看，有些重要证据存在遗漏，且没有编制证据目录，看上去较为凌乱。

我耐心地听Z先生介绍案情，并询问了他一些案件细节，沟通了案件的焦点问题以及Z先生的观点，我初步认为案件确实存在需要弄清楚的方面。

二、修改完善申诉状

Z先生前前后后过来咨询了几次。在收集完善了相关资料和证据后，Z先生和我达成了共识，由我先帮助他修改和完善申诉状。

经过对全部证据材料的分析和梳理，并通过对Z先生陈述的事实进行判断，我越发认为Z先生的诉求有道理，更加坚定决心要帮助他。

我和Z先生逐一分析各项证据，并总结得出，在该案中，Z先生对判决有异议之处主要有三点。一是化工公司的经营行为属于重新申请办理许可证的过程中的行为，且已经得到主管部门的口头许诺，无论是化工公司还是Z先生都没有犯罪故意，不应当构成犯罪。二是该案只判决Z先生个人构成非法经营罪但并未判决化工公司构成单位犯罪，并在判决书中认定化工公司高级管理人员并不知情且认为化工公司的经营行为与本案无关，这不符合案件事实。三是适用法律错误，本案即使构成犯罪，也是因为生活、生产所需，没有造成严重社会危害，经教育确有悔改表现，可以按照当时的《刑法》第13条不作为犯罪处理。

我因此对申诉状进行了重新的撰写，进一步突出重点申诉理由，并将全部证据进行了梳理，编制了证据目录。Z先生对新的申诉状的内容非常满意，他立即又向省高级人民法院提起申诉，很快得到了受理。

申诉案件得到受理后，Z先生和他的儿子都非常开心，他们和我讨论接下来的工作重点。我提醒他们，不能过于乐观，申诉案件的成功率并不是太高，这个案件未来的走向如何，确实难以预测。

三、漫漫维权路

遗憾的是，省高级人民法院最终还是驳回了他的申诉请求。

Z 先生是一个执着的人。这个案件他一直不放弃，继续去信访，中间有过几次，他也想放弃，但他的内心还是觉得委屈，还是要坚持下来。我一直劝他要保持理性，千万不要有过激的行为或想法，他听从了我的建议。2012 年年初，相关主管机关愿意给他申请补偿金，他也承诺不再提起申诉，他终于实现内心的平衡了。

从我 2005 年下半年开始接手这个案件算起，一直到 2012 年案件结束，这个案件共经历了约 7 年的时间。在此期间，我与 Z 先生以及他的儿子都结下了深厚的友谊。这个刑事案件的办理，也增长了我在刑事业务方面的经验。虽然我后来一直没独自办理过具体的刑事案件，但对于从事资本市场业务而言，多一些刑事案件方面的知识和经验，也是非常有益的。

第八章　非诉讼业务复盘

欲知平直，则必准绳；欲知方圆，则必规矩。

——《吕氏春秋·自知》

项目复盘之 H 公司上市

H 公司成立于 2010 年 9 月。2011 年年初我有机会认识公司的创始人 H 总，是源于投资机构的朋友王总的介绍。王总是一位年轻有为的投资人，他和我因投资项目而认识，彼此互相认可，因此在 H 总想要启动公司上市工作的时候，王总第一时间介绍我和 H 总认识。

H 总为人大气，志存高远。虽然 H 公司只是刚刚开始创业的一家公司，但他抱定做大做强的决心，立志从公司正式经营之初即按上市的要求进行规范，聘请一家有上市经验的律师团队成为必然。因为有王总的推荐，H 总和我一见如故，公司立即聘请我们团队作为上市法律顾问，开展各项合规工作。

一、立意高远，规范在先

我们团队担任公司的上市法律顾问后，马上开始根据公司的生产经营情况，协助公司做好上市前的合规工作。

我们主要从公司的合规经营开始帮助公司进行规范，前期工作的重点包括公司的产品涉及相关的认证、公司生产经营中需要遵守特许经营规定、知识产权的合规、劳动合同的合规、广告事务的合规以及各类合同以及重大资金往来合规等事项。

H 总经商多年，在创办公司之前，他就创办过其他行业的企业，有着丰富的商业经验。他非常重视合规工作，遇到重要的事项之前，会提前征求律师的意见，对于特别重要的事项，我们经常在一起研究讨论，最终结合上市的规范要求和公司的实际情况，寻求合理的方案。对于不符合上市合规要求的事项，H 总一概不允许。公司虽然规模迅速扩大，但公司整个管理层的合规意识在H总的带动下还是非常强的。

正是由于H总的合规理念在当时非常超前，公司在刚开始产生主营业务收入的当年的业绩，即被用作IPO申报期内的业绩。公司以非常快的速度实现IPO申报，这与H总带领的管理层卓越的合规理念和超强的执行力密不可分。

二、架构设计，运筹帷幄

随着公司的规模越来越大，公司的员工也越来越多，H总在公司创立之初就确立了股权激励的思路，公司的创始股东都愿意对优秀的管理人员进行股权激励，于是，股权激励成为公司的股权架构设计中的重要事项。

H总在设计公司股权激励架构时，充分听取公司管理人员的意见，多次召集中介机构共同研究商讨股权激励的原则和方法，最终采取了设立两家有限合伙企业作为持股平台的方式，由管理人员担任有限合伙企业的合伙人，实现对管理人员的股权激励。

股权激励取得较好的效果，既让管理人员分享了巨大的收益，也成功留住了优秀的人才，同时还加强了实际控制人的控制权。股权激励实施以后，正逢公司所处行业迅速发展的时候，行业中的人才流动非常多，但是公司的管理人员不为所动，公司保持了队伍的稳定，股权激励方案起到了非常重要的作用。

股权激励完成后，公司适时引进了战略投资机构，并在各方面已经具备了申报创业板IPO的条件。

三、审时度势，上市成功

2017年年初，公司首次申报创业板IPO。后来由于考虑到公司规模尚小以及股权结构需要进一步调整等原因，公司于2018年3月撤回了上市申请。

2018年4月和12月，公司进一步优化股权结构，增加了实际控制人的持股比例并以资本公积转增股本进行扩股。2019年6月，公司引进了知名投资机构作为公司战略股东，公司的股份结构更为合理。

2019 年年底，随着公司业务规模快速增长，公司再次申报创业板 IPO。各中介机构做了充分而细致的工作，其中各中介机构项目组走访公司的加盟店逾千家，我们律师团队和其他中介机构均派出了多名专业人员连续走访数月，详细核查了公司的加盟店经营合规相关事项。

2020 年 4 月 27 日，中央深改委会议审议通过创业板改革方案，2020 年 8 月 24 日创业板注册制首批 18 家企业上市。公司于 2020 年 8 月 27 日通过创业板上市审核，并顺利于 2020 年 12 月 31 日成功在深圳证券交易所创业板上市。

从 2010 年公司设立，到 2020 年成功登陆深交所创业板，公司十年砥砺前行，十年创新突破。从初创企业到上市公司，从无人知到天下闻，H 公司终于通过登陆资本市场，为自己带来了更大的发展机遇。

我刚开始认识 H 总时，我的证券业绩并不算多，H 总毫不犹豫地选择了我们律师团队，这是他的格局和气度的体现。在为 H 公司提供上市法律服务的过程中，我们唯有尽心尽职，全力以赴工作，才能不辜负 H 总对我们律师团队的信任。

茫茫人海中，相识并不易。我们团队有缘陪伴 H 公司的成长，有缘见证 H 公司的成功，这是何等幸运！上市只是新的起点，相信 H 公司会顺应产业升级和消费升级趋势，以更大的努力和创新为广大用户带来更好的产品。我们律师团队也将持续助力 H 公司做好上市后各项合规工作，为 H 公司的持续发展保驾护航。

项目复盘之 A 公司上市

2023 年 5 月 19 日，A 公司在上海证券交易所科创板挂牌上市，此时距我们团队首次担任 A 公司的法律顾问已经超过 8 年。我们团队也非常荣幸地见证了 A 公司的成长。

一、初识

2014 年下半年，经朋友的介绍，我拜访了 A 公司董事长。当时的 A 公司正值创业的关键时期，刚刚实现盈亏平衡且未来可期。董事长 Z 总介绍了公司的情况，他对事业的专注给我留下了深刻的印象，我当时就感觉 A 公司一定能够在 Z 总的带领下做大做强。

Z 总当时希望找一名精通公司业务的律师，这正好是我们团队擅长的，于是我们团队开始担任 A 公司的常年法律顾问。

A 公司确实需要很多公司法方面的法律咨询，主要是股权方面、公司治理以及公司业务合规等方面。在 Z 总和我讨论法律问题的过程中，我发现 Z 总非常聪明，有极强的逻辑性，喜欢探究事物的本质，对于掌握的知识常常能够融会贯通，熟练运用。我们经常探讨各种各样的问题，他也总是能够迅速找到适合的方案。

有一段时间，Z 总经常晚上十多点钟给我打电话，咨询遇到的法律问题，我也总是耐心地回答并和他探讨。我后来才知道，他们公司经常晚上召开相关业务会议，他要到晚上十点多才有空闲的时间打电话咨询。这使我对 Z 总以及 A 公司的敬佩之情更加深厚。

二、发展

自 2015 年开始，A 公司研制的新产品得到客户的广泛认可，A 公司进入业绩发展的快车道。2016年，A公司的核心产品获得国内注册证书，为A公司同时进军国际市场和国内市场扫清了障碍。Z总带领团队在业务上不断攻城略地，公司取得了喜人的成长。

在业务发展的同时，我们团队协助Z总做了几件重要的事情。

一是业务的剥离。

A公司当时有两大主营业务，分别由两个团队负责运行。为了进一步突出主业和便于管理，股东会一致同意将未由Z总负责的另一块业务进行剥离。我们团队协助A公司起草了相关法律文件，并帮助A公司顺利地进行了交割。

二是控制权的变更。

由于历史形成的原因，Z总和管理团队的持股比例并不高，公司当时的控股股东是一家上市公司。按当时的相关规则和经验，上市公司的控股子公司尚不能进行分拆上市，经过股东之间的讨论和研究，最终确定了管理层增持的方案，并由管理层在增持后成为公司的控股股东，实现控制权的变更。我们团队为本次增持提供了法律服务支持。

三是股权结构的优化。

A公司在发展初期存在股权代持的情形，我们团队详细了解情况后，和公司以及其他中介机构共同制订了股权代持还原方案，最终通过设立有限合伙企业，将股权代持进行还原，消除了代持行为，并因此设计并优化了控股股东的持股方式。

A公司为了进一步优化股权结构，引进了数家国内知名的投资机构作为公司的股东，公司的股权结构更加合理。

A公司在业务高速发展的过程中，富有远见且不失时机地解决了股权架构的顶层设计问题，股权结构得到了优化，为后面的申请上市打好了坚实的基础。

三、上市

我于2017年下半年建议A公司提前准备上市相关工作，Z总开始觉得上市还是一件非常遥远的事情，但是他非常认真地思考了我的建议。几个月后，Z 总打电话给我，说他想明白了，公司要准备上市。

Z 总是一个善于谋定而后动的人，一旦决定，立即执行。A 公司选聘了券商和会计师，组成上市项目团队。A 公司和各中介机构共同制订了股份制改制、上市辅导、上市申报等方案，并按照上市的各项要求做了相关准备工作。

A 公司上市之路并非一帆风顺，经历了一些波折，好在 A 公司通过自己的不懈努力保持了业绩的发展势头，良性的运作也得到了资本市场的认可。A 公司终于在 2023 年 5 月在上海证券交易所科创板成功上市。

回顾 A 公司的这一段发展历程，我感觉 A 公司固然是赶上了行业发展的大好机会和国内资本市场注册制的机遇，但是以 Z 总为首的管理团队的持续努力和精进才是成功的关键。记得 Z 总跟我说过，他的团队为了做好某一项工作，可以连续数年坚持每天都召开业务会议，最终取得了这项业务的实质突破。

这个案例告诉我们，一个团队的坚持是多么地重要。所谓团结一条心，石头变成金，正是在管理层的日复一日的努力下，量变导致质变，终于破茧成蝶，顺利实现成功上市的阶段性目标。

有机会见证 A 公司这样一家优秀公司的成长，对于我们从事资本市场的团队而言，更多的是一种学习和收获。我们因此可以感知成功企业的初始基因，有机会探索优秀企业成长过程中的法律服务流程和关键要点，这些无疑是我们团队成长过程中的极大幸运。

项目复盘之某公司并购

从 2022 年 8 月银行的老朋友 Z 总打电话给我，说是她的朋友需要找精通股权相关业务的律师开始，历时大约 3 个月的时间，我们团队成功办理了某公司相关的股权并购、潜在同业竞争消除、各类合同纠纷处置等法律业务，得到了客户的高度认可和感谢，这是一个值得复盘的成功项目。

客户持有的某公司的控股权已经出售给一家上市公司，剩余股权因是否出售事宜和上市公司产生了诉讼纠纷，客户提起的要求上市公司收购剩余股权的诉讼请求均被一审和二审法院驳回。

客户是家族企业的实际控制人，家族拥有的数家企业尚在经营之中，客户近期听从合作伙伴的建议，设立了一家新公司，新公司虽未开展业务，但这可能存在导致违反客户在出售控股权时做出的相关不进行同业竞争承诺的潜在风险。

如何判断和消除潜在的同业竞争？如何实现剩余股权的出售？如何处理相关潜在纠纷和法律关系？我们要面对的是上述三方面的挑战。正是在这样的背景下，我们团队接受客户的委托，担任本次项目的法律顾问。

首先是同业竞争的判断和消除。根据从事资本市场业务的经验以及对避免同业竞争条款的分析和解读，我们认为新公司的设立存在违反同业竞争的风险，根据协议的约定，客户可能存在金额巨大的违约责任。我们提出应尽快将新公司清算注销，消除潜在的同业竞争，为剩余股权的收购做好准备。

其次是剩余股权的出售。我们认为上市公司虽然取得了胜诉，但是上市公司具有继续收购剩余股权的意向，目前的主要焦点是上市公司希望降低收购价格，这才是最为关键的。我们认为，虽然以前对剩余股权的出售价格有过原则性的约定，但确实要遵守资本市场的估值标准，合理的售价是交易双方都要面对的。

最后是相关潜在纠纷和法律关系的处理。要将新公司进行清算注销，势必要处理好新公司的相关债权债务事宜。我们认为要充分利用新公司进入清算程序的事实，保持相关合同的正常履约状态，通过谈判合理解除各类合同。

客户完全接受我们的法律专业建议，分步骤、有计划地推进了新公司的清算程序、剩余股权的出售谈判以及各类合同的解除工作，均有效实现了客户的商业目的，也取得了良好的效果。

客户对我们律师团队的工作十分满意。我们之所以取得非常圆满的服务效果，主要表现在以下几个方面。

一是展现了基于对资本市场精准理解基础之上的项目处理经验。

在全面了解交易背景后，我们准确地判断潜在同业竞争的影响和上市公司对剩余股权的收购逻辑，并结合现行的资本市场收购相关规则与惯例，建议客户及时清除潜在同业竞争，并帮助客户分析出了合理的成交价值区间，有效地协助客户进行判断和决策并最终实现交易达成的良好结果。

在了解新公司前期投资和初步谈判的基础之上，我们预判可能会产生的诉讼，及时做好财产配置和诉讼的防范工作，有效地保证了新公司在清算期间的各项工作正常开展，并迅速且稳妥有效地帮助客户接管了新公司的经营并妥善解除了全部员工的劳动合同。

对于新公司正在履行的各类合同，特别是房屋租赁合同等重大合同，我们建议客户在正常履约的基础上和合同相对方展开谈判，最终以非常低的代价合理解除或妥善处置了各类合同。

二是展现了高超的谈判技巧和团队合作水平。

在本项目中，我们律师团队主导及参加了各类谈判，包括剩余股权的出售与收购方的谈判、解除劳动合同与新公司全体员工的谈判、解除房屋租赁合同与出租方的谈判、解除各类装修合同与相关合同对方的谈判等。

在重大的谈判中，我们律师团队都充分做好了准备工作，为客户争取了最大的利益，特别是房屋租赁合同解除的谈判，我们律师团队极大地降低了合同相对方的心理预期，从合同相对方初期提出的 2000 多万元赔偿金的诉求，到最后以非常低的价款达成解除协议的一致，为客户取得了非常理想的谈判成果。

我们律师团队在整体项目服务的过程中，互相分工和协作，充分展现了团队的力量和优势，也得到了客户的高度称赞。

三是展现了高水准的法律文件的制作和修改技能。

整体项目服务的过程中需要处理大量的法律文件，包括但不限于并购相关的协议和交易文件、各类合同解除协议和交割文件、诉讼相关的文件等的起草和修改。

并购中的股权转让协议涉及客户的利益大，且协议内容复杂，律师团队坚持交易的基本逻辑，充分发挥经验的作用，说服对方接受了大多数的修改，为客户争取到了合理的利益。

项目结束后，在客户的要求下，我们律师团队担任客户的常年法律顾问，继续为客户提供专业法律服务。

总而言之，这是一个成功的法律服务项目，律师团队的服务得到了客户极大的认同，我觉得要不断提升法律服务水平，还应注意以下几个方面。

一是专业的持续深耕要不断加强。我们团队之所以能够提供精准且优质的法律服务，主要在于我们是在擅长的专业领域开展法律服务的，只有不断精进专业，才能够切实帮助客户解决法律相关问题。

二是要不断提升把握各交易主体的利益诉求，准确找到解决问题的痛点所在。要想解决问题，首先要找到问题的关键所在。只有这样，律师团队才能精准提出解决方案，相关工作才能得到各方的理解和支持。

三是律师团队的配合和分工能力要更上一层楼。律师团队可以做到单兵作战所不能达到的客户体验和分工形成的高效率，越是复杂的交易，越需要律师团队的更为精细的分工和合作。律师团队应建立更为完善的合作机制，形成更为成熟和流畅的合作规范，唯有如此，面对复杂的交易时才能应对自如、游刃有余。

项目复盘之重大资产重组

2010年8月，我们团队开始与A公司展开资本市场相关业务的合作，并担任A公司首次公开发行股票并上市的专项法律顾问，但A公司因各种原因未能成功实现IPO。2014年6月，A公司启动对B退市公司的收购工作，这在当时是一项无先例的业务，在项目进行的过程中，才等来于2014年7月23日起施行的《非上市公众公司收购管理办法》和《非上市公众公司重大资产重组管理办法》等规则。

一、困难重重

由于没有先例，加之B公司的情况特殊，该项目的复杂性和难度超出想象，主要表现在以下几个方面。

一是B公司是一家已经进入破产重整程序的退市公司。回溯过往，B公司的退市源于其大股东与中小股东间的巨大分歧。公司原控股股东自2007年入主后，一直谋求将旗下关联资产注入B公司，却遭到中小股东的强烈反对，该项重组因此迟迟未能推进。几番较量过后，双方最终选择“鱼死网破”，并于2013年一起“目送”B公司坠入退市深渊。截至本项目启动之时，B公司由于未能找到合适的重整方，重整工作尚未全部完成。A公司正是以重整方的角色介入B公司的破产重整程序。

二是B公司还有大量的债权债务和遗留事项尚待处理。B公司在退市前有诸多不合规的操作，截至本项目启动之时，尚有数家子公司被吊销营业执照，拟剥离的房产存在产权瑕疵，债权和债务的转让尚未全部完成等情形。

三是本项目是《非上市公众公司收购管理办法》施行后的第一起退市

公司重整项目，没有可供借鉴的成熟经验，需要 A 公司和各中介机构凭着智慧和勇气向前推进。

二、专业挑战

本项目属于创新业务，在推进过程中，中介机构遇到了专业上的挑战，我们遇到的法律上的专业挑战主要包括以下几个方面。

一是非上市公众公司重大资产重组相关法律规则的理解和适用。

本项目需要遵守的法律法规和规范性文件众多，主要包括《公司法》《证券法》《非上市公众公司监督管理办法》《非上市公众公司重大资产重组管理办法》《非上市公众公司收购管理办法》以及相关的信息披露规则等。在遇到具体问题时，可能会有不同的理解。例如，关于收购报告书的法律意见书一般由收购方聘请律师出具即可，但由于《非上市公众公司信息披露内容与格式准则第 5 号——权益变动报告书、收购报告书、要约收购报告书》中既规定了公众公司聘请的律师要发表关于收购的明确意见，又规定了收购方聘请的律师要在收购报告书中签字并由律所盖章，在实际操作中，公众公司聘请的律师和收购方聘请的律师都为收购报告书出具了法律意见。

二是境外投资者收购非上市公众公司的法律适用问题。

当时的法律规则中对于境外投资者收购上市公司有专门的规定，但是对于境外投资者收购非上市公众公司未有明确规定。关于本项目是否需要参照适用境外投资者收购上市公司的专门规定，还是仅需要适用外国投资者并购境内企业的规定，B 公司和中介机构在征询了相关主管部门的意见后，按照外国投资者并购境内企业的规定准备各项申报文件。

三是重新上市规则的适用。

本项目中，A 公司通过重整的方式收购 B 公司的目的之一是实现 B 公司重新上市。深圳证券交易所于 2012 年颁布的《深圳证券交易所股票上市规则（2012 年修订）》（以下简称原上市规则）规定的重新上市的条件，较深圳证券交易所于 2014 年颁布的《深圳证券交易所股票上市规则（2014 年修订）》（以下简称新上市规则）相对宽松。根据深圳证券交易所的相关通知的规定，B 公司属于原上市规则修改前的退市公司，在新上市规则施行之日起36 个月内申请重新上市的，其重新上市条件仍适用原上市规则的规定。

这对 A 公司和中介机构团队都是一项挑战，需要在限定的时间内提起重新上市申请才能够适用原上市规则，后来通过各方的努力，A 公司在规定的期限内提交了重新上市申请。

三、任重道远

2014 年年底，本项目在取得了中国证监会的批准后，成功办理了相关的外资审批和工商变更登记手续，并完成了 B 公司控制权的交割相关工作。本项目中的购买日最终也被认定为 2014 年 12 月 31 日，为公司未来的资本运作争取到了宝贵的时间。

2015 年 12 月，为了扩大业务规模以及拓展业务范围，B 公司进行并完成定向发行股票，融资金额近 12 亿元，B 公司实现了在资本市场的首次融资。我们各中介机构为 B 公司本次定向发行提供了全程专业服务，得到了 B 公司的高度认可。

此后，B 公司启动申请重新上市，虽然至今尚未有结果，但是重整后的 B 公司管理层兢兢业业，相信 B 公司经过凤凰涅槃取得重生后，会不断发展壮大，会拥有更加美好的未来。

征途漫漫，唯有奋斗。愿 B 公司好运相伴，早日实现重新上市。

项目复盘之上市公司控股股东破产重整项目

2014 年夏天，我们团队担任了 A 上市公司控股股东破产重整项目的重整方专项法律顾问。这个项目涉及的债权债务金额巨大，法律关系复杂，中介机构的工作量特别大，我们团队在这个项目中展现出团队组织的力量和专业的力量，非常出色地完成了这一专项法律服务工作。

一、项目情况

A 公司自上市后在主营业务方面保持了正常的发展，但是 A 公司的控股股东 B 公司在多元化的道路上却深陷泥淖。B 公司的投资涉及房地产、制造、金融等行业，很多投资项目的投资金额巨大但却无法产生收益，特别是有的项目出现了大额损失。由于 B 公司的很多对外投资资金是通过融资取得，这些投资未得到回报从而导致 B 公司的资金出现了问题，B 公司通过各种方式进行融资，甚至通过利率特别高的民间借款进行融资，最终导致资金链断裂且资不抵债，进入破产重整程序。

重整方有意参与 B 公司的破产重整并通过重整取得 B 公司的控制权，从而间接控制 A 公司，因此从交易本质上而言，本次重整也是对 A 公司的上市公司控制权收购。这个项目对承办律师的要求非常高，不仅要精通上市公司收购与运作的规则，还要熟悉破产重整的相关规则以及当时有效的《公司法》《合同法》《票据法》《侵权责任法》《刑法》等多部法律的规定。

我们团队向重整方提出了全部工作的思路和设想，并得到重整方的高度认可，团队受托担任重整方律师，迅速展开工作。

二、重整工作

重整方律师的工作主要包括法律尽职调查、重整方案的设计和执行、交易文件的起草与谈判、重整项目交割等。为了顺利地开展工作，我们组建了包括九名执业律师在内的律师项目组。

首先是法律尽职调查工作。虽然 B 公司已经初步向重整方提供了相关的资料，为稳妥起见，我们还是对 B 公司以及关联方开展了详细的法律尽职调查。

法律尽职调查中最为重要的工作是核查 B 公司的债务。由于 B 公司通过各种各样的方式融资，厘清全部债务是一件非常复杂的工作。另外，B 公司对外投资的公司众多，员工数量众多，因业务产生的债权债务也非常复杂。我们团队律师不畏困难，和其他中介机构通力合作，在项目现场工作一月有余，终于完成了对 B 公司及关联公司的尽职调查工作。

其次是重整方案的设计和确定。重整工作涉及方方面面，本次重整也是当地政府的一项重要工作，在重整方案设计上，要兼顾各项事实以及各方利益主体的诉求。在重整方设计方案的过程中，我们团队向重整方提供了各方面的法律支持，本次重整涉及多个法律部门的专业内容，涉及诸多法律服务专业方面，好在我们是一家综合型的律所，各个法律专业都有专业律师提供专业意见。我们团队提供的专业意见得到了重整方的认同，我们起草了重整相关协议，并代表重整方和相关各方展开多次谈判，最终重整方顺利地和相关各方就重整方案达成了一致。

最后是重整项目交割。本次重整中重整方需要支付的重整资金数额巨大，涉及上市公司的控股权变更，B 公司持有的上市公司股份除了已经质押外还有多轮司法冻结，在交割的过程中如何稳妥地取得上市公司控制权以及解除股权冻结和质押是一项重要的工作。虽然我们经过法律上的论证认为本次重整交割应该不存在法律上的障碍，但在实务操作中还是非常复杂的，上市公司所在地的法院副院长亲自协调多个已经对上市公司股份实施冻结程序的法院，最终 B 公司顺利地完成了本次重整项目的交割工作。

本次重整项目历时不到一年的时间，债权人清偿率高，各方对重整方案均感到满意，我们团队也顺利地完成了法律服务工作。

三、后记

在我们代表重整方和相关主体展开谈判时，当地政府非常重视，也派负责人员参加了谈判会议。我们重整方谈判工作小组在法律文件上的谈判中毫不退让，坚持维护重整方合理的权利，也充分尊重当地政府的要求，充分尊重各方的诉求，最终取得了良好的效果。在各方达成重整协议时，当地政府的两位代表特地向我们表示了感谢，对他们而言，能够顺利实现重整，对当地社会稳定和经济发展都是非常有益的。

在工作过程中，我们经常和 B 公司破产重整项目的管理人、债权人代表、上市公司管理层等各方展开专业上的讨论，我们的专业水平和服务精神也得到了各方的认可。

我们团队因为在本次重整项目中的优异表现，得到了重整方的高度认可，在重整工作完成后，重整方向上市公司派出了新的管理团队，上市公司聘请我们团队担任上市公司的常年法律顾问，为上市公司的合规持续提供法律服务。此后，我们团队还担任了上市公司多起投资和并购等专项法律顾问，不断为上市公司的有序发展提供专业意见。

在本次重整项目中，我们与各方负责人员因工作和专业而建立起了深厚的友谊，这让我们在多年以后，还能够互相牵挂，经常问候点赞，充满了美好的回忆。

项目复盘之 H 公司股权转让

2021 年，H 公司的管理层找到我，谈到他们正在处理一桩棘手的股权转让交易，需要有经验的律师的帮助。经过初步的交流沟通以后，我们团队承办了这一股权转让业务。

一、公司困境

公司创始人 Z 总是一名行业知名人士和技术专家。他在事业已经取得较大成功之时，为了践行实业兴邦的理念和科技产业化情怀，毅然放弃了舒适的生活，创立了 H 公司。

H 公司成立之初尚属顺利，Z 总迅速组建了核心团队，公司技术研发工作如期开展，并完成了数轮融资，一切都在往好的方面发展。

然而天有不测风云，在公司发展的过程中，出现了不和谐的情况。公司有两位主要技术人员，其中包括一位核心技术人员，由于性格和理念的原因，都产生了离开公司的想法，并要求以较高的价格退出其所持有的公司股权。

Z 总虽然经过诸多努力筹集款项用以受让两位技术人员的股权，且已经初步确定转让价格，但是由于双方信任基础欠缺，在股权转让的内容和交割细节方面存在巨大差异，各方陷入僵局。此外，两位技术人员已经不在公司工作，他们一直未和公司办理技术交接手续，导致公司研发工作几乎处于停滞状态。公司的这种状态也严重影响了后续融资工作，公司运营资金日渐减少，已经处于生死存亡的边缘。

二、艰难交易

我们团队承办该股权转让项目后，详细了解了公司具体情况，发现主要问题有三个：一是交易双方对技术文件的交接方式存在不同理解；二是交易双方对股权转让款项支付和股权变更过户的程序存在不同诉求；三是H公司内部管理层之间对本次股权转让存在不同意见。

我们首先和H公司管理层展开充分讨论，对于管理层之间的不同意见，我们分别从法律风险控制和可行性上展开分析。Z总展现了宽厚和包容的态度，虽然其他管理层人员担心两位技术人员是否会如实交回技术文件，但是Z总还是选择相信两位技术人员。我们帮助公司设计了技术文件交接方案，也考虑了两位技术人员可能提出的要求，并准备了相关的反制措施和风险防范策略，得到了其他管理人员的理解。在和两位技术人员及其聘请的律师多次谈判后，双方终于在技术文件的交接上达成了一致。

关于股权转让款的支付和股权的变更过户方面，对方提出了非常苛刻的要求，对此我们据理力争。我们首先和对方律师展开法律上的谈判，通过行业内常见的支付条款和变更过户条款进行探讨，以达到相对公平和合理原则作为目标。我们认为，交易双方是平等的，交易的内容也应当体现平等的精神，共赢是各方共同追求的目标。对方律师在此基础上，也和两位技术人员做了大量的沟通工作，最终双方在股权转让价款支付和股权的变更过户方面也达成了一致。

除上述以外，协议内容还涉及很多方面的谈判与沟通。公司管理层和我们团队经常召开会议进行研究和讨论，包括公司的研发流程、公司的技术规划等，我们也初步学习了这个行业的专业知识。另外，关于协议中的其他法律条款，我们针锋相对并据理力争，最终通过谈判促进双方达成了一致。

Z总在整个交易过程中都表现了极大的格局和风度。他温文尔雅、临危不惧，处理事情既富有逻辑又宽宏大量，能够换位思考并追求符合实际的结果。最终在他的努力和统筹下，股权转让顺利完成，从而使公司的研发和经营工作恢复到正常的状态。

为了确保交易的合规性，以及为公司未来迈向资本市场打下扎实的基础。在和公司管理层达成共识后，我们团队按照上市要求的核查程序，对两位技术人员进行了访谈和确认相关工作，并形成完整的工作底稿，这让公司的管理层更加放心。

在交易完成后，Z 总说这次交易对公司而言意义重大，公司因此度过了一次重大危机，从此他可以轻装上阵，专心致力于公司的发展。谈到公司的未来，他充满信心。

三、否极泰来

这次股权转让完成后，H 公司终于走上了正常的发展轨道。2020 年以后，疫情对我们的正常工作和生活造成了一定的影响，也对很多行业产生了不利的冲击，但是公司仍然在此期间完成了几件大事。

一是业绩有了较大提升。随着 H 公司各项研发工作和经营活动的正常化，在 Z 总和公司全体成员的努力下，公司不仅在研发上不断取得突破，在销售工作方面也取得重大进步，很多行业的布局开始展现成果，公司业绩在 2022 年度取得了非常大的进步，前景一片光明。

二是成功进行了新一轮融资工作。在疫情期间，投资行业也受到了影响，投资活动大为减少。在此不利因素的影响下，H 公司积极开展了股权融资工作，在 Z 总和管理团队的努力下，引进了某知名投资机构作为战略股东，公司获得充足的发展资金，我们团队也在公司的本次融资过程中提供了专业法律意见。

三是取得了重要荣誉。在疫情期间，公司荣登准独角兽榜单，还入选国家级"专精特新"小巨人企业，意味着公司的技术研发实力、创新能力、行业地位和发展潜力得到了有关部门及市场的高度认可和充分肯定，这也标志着公司在专业化、精细化、特色化、新颖化的道路上迈向新的台阶，具有里程碑式的意义。

否极泰来如覆手，阔步自此凌烟霄。我相信 H 公司会在 Z 总和全体成员的努力下越来越好。我们团队在这一项目服务过程中也得到了公司的高度认可，将继续为公司的壮大提供法律支持。

项目复盘之上市公司规章制度合规专项

Z公司是一家在国内创业板上市的公司，我们团队也是其合作多年的常年法律顾问。我们在为Z公司提供常年法律顾问服务之外，还承办了Z公司的很多专项业务，包括股权激励业务、投资业务、收购业务和争议解决业务等。在为Z公司服务的过程中，我们发现Z公司自上市后制定的各类规章制度中存在很多内容未根据最新法律法规和规范性文件进行修订的情形，公司的管理层也缺乏对公司各类规章制度的学习和理解。Z公司也意识到这一情况，经与我们团队协商，聘请我们团队担任公司各项规章制度修订完善的专项法律顾问。

一、制度梳理

Z公司上市时间较早，到我们承办此次规章制度修订完善专项法律业务时，上市时间已经超过十年。十多年来，证券监督管理机构早已颁布了大量新的规则，Z公司虽然也曾对部分制度做过修改，但是有许多规章制度仍需要进一步修订和完善。

我们团队对Z公司的各类规章制度进行了审阅和梳理。Z公司的规章制度主要分为三类：第一类是涉及公司治理的，包括公司章程、股东大会议事规则、董事会议事规则、监事会议事规则、对外投资管理办法、对外担保管理办法、关联交易管理办法、内部审计制度、内部控制评价管理办法、投资者关系管理制度、独立董事管理办法、子公司管理制度、分红管理制度等；第二类是关于信息披露的，包括信息披露事务管理制度、外部信息使用人管理制度、内幕信息知情人登记制度、重大事项内部报告制度等；第三类是与公司经营相关的，包括公司印章管理办法、合同管理办法、反舞弊与处理举报管理办法等。

另外，我们团队根据公司管理层提出的需求，并借鉴我们为其他公司服务的经验，提出了需要增加制定的相关规章制度，这样进一步完善了公司的规章制度体系，更能满足公司进一步合规运作的要求。

在制度梳理的过程中，我们团队向公司管理层和相关职能部门了解规章制度执行的情况，为进一步修订规章制度做好准备工作。

二、制度修订

关于各项规章制度的修订和完善，我们团队主要做了以下几个方面的工作。

一是核实各项规章制度是否符合现行的法律规则并进行相应的修订。这项工作的工作量比较大，也是此次专项业务的主要工作。例如，公司的章程未按照最新的《上市公司章程指引》进行修订，我们团队逐条核对公司章程的内容与最新的《上市公司章程指引》的相关内容，并进行相应的修订。

二是核实各项规章制度是否符合公司的运营和业务实际并进行相应的修订。在公司的各项决策程序中，有些制度已经不能适应公司发展的需要，有些制度的规定可能会降低公司的运营效率，有些制度需要修订以增强公司对相关风险的控制能力。我们团队同Z公司管理层以及相关职能部门负责人员进行详细的沟通，针对公司的实际需求，并结合法律规则的合规性要求，合理地对相关内容进行修订和完善。

三是核实各项规章制度的内容是否符合行文的规范。在这一项工作中，我们团队和公司管理层共同对各项规章制度进行了阅读，统一各项规章制度的行文规范，并仔细审核各项规章制度中的文字是否精准，逐字逐句对各项规章制度进行了完善。

各项规章制度的修订初步完成后，我们团队又征求公司管理层和相关职能部门的意见，并经过多次讨论和修改，最终形成了工作成果，顺利完成了Z公司各项规章制度的修订和完善工作。

三、制度落实

美国前总统、《独立宣言》的起草人杰弗逊曾说过："执行法，比制定法更重要。"各项规章制度的修订和完善只是第一步，关键是要在公司的具体经营中落实各项规章制度，公司管理层和我们团队主要做了以下几个方面的工作。

一是举行公司的内部宣讲。Z 公司副总经理兼董事会秘书 Z 总积极推进本次合规工作，并召集和组织公司内部的宣讲会，在整个专项工作的过程中，Z 总非常认真地和我们团队讨论了全部修订和完善的内容，并在公司内部宣讲会上向公司的管理人员进行了详细介绍。

二是举行关于该方面的合规专业培训。我们团队的主要合伙人分别对公司的管理人员展开专业培训，通过讲解法律规则的具体规定以及分享国内资本市场的实际案例，向公司的管理人员提出合规经营的重要性，以确保公司的经营安全和管理人员的职业安全。

三是在公司运营中践行并遵守各项规章制度的规定。我们团队在担任公司的常年法律顾问工作中，针对某些具体的合规问题，和公司管理层展开法律适用的讨论和论证，在这一过程中进一步理解相关规则。对于出现的新情况而需要将 Z 公司相关规章制度进行修订的，纳入进一步修订计划并择机进行修订和完善。

制度修订和完善工作实际上是类似于立法工作，对我们团队的证券法律规则体系的理解和适用也是一项很好的检验，这个专项业务也增加了我们团队的经验。对于上市公司而言，不断地同中介机构讨论完善规章制度，并实质上推进公司的合规工作，是非常有必要的。

项目复盘之体检中心清算

2020年年初，我们团队合作的客户下属两家体检中心因为经营压力，不得不选择提前终止业务，并进行清算和注销的相关程序，我们团队担任了此次专项法律服务的工作。

一、起因

我们团队合作的这家客户是一家优秀的企业，主营业务突出且业绩颇具规模，但在发展过程中投资了一些与主业有一定关联的项目，这两家体检中心就属于这种情况。由于行业的发展变化，体检中心也呈现集团化经营趋势，客户无暇对核心业务以外的业务进行投资和发展，故体检中心业务已经呈现下滑趋势。当时的环境进一步加剧了体检中心的经营压力，客户审时度势，决定关闭体检中心的业务，并将两家体检中心进行清算和注销。

这个项目需要律所提供综合法律服务，专业部门涉及公司业务、劳动业务、民商事业务和争议解决业务等。我们组建了由五名律师组成的法律服务项目组，和体检中心的负责人员共同成立工作团队，随即展开专项工作。

二、清算工作

两家体检中心都是有限公司，业务规模不算大，一共一百多名员工，但是麻雀虽小五脏俱全，公司有不少业务相关的合同，也有一定规模的债权债务。我们团队和两家公司负责人员共同完成了以下几个方面的工作。

一是员工安置工作。

刚听到公司进行清算的消息后，部分员工的反应相当强烈，加之当时尚处于封控期间，有些在外地的员工无法回到公司所在地，大家都非常担心自己的前程，公司的负责人承担了较大的压力。

我们团队按照公司的要求并结合项目的经验，按照劳动相关法律法规和规范性文件的要求，制订了员工解除劳动合同方案，并与股东讨论商议后确定了该方案。股东虽然面临经营上的困难，但仍以较大的诚意拟订了员工安置方案。

最难的是与员工进行谈判以及确认安置方案的工作。公司负责人员和律师团队组成了工作小组，逐个与员工展开谈判，大部分员工在考虑后接受了公司的方案并签署了相关劳动合同终止文件。少部分员工开始并不接受公司提出的方案，我们团队的劳动法律师根据需要进行了解释工作，也取得了较好的效果，最终绝大多数员工接受了方案。我们团队提供了全部法律文件并指导公司进行了具体的操作。

最后还是有一名员工在多次沟通后仍不接受公司的方案，这名员工提起了劳动仲裁。我们团队安排劳动法专业律师代理公司负责办理该案，在该案审理过程中经过沟通和交流，公司最终和该员工达成了和解，员工撤回了仲裁案件。

员工问题顺利解决后，大家都松了一口气，整体过程只有亲身经历过才知道其中的艰辛和滋味。员工们最终还是理解了公司的情况，在办理好劳动合同终止手续后，自发地到公司门口进行集合并合影，留下了一张珍贵的照片。

二是债权债务处置工作。

两家公司都有数量众多的业务合同需要终止，我们团队和公司负责人员将这些合同分门别类，分别制定了不同的策略。公司先通过沟通终止了金额较小的合同，然后再通过个别谈判分别终止了金额较大的合同。

最难的是房屋租赁合同的处理，由于房屋租赁合同中约定了金额较大的违约金，对两家公司非常不利。我们团队通过对房屋租赁内容与实际情况的分析，提出了要求出租方豁免追究违约责任的理由，在公司负责人员的努力下，最终达到了非常理想的结果。

我们律师团队协助公司完成了各项合同的终止工作，并帮助公司进行了关键的谈判，公司各项债权债务最终顺利地得到了清理。

三是清算和注销程序方面的工作。

在股东决定两家公司进入清算之际，我们根据公司的实际经营情况和当时的规则，建议公司采用简易清算的方式，这样大大缩短了清算所需要的时间，为公司处理各种清算事项争取了较为便利的条件。

在两家公司的清算过程中，出现了一家公司因为仍有一定的价值，有收购方愿意收购这家公司全部股权的情况。我们团队根据股东的意愿，建议将这家拟被收购的公司终止清算，并帮助这家公司的股东顺利地出售全部股权，取得一定的投资回报，也算是个不错的结果。另一家公司则完成了全部清算和注销程序，尚有的剩余资产也由股东享有并收回。

在清算和注销的过程中，我们团队严格按照公司法规定的程序，时刻提醒公司并及时与公司沟通交流各项程序，做到流程完全到位，细节一丝不苟，最终圆满地完成了全部法律服务工作，得到了公司和负责人员的赞赏，也为我们未来的合作奠定了更为牢固的基础。

三、感想

对于律师的专业技能而言，公司清算业务的要求可能并不低，特别是谈判工作对律师的要求可能更高。

面对众多员工进行劳动合同终止谈判时，我们团队的律师还是有些压力的，但在很多时候，沟通确实是一个有效的工具。经过公司负责人员以及我们律师与员工的坦诚沟通，绝大多数员工都选择了理解公司的处境，接受了公司提出的终止劳动合同的条件。我们律师看到了公司和员工在法理之外的互相理解和体谅的感性的一面。

临危受命并不辱使命，我们团队凭着对法律专业的理解和为客户负责的精神，终于顺利地完成了公司清算专项服务。

第九章　团队成长之路

积力之所举，则无不胜也；众智之所为，则无不成也。

——《淮南子》

律师团队的业务范围

从2009年加入目前的律所开始，我就在努力打造律师团队。律师团队的业务有一个发展的过程。

在加入目前律所之前，我在三家律所工作过，在第一家律所获得了诉讼业务和并购业务的初步经验，在第二家律所获得了非诉讼特别是IPO业务的经验，在第三家律所担任独立律师和合伙人，获得了如何独立执业的经验。

团队成立之初，主要的业务是常年法律顾问，加上为数不多的规模尚小的IPO业务，偶有发生投资或并购专项，以及顾问单位为主的一些诉讼业务。这四个方面的业务构成了团队业务的基础架构。由于当时团队的人员较少，精力有限，诉讼业务主要和其他诉讼合伙人进行合作，IPO业务也主要是和其他合伙人合作进行。

一、IPO业务逐渐成为核心业务

我记得加入目前律所之初，我拟将IPO业务放在团队业务中较为核心的地位，有人对此提出疑问，他们的理由是，浙江的资本市场已经被几家证券大所瓜分了，其他律所很难再有机会了。

我并不认同这样的观点。一是我认为当时的市场还非常大，市场机会还比较多，我在第三家律所执业的时候就遇到过很多企业上市的业务机会，如果有律所品牌加持，我们会如虎添翼。二是我认为当时证券律师的服务市场还有较大的提升空间，我们只要把专业做好，就一定会有市场机会。

幸福提前来临。2009年10月30日，创业板开板，在政策的鼓励下，浙江的许多民营企业积极启动上市计划。2011年度我们团队承接了为数不少的 IPO 业务，团队人员规模也随之扩大，这些新项目的承办对我们团队的发展极为重要，团队因为有大量的实际操作 IPO 项目，团队的项目经验迅速增强，团队成员的专业水准也在不断提高。

我们团队在 IPO 业务发展之初也并非一帆风顺，有一些项目因为各种各样的原因，未能顺利实现 IPO，选择了以并购重组的方式进入了资本市场。还有一些项目由于自身发展的问题，业绩未能达到预期，纷纷推迟或放弃了资本市场计划。由于我们团队一直注意将四个业务板块的业务齐头并进发展，资本市场的波动并未影响我们团队的业务发展，这一度是我比较得意的地方，直到在北京遇到红圈所的几位大律师。

2016 年夏天，我有幸在北京得到了红圈所大律师的点拨，我介绍了自己团队的业绩构成，并认为自己的业绩结构虽然相对多元，但是有较强的抗风险能力，能够保持团队整体的业务均衡。没想到一位红圈所的大律师听完我的介绍后，马上提醒我，说我的业务面太广，不利于聚焦，应当把某一块业务做精做深做大。

一语惊醒梦中人。我觉得红圈所大律师的指点非常有道理，立刻决定集中精力把 IPO 业务做好。团队的力量集中在承办 IPO 业务，其余业务尽量采取合作的模式，少占用团队的时间和资源。

随着团队承办的 IPO 数量越来越多，成功也随之来临。多个项目的成功，为团队发展打下了坚实的基础，并带动了其他相关业务的发展。

二、资本市场诉讼日显重要

从进入律师行业开始，我就一直重视诉讼业务，我觉得诉讼业务有利于培养最为纯正的律师专业素养，也是律师必须掌握的业务。

律师团队经常根据客户的要求，特别是常年法律顾问的要求，承办一些诉讼案件。在承办案件的过程中，我们团队逐渐明确了自己的诉讼业务定位，即专注于资本市场的相关诉讼。

资本市场相关诉讼最常见的是投资和并购业务中引发的诉讼（包括对赌和回购引发的诉讼、并购形成的诉讼）以及上市公司的相关诉讼等。

我们团队承办资本市场诉讼有一定的优势，主要在于我们团队精通资本市场的业务，相对能够准确判断各方主体的核心利益诉求，能够比较有针对性地提出诉讼策略并实现诉讼目的。因此，我们团队承办了大量的资本市场诉讼，取得了较好的效果。有些案件甚至成为资本市场的经典案例，有的案件终审法院为最高人民法院，这些都极大地形成了团队的优势。

同样，由于承办了大量的资本市场诉讼，这对我们识别资本市场的风险并为客户提供更精准的风险防范措施有非常大的帮助。

争议解决业务的经验形成，丰富了团队的业务体系，有利于向客户提供综合解决方案，这为团队的业务往精深发展打下了扎实的基础。

三、上市公司合规和财富管理业务开始布局

随着我们团队服务的上市公司越来越多，逐渐形成了上市公司合规和财富管理的业务板块，这对我们团队如何能够服务好上市公司提出了更高的要求。

上市公司首先要遇到的是信息披露的合规，律师在向上市公司提供法律服务时，首先应紧紧抓住上市公司的信息披露展开服务，这样有利于增进对上市公司的了解，并有利于与上市公司形成长期的合作关系。

上市公司常见的合规服务主要涉及如何有效防范内幕交易和市场操纵，如何在上市公司的资本运作中正确地适用关于上市公司停牌、复牌等的规定，如何防范上市公司实际控制人和控股股东的合规风险，如何规范上市公司董事、监事和高级管理人员的履职行为等。

上市公司在日常经营中的行为也有其特殊性，需要律师帮助判断决策权限和信息披露等事项，需要律师从更高的合规要求上帮助上市公司控制风险。

上市公司的财富管理业务主要在于股票的相关业务，包括股票减持、市值管理、股票分割和继承等。

我们团队以客户为中心与客户共同成长的价值观，不断支持我们把上市公司的合规服务越做越好，同时我们也在不断优化上市公司合规法律服务产品，不断提升团队的服务能力。

四、并购重组值得深耕

团队在发展的过程中，也承办了一些并购重组的业务。记得我们曾代表客户完成了国内资本市场首例退市公司借壳案例，由于优质高效地完成了这一并购项目，并引起资本市场的高度关注，我们多次收到同类项目的咨询，并开拓了新的并购重组业务。

团队近年来不断承办并购重组业务，也在不断地积累经验。团队曾经承办了某上市公司控股股东的破产重整业务，作为重整方的律师，顺利完成了重整的交易，并因此得到了委托方以及当地政府的高度认同。

我们团队近年来也办理了一些与民营上市公司进行交易的并购案件，由于我们能够理解上市公司的运行规则和逻辑，因此能够相对准确地帮助客户对交易对手进行判断，高效地帮助客户完成相关并购交易，并有效地防范相关风险，取得了非常理想的结果。

并购重组业务对律师团队的要求非常高，要求律师团队具有综合的知识，丰富的经验以及高超的处理技巧，我们团队往这方面的发展，也有利于提升团队整体的作业水平。

我们通过不断总结，进一步打造并购重组的专业法律服务产品。

另外，团队在发展的过程中，必不可少地要面临新的机会和挑战。目前法律服务的行业化的发展，对团队业务体系的完善提出了更高的要求，我们也在积极布局某些行业，增加行业知识和经验，以便更有利于服务好客户。

我认为，没有一项业务是能够永久地成为热门业务的。关键是形成一种团队文化和方法，无论身处何时何地，我们团队都能够不断地发展，不断地抓住市场机遇，成为一个优秀的律师团队。

律师团队的业务来源

我于2008年从招聘一名法律秘书开始打造律师团队，目前团队成员已经具有一定的规模，团队业务呈现稳定发展趋势。团队业务围绕资本市场展开，主要从事资本市场、上市公司合规、财富传承和争议解决四大板块的法律服务。

我们律师团队的业务来源是什么呢？我觉得主要来自以下几个方面。

一是来源于老客户。老客户是我们团队在多年的服务实践中积累而成的，最早的一批客户可以追溯到我刚开始从事律师职业的时候。

老客户是团队之宝。有句话说得好：留住一位老顾客，比吸引五位新顾客更重要。老客户的存在，既给团队带来稳定的业务基础，也证明了团队的服务能力和客户满意度。

老客户提供的业务可以分为以下几种情况。

首先是老客户续约。老客户续约的主要是常年法律顾问。常年法律顾问是团队的业务基础，常年法律顾问服务有利于提升团队的整体服务能力，有机会接触客户最新的需求，有利于建立与客户的长期信任，是团队不断发展壮大的业务基础。

其次是老客户的新业务。特别是上市公司和投资机构，经常会因为业务发展而需要律师在融资、投资、并购、股权激励、争议解决等方面提供专业服务。

最后是老客户介绍的新业务。很多老客户拥有广泛的资源，他们基于对律师团队的了解和信任，会向律师团队介绍新的客户。

二是来源于朋友圈的推荐或认同。我们律师团队在工作的过程中，还和众多的其他中介机构和合作机构进行合作。

在从事IPO法律服务中，我们团队经常和券商以及会计师事务所等其他中介机构展开合作，在合作的过程中，彼此相互认同并结下友谊的中介机构会保持长期合作的状态，就会经常互相介绍业务。

我们团队的律师因为在提供法律服务的过程中，会接触到客户以外的其他各方，由此也会带来新的业务机会。我们团队在从事IPO法律服务中，还遇到过拟上市公司的股东有法律需求而联系我们团队，原因是他们有同行业的其他投资项目，想寻找我们团队进行合作。在我们团队曾经办理过的并购项目中，就有交易对方就在交易结束后主动和我们团队联系，聘请我们团队提供相关法律服务的情况。

我们团队律师们在平常的人际交往中，会结识金融机构、行业协会等机构和平台的朋友，也会遇到同学、校友、亲戚朋友等，他们也会介绍业务机会。

三是来源于同行的合作。随着专业分工越来越细，律师和律师之间，更多的不再是竞争关系，而是专业合作关系。

同行的合作首先是律所内部的合作。我们团队经常收到律所其他业务团队关于业务合作的通知，有的是不同专业的团队的客户需要聘请资本市场的律师，有的是律所总部或其他兄弟分所的资本市场团队需要我们团队帮助完成在浙江的业务，律所内部的合作是律所规模化的直接体现，也是律所向客户提供全方位法律服务的好方法。

同行的合作还表现为律所之间的合作。我们与认识的其他律所的律师或律师团队因为专业分工的原因，遇到自己不熟悉对方擅长的业务时，会互相介绍对方承办相关业务。

从我们律师团队以上的业务来源看，我们团队的业务拓展方式比较传统，大多数时候还是靠口碑相传的。

随着我们团队对于律师营销理念和方法的学习，我们团队还需要进一步在业务来源方面做好工作，主要包括以下几点。

一、重视专业成果的总结和推广

经过多年的业务发展和积累，团队成员中不乏既有理论又有实务经验的资深律师。团队应该在确保完成各项业务的前提下，适当安排时间对专业法律服务进行研发，并形成研究成果，既可以分享给客户，又能够对团队的业务起到宣传推广的作用，一举两得。

二、扩大团队的专业影响力

长期以来，我们团队一直以办理业务为主，参加专业活动相对较少，这方面是我们团队要予以加强的。我们团队在制订新的年度计划时，已经考虑并安排了团队成员的年度专业活动计划，包括参加专业论坛、专业培训、专业方面的社会组织等，特别是要求团队的资深律师开展专业授课工作，以进一步扩大团队的专业影响力。

三、加强客户关系维护

传统模式下我们确实没有意识到客户关系管理的重要性，包括对于客户的理解也是被动型的，这方面我们还做得远远不够。

加强客户关系维护的主要目的是增强团队的主动法律服务能力，增强团队对客户业务的理解能力，更有利于法律服务产品的打造和专业化法律服务流程的提升。

另外，法律科技的迅速发展也对律师团队的业务开拓提供了更多的新方法，我们律师团队还要加强这方面的学习，大胆拥抱法律科技，提升律师团队的业务体系。

在我们的业务实践中，我们逐渐理解到，争取一个客户不容易，失去一个客户很简单；客户关怀战略是企业战略之首，以客户为中心是律师团队工作的核心。我们团队在发展的过程中，应当不断研究团队的业务来源，只有团队的业务来源更科学更高端，团队的业务才能够良性发展。

律师团队如何展现竞争力

2023年的大年初一，我看到了新则创始人大鱼（余朋铭）的文章《2023年，法律行业依然机遇与挑战并存，两大发展趋势值得关注》。在这篇文章中，作者重申了其在2022年大年初二发表的文章《62万的背后：2022年，法律行业将发生这些变化》中提到的会推动法律行业发生的两个变化：一是成建制的团队会变多，个体律师的独立执业会变少；二是规模律所依然会自然发展，但是会进一步强调高品质。

关于律师团队会变化的趋势，作者从未来视角来考量，提出如果我们站在十年后、二十年后看法律行业的发展，它到底是应该依赖更多独立的个体律师，还是完整的成建制的团队？作者还提到，客户、业务、资源这些法律服务的机会在向更加成熟、成建制的团队、律所集中，因为供给增加，竞争加剧后，集约经营是面对竞争的必然选择。但对应的行业总体的服务效率上升了。

我非常认同大鱼的这种观点。律师团队作为提供法律服务的主体形式，相对于单打独斗的律师而言，应该会越来越多地得到客户的青睐。虽然目前个体律师独立执业还是大量存在的，但是从长远而言，律师团队的形式无论是提供法律服务的内容和质量，还是服务的体验和感受，都会不断地超越个体律师的服务模式。

相对于个体律师的法律服务，律师团队如何体现竞争力呢？我觉得这是一个值得思考的问题。针对如何提升律师团队的竞争力，我觉得可以从以下几个方面予以考虑。

一、要发挥规模优势

规模即竞争力。律师团队由多名律师组成，有能力和有机会承接个体律师所不能胜任的工作量大或工作复杂的需要多名律师完成的业务。

例如，有些需要招投标的法律服务，在招标文件中一般要求介绍律师团队组成情况，并要求分别介绍每一位律师团队成员的情况，有的项目还对项目负责律师和主办律师的执业年限或业务经验有具体的要求或设置评分标准，这样的业务就非个体律师所能承接了。

我们律师团队在从事 IPO 业务时，深切体会到团队规模的作用和价值。IPO 项目开始之前，客户往往会关心律师团队的组成，关心项目负责律师和现场律师的具体人选。根据单个项目情况，我们一般要安排由 4 至 6 名律师组成的项目组来完成该项目的具体工作。

记得我们在承办某个 IPO 项目时，由于核查和访谈工作量大，仅访谈工作就安排了 9 名律师，加上项目负责律师和现场律师，我们在这个项目上的律师峰值数量为 12 名。项目公司董事长看着各中介机构庞大的项目团队，不由得感慨道："只有大机构或大团队才能承办复杂的项目呀！"

二、要发挥团队分工的优势

律师团队往往由不同执业年限的律师和律师助理以及秘书组成，不同成员在承办业务中可以根据具体情况进行适当的分工，既有利于高效完成工作，也有利于客户的良好体验。

我曾与一位独立执业律师 A 交流时，听到其关于单打独斗做业务的困扰。A 律师担任某公司的常年法律顾问，该公司的董事长、总经理、部门经理以及具体工作人员有法律问题都要向 A 律师进行咨询。这就产生了两个方面的问题：一方面，A 律师觉得面对不同职级的公司管理人员要不断切换思路，感觉有些应接不暇；另一方面，客户公司也觉得 A 律师怎么每次都是一个人在从事法律顾问工作，担心 A 律师的工作时间和专业覆盖范围是否能够适应公司的需要。

A 律师由于工作出色，晋升为律所的合伙人，也招聘年轻律师组建了团队。这样在提供法律服务时，团队分工有了一定的梯次，取得了好的效果。

律师团队的成员之间可以因为专业的更为细化的分工，在团队内部形成专业互补和知识共享的良好局面。

此外，我们律师团队有稳定的学习和培训制度，要求每一位律师定期分享在工作中积累的经验和学习到的法律专业知识。团队根据业务的需要编制年度培训计划，系统地学习核心业务。正是由于团队成员的分享，大家有机会迅速取得更多的经验，才能够以更快的速度成长。

三、要发挥团队组合的力量

基于团队每名成员能力和兴趣的不同，在掌握基础法律服务能力的基础之上，我们鼓励团队成员向自己感兴趣并对团队发展有利的专业方向发展，这一方式取得了不错的效果。

我们团队主攻资本市场业务，资本市场业务的内容多，包括尽职调查、股权激励、投资、并购、重组、IPO、上市前合规和上市公司合规，以及资本市场相关争议解决等。我们团队成员中有的精研股权激励业务，有的兼攻资本市场相关的税收知识，也有的深耕资本市场相关的数据合规和网络法业务以及跨境业务等。从行业上而言，有的律师关注 TMT 行业，有的律师介入医疗大健康行业，并做了相关的行业研究和积累。正是由于每位成员基于资本市场业务的基础能力之上的扩张和发展，团队的服务能力因此大为提升，团队的知识分享也越来越广泛。

基于专业方面的个性化发展，我们在不同的资本市场业务中根据业务特点配备各种专长的律师，能够最大程度地满足客户的需要，也能够促进团队的进一步成长。

一个好的团队应该是一整块拼图，每一小块拼片的画面有限，拼在一起就是完整的图景。

除了不同的个人可以拼成一个团队之外，根据律所的发展以及业务的需要，不同的团队之间也可以进行拼图，可以拼出更大的图形。我们律所总部在承办全国极具影响力的山西某破产重整项目时，在全国范围内组建了庞大的项目律师团队，项目律师团队共有一百多名律师，成功完成了该重整项目。

我认为，律师团队既然成立，就应当充分发挥团队的机理和作用，将团队的优势转化为胜势，从而才能真正发挥团队作业的优势。如果未能理解团队的真正意义，很容易将律师团队做成律师团伙，是多个个体律师在一起工作，而非真正的团队。

对于单个律师，应当考虑个人单打独斗的优点和缺点，找到自己适合的发展道路。目前越来越多的律师选择加入律师团队，或者互相抱团取暖成立律师团队，这些都是有益的尝试。

随着法律服务行业的发展，相信律师团队会发挥更大的作用。

律师团队成员如何共同成长

我和许多律所合伙人交流团队建设事宜时，经常讨论的一个话题就是，如何和团队成员建立长期稳定的合作以共同成长?

俗话说得好：一个篱笆三个桩，一个好汉三个帮；一人拾柴火不旺，众人拾柴火焰高。我们建设律师团队也应该是如此，对于在选择团队成员以及分工合作的过程中，应当如何理性地与团队成员共同成长，我认为应当重视以下几个方面。

一、择优

先声药业在招聘新员工时，经常提及的一句口号是："我们需要比我们更强的人。"很多优秀的公司也在奉行这一理念，从而延揽更为优秀的人才。如果我们在招聘新员工时，寻求新员工的优点，这样有利于通过新员工的特殊能力弥补现有团队的不足，也有助于提升团队的整体竞争力。

我们在选择团队成员的时候，一定会选择优点突出的成员，如果一名潜在的合作对象没有任何优点，我们一般不会考虑。这些成员的优点主要包括以下几个方面：一是拥有特殊的专业知识或技能，如有的成员英语水平较高能够胜任涉外相关业务；二是在某项业务上拥有足够的业务经验，如有的成员办理过大量资本市场相关的诉讼或仲裁案件并具有丰富的经验；三是具有某种专业精神或合作精神，如有的成员特别有亲和力，能够有利于团队的整体协调和发展。

优秀的人在一起，如果组织得当，可以产生很好的合作效果，实现1加1大于2的效果。优秀的人在一起，还有一个好处，就是可以互相学习其他人的优点，团队成员可以不断地提升自己的水平。

选择优秀的成员并不意味着选择完美的成员。从理论上而言，完美的人是不存在的，每个人都各有优点和缺点，好的团队主要的竞争力是团队成员的优点可以在一起不断产生融合的效果。

找到优点突出的团队成员后，我们要提供机遇让团队成员能够发挥自己的优点，在工作中培养并实现自身的专业价值。这些成员的突出优点并不仅是用于向客户展示的，而应当切实在工作实践中发挥作用。如何有效地发挥每一位团队成员的优点，是每一个团队和组织需要思考的。

二、包容

人无完人，金无足赤。团队成员都是各有优点，但是每个人也都存在缺点。

我们如何面对团队成员可能存在的缺点，包括我们自身存在的缺点？这是一个需要面对的问题，但我们可能经常会忽略这个问题。我们很多时候认为自己是完美的，没有意识到自己的缺点。我们很多时候认为别人的缺点是很明显的，并一直想试图改变别人，纠结别人的缺点。

随着从事律师职业的时间越来越长，我们慢慢懂得，想要改变别人是一件极其困难的事情，想要改变自己也不是一件容易的事，与其改变，不如包容。

我们组建并运作律师团队，目的是能够更有效地提供专业法律服务，在这一过程中寻求团队和个人的成长。

我们应当善待每一个人，包括我们自己，对于别人存在的不足之处，我们应当心存善意，只要不是原则性的错误，要允许每名成员有成长的空间。

德鲁克说过："补短板只会让你平凡，发挥优势才能卓越。"团队组建的意义在于更大程度地发挥各位成员的优点，胜于完善各自的缺点。

三、共进

我认为，同事的含义是共同成就事业，我们既然组建了团队，就应当通过团队共同成就律师事业。

在我们的律师团队实践中，我们学习并采用了 OKR 工作法（Objectives and Key Results，即目标与关键成果法），通过每个月、每个季度以及每年的目标设定与考核，通过每位成员的 OKR 目标组合形成整个团队的 OKR 目标，从而在保障团队目标实现的同时，促进每一位成员的真正成长。

我们律师团队特别重视分享，我们始终持有的理念是：一个人走得快，一群人走得远。一个人学习的效率和效果，不如通过团队每位成员的分享而取得的知识和经验来得多。我们团队通过学习培训的方式，将每个人在工作中的心得体会分享给全体成员，这样对每一位团队成员而言，学习和进步的效率则大为提升。

团队的意义还在于互相促进成长，我作为团队的负责人，除了在工作中给予年轻人一定的帮助和指导外，还不断接受年轻律师们的观点和分享，也在通过团队的其他成员不断提高自己的认知和工作水准。

总而言之，如何看待团队成员的优点和缺点，是我们在组建团队的过程中必须面对的。我们不必苛求每个人都能够成为完美的人，当然，这也是不可能的。我们能够做到的，就是不断地寻求个人和团队的持续成长，在共同地成就事业的过程中，尽可能地不断完善自我，发挥个人的价值和团队的力量，为客户提供专业的法律服务。

律师团队建设的六大思维

我们是从2009年开始组建律师团队的，从事律师团队建设工作迄今已经超过15年了。虽然我们团队无论是人员规模还是业务创收规模，都有了非常大的增长，但是律师团队建设并不容易，我们的团队也走过了一条艰难的创建之路。我们面临的主要问题在于建设律师团队没有任何经验，我们只能不断向不同的优秀律师团队学习，摸着石头过河，在游泳中学习游泳。

对于律师团队建设，如果目前可以进行经验上的总结，我们觉得律师团队建设应该重视六大思维，这是律师团队能够持续发展的重要方面，在我们建设团队的过程中也起到了重要的作用。

一、战略思维

杰克·韦尔奇说过："战略其实就是对如何展开竞争的问题做出清晰的选择。"从本质上而言，团队战略要解决的是团队做什么和不做什么的问题。

在团队成立之初，虽然团队业务初定的大方向是资本市场，但是具体方向并不十分清晰，那时候除了我们想深耕的证券发行业务外，还承办传统类的诉讼和各类企业的常年法律顾问业务，这些相对传统的业务占用了团队大量的工作时间。

经过多年的探索和学习，目前团队的业务范围越来越清晰，并形成了以资本市场为核心的团队业务定位。团队业务分为资本市场、上市公司合规、财富传承和争议解决四大板块，主要行业方向为TMT行业和高端制造行业等。

团队战略明确后，团队的所有行动均以团队战略为指导思想，团队的每名成员都在团队既定的业务方向上不断精进，不断积累知识成果，不断积累成功案例，极大地提升了团队的专业深度和工作效率。

二、营销思维

被誉为“营销圣经”的《营销管理》这本书中提到，营销管理是选择目标市场并通过创造、传递和传播卓越顾客价值，来获取、维持和增加顾客的艺术和科学。

我们团队在创建之初，无论是在目标市场方面，还是在顾问价值方面，均未形成有效的体系。团队业务在创建初期主要依靠合伙人的个人能力和口碑取得。这种模式必不可少地引发出两大问题：一是业务的来源种类复杂，客户基于对合伙人的个人信任介绍来的业务有可能并不是团队特别擅长的业务，但是在很多时候很难拒绝，必须要花费时间办理此类业务；二是团队年轻律师的绝大多数时间用在承办具体业务方面，没有机会参与业务开拓，缺乏在市场营销方面的培训和实践，导致年轻律师在业务开拓和市场营销方面很难成长。

在营销思维的指导之下，我们团队努力进行两方面的提升。一是学会寻找目标市场，改被动营销为主动营销，收集市场、顾客、潜在客户和竞争者的信息，有效地触及客户，并进行适当的专业传播，进而不断获得与团队发展相适应的新客户和新业务。二是要求每一位团队成员都参与营销管理的过程，并提高创造、传递和传播顾客价值的能力，实现个人营销能力的成长。

营销思维同时也极大地帮助团队完善了“以客户为中心”的经营理念，精准地寻找客户的需求，并在满足客户需求的过程中促进团队的发展。

三、产品思维

法律服务被很多人认为是看不见摸不着的无形的服务，很多客户在选择律师时很难进行判断和取舍，我们认为产生这种现象的主要原因是律师团队的法律服务产品化没有真正做到位。

团队业务产品化是近年来我们团队的工作重点，通过法律服务产品化，将无形的法律服务尽可能打造成有形的可视的法律服务，让客户能够看得见法律服务的具体内容，这既有利于提供团队的作业能力，也是对客户负责的表现。

经过多年的总结，我们团队提出了九步法打造法律服务产品的思路，要求从法律法规和规范性文件、典型项目或案例、经典文献、法律服务内容、法律服务流程、实务操作要点、标准文件、常见问题解答和专业课程等九个方面，并结合业务实践，不断打造和优化法律服务产品。

我们团队根据资本市场相关业务的细分程度以及客户的需求，打造了不同的专业法律服务产品，并且通过法律服务产品的不断升级和迭代，持续提升团队的法律服务技术和能力，并不断提升客户体验。

四、人才思维

日本松下电器的创始人松下幸之助说过："企业即人。"

我们也认为，律师团队最为核心的资产是人才，团队的发展就是团队每一位成员的共同发展。

我们团队由合伙人、主办律师、律师助理和秘书组成，合伙人负责业务的开拓和管理以及关键业务的办理，主办律师负责具体业务的执行，律师助理负责协助合伙人和主办律师开展工作，秘书负责团队的行政事务和后勤支持。

团队选聘新的成员加入时，不仅考察学历和专业背景，还特别看重其对法律职业的理想和激情，团队希望找到真正有理想和情怀的法律人共同成长。

团队尊重每一位成员，努力和每一位成员探讨并确定成长计划，协助成员制订职业发展规划，并定期进行复盘或进一步探讨，根据具体情况对具体成员的职业规划提出优化和完善方案。

团队采用两级分配模式，其中合伙人采取类计点制，合伙人以外的其他成员采取授薪制。团队以季度为周期对每一位成员进行考核，并根据考核的结果相应对分配进行优化或调整。

我们深知，优秀的人才有利于完成优质的业务。在人才培养方面，我们每年安排相关团队成员参加各类专业培训活动，邀请专家来团队讲座，开展团队内部的培训工作，不断提升团队成员的专业水平。

五、制度思维

孟子说过："不以规矩，不能成方圆。"

我们团队在发展的过程中，不断认识到制度对于团队发展的重要性，也在不断制定和完善各项制度。

在发展过程中，我们团队制定了基本法，共二十条。团队基本法从团队价值观、执业形象和执业基本规范、团队协作和发展的基本方面等，规定了团队的基本工作规范，旨在成为团队成员的执业指导手册。

团队制定了在运营中涉及的相关制度，包括《团队基本法》《团队学习和培训管理办法》《团队成员工作量填报制度》《团队成员出差补贴制度》等，并不断根据团队的发展需要进行完善。

明朝政治家张居正说过："天下之事，不难于立法，而难于法之必行；不难于听言，而难于言之必效。"制度确定后，如何让团队成员积极遵守和执行，是管理工作的重点，也是团队是否能够真正进步的关键。我们重视对团队各项制度的执行跟踪，尽可能保证每项制度都能够有效地运行。

六、文化思维

合作和团队协作非常重要，这个道理很多人都知道，但是要真正做得到却并不容易。我们认为团队要真正形成合力，形成稳定的团队愿景、价值观和文化并长期坚守是一个非常好的方法。

团队经过多年的总结，确立了以"资本市场法律解决方案的提供者"作为团队愿景，确定了"专业、分享和包容"的团队价值观和文化。

专业是团队的立身之本，也是每位团队成员从事法律职业和成长发展的基础。分享是促进团队进行协作和取得进步的方法，团队每位成员将其在工作中学习和取得的知识和经验定期或不定期分享给其他成员的时候，每位成员的进步就会大大加快。包容体现了宽广的职业胸襟和高超的沟通艺术，要求每位成员都树立和发扬海纳百川的理念。

在团队的运营和管理中，我们遇到各种各样的问题时，必须从团队价值观和文化方面进行判断，凡是和团队价值观和文化不相符的方案，我们不会采用。

莫琳·布罗德里克在其著作《专业服务公司管理艺术》这本书中说道："许多人认为文化是软实力。我认为它是非常硬的战略资产。"我们也认为确实如此。

律师团队建设是一个难题，我们虽然考察了业内许多的优秀团队，也学习了不少其他团队成功的做法，但总体而言，对于律师团队建设这一重大课题，我们还是感觉战战兢兢、如履薄冰。在目前这个阶段，我们团队还有非常多的方面需要得到提升，还有太多需要学习和实践的内容。我认为，律师团队建设之路永无止境。

以上六种思维是迄今为止我们在律师团队建设中得到的一些启发。我们深知，唯有不断精进，积极拥抱未来，才能够在竞争日益的法律服务市场取得一席之地。我们在未来的律师团队建设中，还需要不断汲取优秀的思想和思维方法，才能够进一步打造更有战斗力的律师团队。

律师团队的人才梯队建设

律师业务的竞争很多时候已经演变成为律师团队人员架构的竞争，拥有均衡合理人才结构的完整建制团队无疑具有更强的竞争优势。

好的律师团队应该是由什么样的年龄结构的成员组成？这个问题没有统一的答案，我也见过和经历过团队的合伙人比团队成员还要年轻的团队。团队的梯队建设主要是取决于团队成员的身份定位。一般而言，律师团队由合伙人、资深律师、主办律师、初级律师和律师助理以及秘书组成。在不同的律所，合伙人也分成不同的层级，有的分为高级合伙人和初级合伙人，有的分为权益合伙人和非权益合伙人，也有的律所在合伙人和律师之间设立顾问一职。不同的团队人才架构设置都是为了更好地向客户提供法律服务。

一、团队成员的基本分工

合伙人是律师团队的核心人才，也是团队的创办者，合伙人负责团队的整体运营、业务开拓、业务承办以及团队管理。在当前的实际情况中，相当多的律师团队是由一位合伙人单核带队，也有一部分团队是双核驱动和多核领军的情形。多个合伙人共同领导团队的模式是一个很好的尝试，可以体现团队更强的业务整合能力和更大的竞争优势。我们律所有个兄弟办公室最大的业务团队就是由三名证券专业资深合伙人率领，团队运营成熟稳健，这样的大团队在实践中也取得了非常优异的成绩。对于有的团队而言，存在初级合伙人或非权益合伙人或顾问的设置，他们可以部分承担合伙人的职能，是迅速成长中的合伙人。

资深律师、主办律师和初级律师是团队具体业务的承办者，根据执业年限和专业水平大致进行以下划分：资深律师是能够独立办理业务的成熟律师；主办律师是能够完成大部分业务的律师，少量工作需要合伙人的指导；初级律师是能够完成业务基本工作的律师。

律师助理是团队内部的新人，他们主要的任务是学习业务知识和进行业务相关的辅助工作。秘书是团队的后勤保障人员，为团队的运营提供支持。

当然，以上是团队成员的大致分工，不同的团队各有差异，不能一概而论。

二、团队人才的梯队建设

很多律师团队是随着合伙人的自身成长而发展起来的。合伙人在开始的时候可能是一位独立执业律师，随着业务的发展逐渐招聘了律师助理，不断扩大团队规模，从而形成了团队的模式。

年轻律师的成长也有一个过程，开始是律师助理，逐步成长为初级律师、主办律师和资深律师，再成长为合伙人。

对于律师团队而言，团队梯队建设的过程取决于以下几个方面。

一是团队的规模往往随着团队业务的发展而发展，团队的业务发展是团队规模扩大的基础。这对合伙人的业务开拓能力提出了要求，也是大多数团队的合伙人拥有较强的业务开拓能力的原因。火车跑得快，全靠车头带，合伙人就是团队的火车头。

二是团队有共同的发展理念和发展目标，能够吸引优秀的人才加入团队。团队的发展取决于团队成员的业务水平和能力，在现实中确实有少数律师团队，合伙人具有较强的业务开拓能力，但是团队其他成员可能并不能完全胜任，导致未形成良性的循环。

三是团队形成长期合作机制，团队成员清楚自己的成长路径。团队的稳定性也非常重要，不稳定的团队成员往往给客户带来很多工作上的困扰，客户对于成员不稳定的团队往往提出怨言。好的团队会建立团队成员长期发展的职业规划，建立长效机制，稳定的团队有利于和客户形成长期的信任和合作。

一名年轻律师的成长往往需要五年以上的时间，律师团队在培养年轻律师时应当具有战略定力，在业务不断发展的过程中，不断留住优秀的人才，并不断吸纳新鲜力量形成梯队，这样的团队才是良性的团队。

三、团队的可持续发展之路

从理论上而言，每一名年轻律师都可能成长为律所的合伙人，但在实践中是很难做到的，一是由于律所对合伙人的要求可能极高，并非大多数律师可以达到；二是对于相当数量的年轻律师而言，也未必能够达到合伙人的要求。对于无法成长为合伙人的律师而言，面临着“不晋则退”的职业发展困境，从而需要考虑新的职业方向。

我们在看到律所每年招聘新人的同时，也要注意到有不少的律师离开律所，正是在吐故纳新之中，律师团队在不断完成更新。

我们不能苛求律师团队的人员一直保持稳定，更为现实的是追求一种动态的平衡。律师团队的管理应建立一套人才机制，在留住好的人才的同时，也应当适当淘汰不适合的人才，打造精英团队，应当追求团队的每一名律师都是精英。

律师团队的业务因客户而产生，律师团队的可持续发展取决于律师团队能够和客户保持持续合作的关系，律师团队人才梯队的搭建也应当以客户的需求为中心，围绕客户的法律服务需求构建合理的人才梯队。唯有这样，团队的发展才会更为坚实持久。

律师团队如何进行培训

目前很多律所都有培训的系统或安排，另外，大量的法律科技公司也提供了种类丰富和齐全的培训课程。作为律师团队这一组织，是否还需要再进行团队的培训？我认为律师团队进行培训是非常必要的。

律师团队是进行专业培训的一个较好的组织，主要在于相对于律所的培训而言，律师团队培训有以下几个特点：其一是律师团队的培训更能切合团队的业务实际展开，有利于提升团队律师的个人水准；其二是律师团队的培训比较容易组织且相对灵活；其三是律师团队的培训有利于增进团队成员之间的了解和合作。

律师团队进行培训虽然有上述便利性，但是在实务中，很多律师团队的培训工作并没有能够有效地促进律师团队业务的发展。根据我的理解，目前律师团队的培训可能存在以下问题。

一是不培训。有一些律师团队，没有把团队培训作为一项工作，律师的培训可能依赖律所的培训系统或律师个人的自我学习，团队未再组织和安排培训。

二是无规划式培训。有的律师团队在想到的时候就临时组织培训，没想到的时候就不培训，或者工作忙的时候就不安排培训工作，这些情况也较常见。这样的培训既无规划也不系统，未形成有效的培训制度。

三是形式上培训。这种律师团队是为了培训而培训，有培训的制度和安排，但培训的内容和方式流于形式，律师们可能会觉得参加培训学习的收获并不大。

律师团队培训是律师团队建设的一项重要内容，做好这项工作并不容易，我觉得律师团队的培训应当重点做好以下几点。

一、制度化

我的体会是，律师团队的培训最难的就是形成制度并得到良好的执行。我见过许多律师团队，也已经意识到团队培训的重要性，并且组织了团队的培训，但是由于各种各样的原因，团队培训未能持续进行，未能通过团队培训提升团队水平。当然，我见得更多的还是有培训制度的团队。

我刚刚开始做律师时加入了律师团队，团队的负责人当时已经有十年的组建团队的经历。他从组建团队伊始，就规定了每周三晚上六点开始进行两个半小时的团队培训制度，并一直贯彻执行，当时已经坚持团队培训十年之久。十年如一日的团队培训让团队成员受益匪浅，每名团队成员都会为此做好相关准备。

有的时候律师团队业务繁忙，可能会因为团队负责人或大多数成员很忙碌而很难进行组织，这个问题随着网络的发达可以采取在线的方式来解决。我们团队在进行培训的时候，尽可能采取线下的方式进行，如果线下方式不可行时，我们就采取线上的方式进行，同样可以取得好的培训效果。

团队培训应当进行规划，这样就会避免出现有培训时间安排但没有培训内容的尴尬。此外，提前做好规划，也有利于团队成员提前进行准备，对于培训效果也有帮助。

二、特色化

大数据时代，目前律师面对太多的网络培训套餐，诸多法律科技公司也提供了海量的在线课程，律师培训的教材可以说是无穷无尽的。从培训内容的供给方面来说，律师们真的是学无止境。目前网络上有很多课程，看看题目非常有吸引力，听听感觉到有道理，可听后还是不知道如何做。

律师团队的培训应当具有特色。律师团队往往是因为某些专业的业务而成立，律师团队培训的特点就是要紧紧围绕团队业务而展开，要有团队的特色。

我们律师团队专攻资本市场法律服务，团队的培训必须针对资本市场法律服务展开，具体内容和方式在年度培训规划的基础上，根据业务实际情况进行调整和完善。例如，2023 年度，我们团队按照新法律法规理解和适用、法律服务产品打造和完善、成功项目复盘、热点法律问题探讨等模块的内容，来制订团队培训计划并安排落实。

团队培训的方式和方法可以更为灵活和活泼，可以根据团队的规模和特点，结合团队建设的安排进行团队培训。我们律师团队的培训经常安排在一些风景优美的地点，既学习知识，又放松心情，还可以适当安排一些文体活动。

三、成果化

我认为，组织团队培训应当和组织团队会议一样，正如会议结束后要跟踪会议结果一样，培训结束后也应当跟踪培训效果。

培训的成果，主要体现在以下几个方面。

首先是让参加学习的成员都能理解培训的内容，学习的目的就是要学会。

其次是对于在培训过程中发现的新的问题以及解决思路和结果，要及时跟踪，形成新的学习成果并分享给团队的成员。

最后是对于培训的内容，可以根据实际情况，形成专业文章或对原有的法律服务产品进行进一步完善或提升，形成更新后的法律服务产品。

通过组织律师团队的培训进而形成律师团队的知识成果，是律师团队培训的必要目标。把每一次培训都做成一次律师团队的积累，形成律师团队的智慧的结晶，这样的律师团队，一定会取得越来越快的进步。

关于律师团队考核制度的思考

律师团队要不要建立考核制度？目前应该有相当数量的律师团队未建立或未实施相对完善的考核制度，我觉得可能与以下几个方面的原因有关。

一是工作太忙，没时间进行考核。律师团队的工作往往非常忙碌，如我们非诉讼业务团队，很多团队成员忙于出差，见面的机会较少。团队合伙人可能认为开拓业务和服务客户是更为重要的事情，往往没有时间考虑团队考核的事情，或者有建立考核制度的想法但没有时间推进和实施。

二是面子太薄，不好意思进行考核。律师是自由职业者，是高学历群体，不喜欢被太多管理。律师团队开展考核往往会有所顾虑，担心因此可能对律师不够尊重，担心有可能因为考核因素而影响团队的气氛或影响团队核心成员的工作态度。

三是缺乏经验，不知道如何进行考核。律师团队的负责人一般是优秀的律师，但是其职业经历中往往没有做过考核或这方面的经验不足，不知道如何着手进行考核，想学习又发现没有现成的可以直接借鉴的方法。

无论有多少不进行考核的理由，我们都无法忽视现代人力资源管理的方法对律师团队发展的重要作用。相信在其他行业中也会遇到和律师行业同样的考核难题，既然其他行业能够解决并发挥考核的作用，律师团队也可以借鉴其考核的制度和方法。

律师团队为什么要进行考核呢？我认为起码有以下几个方面的作用。

一是考核有利于实现团队的战略目标。律师团队在承办复杂和工作量大的业务的时候，需要将各项工作予以分解，需要团队的成员各司其职和分工合作。通过有效的考核制度，可以使团队成员更加重视预定目标的完成，避免出现分工不明或有成员工作不积极的情形，可以有利于目标的实现。目前有些律师团队已经采用 OKR（Objectives and Key Results，即“目标和关键成果”）工作法，这是企业进行目标管理的一个简单有效的系统，运用得当则有利于将目标管理自上而下贯穿并落实。

二是考核有利于构建合理的薪酬分配体系。如果没有考核，无论是律师团队负责人，还是团队成员，都对薪酬的合理性缺乏足够的依据，这样的管理是粗放式的，容易造成团队成员之间薪酬不平衡的状态。

建立和实施团队考核制度后，团队成员的薪酬和考核结果挂钩，将团队负责人定薪酬提升为由团队制度定薪酬，将人为管理提升为制度管理，有利于减少不必要的薪酬争议，有利于提升团队的运营效率。

三是考核有利于团队成员的成长。如果没有考核制度，团队成员的成长一般依赖于自觉的提升，团队未形成定期分析团队成员优点和不足的机制。有很多时候，团队成员的优异表现得不到及时的认同，团队成员的不足之处也不能及时被指出并得到纠正。团队负责人虽然会关注团队成员的成长，但是这种关注是不成体系的，是随机的，而且团队负责人本身的成长也只能取决于其自身的体悟。

有了考核制度后，团队成员包括合伙人在内，更容易知道自己的优点是哪些并继续发扬，知道自己的不足之处并加以改善，而且可以按考核的周期定期复盘和提升，这对于团队成员的成长是极为重要的。

我们律师团队在开始是没有考核制度的，随着人员的增加，团队考核制度才逐步成形，主要是学习了相关的理论并向同行其他团队学习。我们团队建立并实施考核制度后，团队的管理有了明显的进步，我们决定持续推进和完善考核制度。

关于律师团队考核的要点，我觉得应重点关注以下几个方面。

一是要设定合理的考核时间周期。不同的机构或单位对员工的考核周期可能并不一样，有的按月考核，有的按季度或半年度进行考核，按年度进行考核则是常态。我们团队考虑到平时工作较忙，按月考核会需要大量的时间，可能会影响工作。如果按半年度或年度进行考核，时间跨度太长，不利于团队成员形成通过考核进行提升的习惯。因此，我们选择按季度进行考核，这个周期在我们团队运营中相对较为合理。

二是要精选考核主要指标。考核什么指标，是一个要面对的问题，我们团队在实践中总结了对团队成员而言主要的考核指标，主要包括工作量（要求计时）、工作成果（要求分享）、工作满意度、个人成长等指标，并针对不同的岗位设置了具体的分项指标。

考核指标互相之间的权重可以根据团队的发展情况予以调整，也可以根据不同的岗位进行调整，目的是促进团队成员的不断提升以及团队整体运营效率的提高。

三是要追求考核成果。考核是手段，而非目的，考核的目的应该是实现团队的成长，如果考核只是为了履行管理程序，那很可能是为了考核而考核。因此，我们应当特别重视考核的成果。

考核的首要成果是团队成员个人找到发展的方向和需要完善的方面，其次是团队层面要找到整体发展的新目标，最后是形成阶段性的工作成果（可以是文章、法律服务产品及其升级或其他方式的成果）。

经过实践，我们认为，团队考核是律师团队管理中一项重要且复杂的工作。虽然初期可能有些不适应，但是如果能够用好这一制度，对律师团队的成长确实可以带来非常有利的变化。

律师团队进行目标管理的体会

律师团队有无目标，反映了律师团队的运营水平。有些律师团队的负责人会说，工作非常忙，根本没时间制定目标，也很难制定特别具体的目标。我们团队刚创立之初也是如此。在团队的运作中，我们逐渐理解了团队进行目标管理的必要性和方法，也尝试采用目标管理促进团队的发展，取得了一定的成效。

一、律师团队为何要进行目标管理

我认为，律师团队进行目标管理可以给团队带来以下几个方面的好处。

一是有利于团队的业务聚焦。

团队整体目标的确定有利于明确团队的发展方向和业务重点，有利于全体团队成员集中优势资源，为了共同的目标而努力工作。团队也可以通过对目标的设定和优化，提升团队的运营能力，实现业务聚焦。

二是有利于团队的分工与协作。

团队整体目标确定后，再进行分解，每名团队成员的目标也就确定了。此时每名团队成员更清楚自己在团队中的作用和地位，这样有利于团队成员有效地安排工作，也有利于团队成员之间的工作协同。

三是有利于衡量和考核团队的工作成效。

团队考核往往受制于如何评价团队成员的工作。有了目标管理后，考核就有了基础依据，团队可以根据每名团队成员完成目标的情况来进行考核，衡量团队成员的贡献和不足，公正地体现每名成员的工作成果。

二、律师团队如何进行目标管理

我认为，律师团队进行目标管理，可以从以下几个方面进行。

一是进行目标制定。

一般而言，团队应先制定整体目标，再制定每位团队成员的个人目标。团队目标的制定者应当是团队全体成员，经团队全体成员协商和共同确定。

团队的目标不宜过高或过低。我们团队曾经在某个年度制定了打造若干法律服务产品的目标，由于目标过大而无法在当年度完成，年度总结时只完成了极小的一部分，这说明目标过高。我们团队也曾经制定过一项关于市场工作方面的目标，结果只用两个月的时间就完成了年度目标的60%，这说明目标过低。目标制定最好的状态应该是“能够让人跳起来，并且够得着”。

目标应该可以量化，每项目标应当设定完成期限。团队目标和团队成员个人目标应当根据实际情况进行适度调整，以应对目标制定后工作环境变化的影响。

二是目标施行。

行动是达到目标的唯一途径。对于目标的施行，团队应建立相应的行动制度，对于未能完成目标的人员，要及时进行跟踪和指导，确保优质高效完成目标。

对于以前未做过的工作，不能简单以没有做过作为不能顺利完成的借口。我们团队承办的市场首例创业投资基金的设立、上市公司并购基金设立和运作以及退市公司的重大资产重组项目，都是没有先例可循的，都是通过我们和客户的共同努力，最终成功地完成了这些项目。

行动要讲究速度。工作一旦确定，速度是最重要的因素，我在团队管理的过程中也一直强调团队成员完成工作的速度要快，特别是需要层层把关的业务，前面流程的速度快了可以给后面的审核流程留出充裕的时间。

行动也要追求结果。最理想的状态是行动要快且结果要好，作为一名律师，一定要讲结果而不是讲理由。

三是对目标的反馈和复盘。

目标在制定后或者在实施的过程中，都有可能因各种各样的原因需要进行调整，目标实施的情况不一定要等到有最终结果时再进行反馈，特别是重要的目标，可以分成不同的阶段进行反馈。

在目标全部完成后，应当进行复盘工作，总结经验并吸取教训，为未来的工作打下更好的基础。

三、律师团队目标管理的思考

有些团队认为，团队目标很难制定，因为律师业务有较大的不确定性，所以无法制定目标。我觉得这一观点是值得商榷的。虽然律师团队业务有较大的不确定性，但还是有相当一部分业务是确定的。另外，针对不确定的业务，我们可以在不确定中寻找确定性，并给不确定性的业务留下足够的时间，以实现相对确定、合理的团队目标。

有的团队认为，没有制定目标一样可以发展，甚至发展得也不错，没必要浪费时间制定目标。我认为这一观点同样值得商榷。自发和自觉是存在根本上的不同的，自发是指人们在社会活动中盲目地为历史必然性所支配，没有觉悟、计划和远大目标，不能预见自己活动后果。自觉是指人们在社会活动中一定程度上理解了自己活动的意义，具有较明确的目的和计划，并能一般预见其活动后果。律师团队在随着社会经济发展从事业务的同时，应当更多理解团队工作的意义，应当向自己能够预见的结果去努力。

有的团队认为，制定目标不必过细，有一个团队的总体目标即可，如只制定年度创收目标。我觉得这样的目标制定得过粗，未将团队目标进行层层分解和细化，不利于每位团队成员拥有具体的工作目标，不利于衡量团队成员的工作成果。

清朝经史学家陈澹然说过："不谋万世者，不足谋一时；不谋全局者，不足谋一域。"律师团队制定目标也是如此，应当站得够高，看得够远，有计划，有行动，才能够有益于取得成功。

律师团队的危机

在当前律师业务越来越专业化和复杂化的形势下，律师团队已经成为承办相对复杂和专业业务的主要主体，甚至有人说这是一个团队为王的时代。团队强则律所强，团队弱则律所弱，律师团队模式已经成为很多律所承办业务的主流模式。

《孟子·告子下》中写道：“生于忧患，死于安乐。”这个道理告诉我们，处在忧虑祸患中可以使人或国家生存，处在安逸享乐中可以使人或国家消亡。我认为，律师团队的建设也是这个道理，我们也有必要经常思考律师团队的危机。

我认为，律师团队发展过程中常常遇到以下几种危机。

一是团队未形成合力。这样的团队没有明确的共同目标，团队成员之间各自为战，合作不畅。这样的团队形式上是一个团队，实质上貌合神离，团队成员之间互相不清楚彼此的发展方向和计划。

二是团队无法发展。这样的团队业务上往往没有进步，无论是业务创收还是业务水准都没有实质性的提升，随着团队成员执业年限越来越长，对收入的要求越来越高，团队负责人的压力也越来越大，长此以往很难持续。

三是团队面临分立或解散。这样的团队核心成员或业务骨干由于各种各样的原因，选择离开团队，导致团队分立或无法持续运营而解散，由一个团队分解成多个更小的团队或回到各律师独立执业的状态。

律师团队的发展和社会上其他组织形态的发展有相似之处，律师团队不可避免地会遇到各种各样的危机。

如何面对这些危机，保障律师团队的长期发展呢？我认为要着重关注以下几点。

一、要构建团队的目标和价值观

律师团队成立后要达到什么样的状态？这个问题首先要弄清楚，这也是律师团队成立的初衷。律师团队没有发展目标，各成员容易各自为战，形成一盘散沙。团队有了统一的发展目标，则容易将团队的成员凝聚起来，发挥1加1大于2的效果。

成功学之父戴尔·卡耐基说过："不为明天做准备的人，永远不会有未来。"

律师团队也要为未来提前做好准备。对于团队的价值观而言，每名团队成员都要问问自己并搞明白三个问题：一是为何做律师？二是为何在这个团队做律师？三是如何在这个团队做律师？把这三个问题梳理清楚后，团队的价值观就可以总结出来了。

我们团队的价值观是专业、分享和包容，我们要求团队成员紧紧围绕团队价值观开展各项工作，团队的价值观驱动并指导着团队的发展。

二、要建立完善的团队机制

律师团队虽然有大有小，但是没有建立机制的团队注定是很难发展的。

团队机制是一种信用机制。团队机制主要由各项制度构成，其也是团队成员互相之间的一种承诺的体现。每名成员都依照团队机制和制度执行工作的时候，就是每名成员在兑现对其他成员的承诺。

团队机制也是解决机制，团队在运营中不可避免要发生各种各样的矛盾和冲突，团队机制可以解决大部分问题。实在不能解决的，可以用团队价值观来解决。

我们团队从无到有，从小到大的过程，也是团队机制和制度不断完善的过程。我们不敢想象，如果没有各项机制的支持，我们的团队能否走到今天。

另外，团队制度的价值在于执行。制度不执行，可能比没有制度危害更大。

三、要打造团队的核心竞争力

一个律师团队，应该形成某种特色，打造团队的核心竞争力。我们团队一直以打造资本市场法律解决方案提供者作为使命，因此而打造团队及成员擅长处理和解决资本市场各项合规事项的核心竞争力，在实务中也取得了一定的效果。

团队的核心竞争力首先体现在要有主打法律服务产品。一个律师团队要研究并形成擅长的专业业务，律师团队通过不断地承办同类业务而将法律服务产品打磨得越来越精专，通过不断完善的法律服务产品解决客户遇到的各类法律问题，最终形成市场对该法律服务产品的认同或依赖。

团队的核心竞争力也要体现在专业影响力方面。一个律师团队擅长做什么专业方向的业务，要能够让潜在的客户和合作伙伴可以识别并认可，团队要不断在专业影响力方面深耕细作。律师团队可以通过适当的推广方式扩大团队专业影响力，并通过扩大专业影响力的方式提升团队和团队成员的专业水准。

团队的核心竞争力更要体现在团队业务口碑方面。一个好的律师团队应当是拥有市场赞誉的律师团队，该律师团队应当拥有良好的市场口碑，律师团队在工作中应当注意维护团队的形象并不断打造良好的团队形象。

正如天下没有不散的筵席，律师团队最终都将可能面临迭代和更新。如何面对律师团队的危机，考验着律师团队负责人甚至律所管理者的智慧和勇气。相信在不断发展的国内法律服务业市场中，律所管理者和团队负责人会找到合理的解决之道，有效地转危为机，把律师团队打造得越来越强。

第十章　律师的客户关系

只有真正理解客户的需求，公司才能提供真正有价值的产品和服务。

——史蒂夫·乔布斯

律师如何与客户有效沟通

律师是一项需要与不同的人进行沟通和交流的职业，特别是律师与客户之间需要频繁互动。在实际工作中，经常出现律师和客户之间出现沟通不畅的情况，这种现象值得我们律师思考。毕竟，只有与客户进行良好的沟通，才能够把法律服务工作做精做深。

一、沟通不畅的常见原因

我发现，在工作中律师与客户之间沟通不畅的主要原因可能包括以下几个方面。

一是因法律解释不足引起的沟通不畅。

律师在承办法律服务业务时，经常需要向客户解释法律法规和规范性文件的规定，如果律师不能让客户理解相关规定，则容易产生沟通不畅的情形。有的时候是因为律师想当然地认为客户应当已经理解法律的规定而未加以解释；有的时候是因为律师未能用通俗易懂的语言向客户解释法律，导致客户很难理解法律术语；有的时候是因为律师未将解释法律纳入工作流程，从而导致忽略了该项工作。

二是因信息交流不足而引起的沟通不畅。

在律师办理案件的过程中，客户特别需要及时了解案件的进展信息，而律师往往在这方面未予以重视。很多客户会定期关注案件的进展，但律师往往未按照客户的信息更新频率向客户提供案件更新信息；有的客户对于案件的重大方面希望第一时间知道进展情况，如开庭的情况，但律师未在第一时间向客户提供信息；有的客户希望律师能够提供与案件或业务相关的信息或与之进行探讨，但律师可能认为与案件或业务无直接关系而不愿意提供或展开交流。

三是因利益考量方面而引起的沟通不畅。

有的律师在承办业务时采取风险代理的收费模式，在客户采取妥协方案时可能会导致律师的收益相应下降，此时律师可能更多考虑自身的利益而不顾及客户的选择；有的律师在承办业务的过程中存在大包大揽的情形，作为特别授权的代理人，未充分考虑客户的意见就和对方商谈解决方案；有的律师在承办业务的过程中只关注法律方面的问题，不太注重客户的利益，往往不能准确理解客户的意图从而导致沟通上的偏差。

二、律师提升沟通效果的方法

针对以上可能出现的沟通上的不畅，律师除了要在工作中重视沟通工作以外，还可以有针对性地进行沟通上的提升。

一是准确地向客户解释法律。

对于在办理业务中需要适用的法律条文，律师可以向客户列明，并以通俗易懂的语言向客户进行解释。我们经常在与客户沟通的过程中，说根据相关法律的规定应该如何处理。我建议要精准地阐明法律条文，律师要向客户说明是根据哪部具体法律第几章第几条第几款的规定，养成这样的工作习惯不仅能够让客户更加清晰地理解法律，也提高了律师的专业性。

对于一些复杂的法律条文，客户可能不容易理解，律师可以做成法律备忘录或类似文件，将法律条文的内容进行详细的分析，并向客户揭示正确的理解方法。

二是保持充分及时的沟通。

为了避免沟通中出现偏差，律师在承办业务之初，就应当和客户商定具体的沟通频率和具体沟通方式。有一次有个仲裁案件的申请人通过朋友找到我，反映他聘请的律师长期没有信息反馈，导致申请人非常焦虑，申请人催促律师时也遭到律师的抱怨，这位律师对申请人说，仲裁庭没联系律师，他也没有办法，只能等着。这样的情况确实值得律师们深思，被动地等待可能会让当事人失去耐心，律师还是要尽可能地替当事人着想，尽可能地帮助当事人解除烦忧。

不同律师之间沟通的能力和态度确实有较大的差别。我曾经问一位和我合作的诉讼律师，如果在办理案件的过程中需要联系法官时却联系不上怎么办？他说不会出现这种情况，如果电话打不通就一直打，直到打通为止；如果确实打不通，他就跑到法院去找法官或书记员，总能联系上的。我非常赞赏这样的律师。

三是充分尊重客户的选择。

在办理业务的过程中，律师千万不能因为自身的利益而影响客户的利益，对于客户愿意和解的案件，即使可能导致律师收费降低，也要坚决支持客户的选择。

我曾办理的一个案件中，在代理原告和被告展开和解谈判时，诉讼双方因为一些小的利益而不能达成一致，我考虑到和解会导致律师团队的工作量减少，于是主动向原告提出愿意降低律师费，最终案件顺利地调解结案。我们虽然少收了一些律师费，但促使案件顺利结案，因此也得到了客户的高度赞同和信任。

三、提升修为，理解客户

在与客户交往的过程中，律师应当不断地提升自身的修为，培养良好的工作习惯，注重礼仪，待人接物有礼有节，让客户如沐春风，这样沟通的效果自然不会太差。

律师要学会包容。有些律师在和客户沟通的过程中，会对客户的某些不当行为进行指责或进行某种方式的批评。我觉得这样的做法值得商榷，我更喜欢采取柔和的方式。卡耐基说过："对别人的意见要表示尊重，千万别说'你错了'。"我非常认同卡耐基的这句话，包容能够体现胸襟，正如斯达尔夫人所说："愈是睿智的人，愈有宽广的胸襟。"

律师要与人为善。律师的心胸要像大海一样辽阔。老子说："上善若水，水善利万物而不争。处众人之所恶，故几于道。"律师在工作中与客户进行沟通时，要处处为客户着想，尽可能地帮助客户，即使自己可能会面对更多的困难，也在所不辞。

律师与客户的沟通与交流是一门深奥的学问，值得我们一直学习和探索，千万不能被忽视。

如何成为客户信任的律师

一家拟上市公司的实际控制人在和我们团队合作一年多以后，单独找我聊深度合作事宜。他认为我是他值得信任的人，愿意将公司的全部法律事务以及其个人及家族的全部法律事务都委托我来打理，并表示要做长期的合作伙伴，希望我能成为他最可靠的合作伙伴。

得到客户的信任应该是律师追求的理想状态，也一直是我努力的方向。H公司的董事长把我当作最好的合作伙伴之一，对我的要求是有空常去看看他。Y公司的董事长把我当作他的兄弟，一直对我尊敬有加。S公司的董事长在企业上市之前，表示要和我做长期的朋友和合作伙伴。凡此种种，让我觉得，能够得到客户的信任，是律师的巨大荣耀，同时，如何取得客户的信任，也是律师必备的能力。唯有如此，方能真正享受律师这一职业的成功和快乐。

对于如何成为客户信任的律师，我的体会主要有以下几个方面。

一、要言而有信，使命必达

律师服务文化首先应该是承诺文化。有一些律师，喜欢空口承诺，结果虽然前期收到了一些律师费，但由于承诺的事项未能实现，令客户产生不满或被客户投诉，导致自己的口碑越来越差，进而影响了律师业务的发展。也有一些律师，理解客户需要尽快完成工作的需求，但未充分考虑和预估工作量和工作时间，承诺了不切实际的完成时限，结果由于未能按时交付成果引致客户的不满，甚至影响了客户的正常工作计划。

作为一名律师，如果每次都能实现自己的承诺，则客户的信任会越来越强。这要求律师一定要实事求是，做不到的绝不进行承诺，有把握时才能够向客户进行保证。

有的律师认为，如果不做一些乐观的估计，客户可能会选择其他律师。这种情况确实可能存在。但是我们一定要明白，长久的信任是无价之宝，是律师的立身之本。很多客户也是非常理性的，他们需要的不是夸夸其谈，而是求真务实。

另外，律师的承诺不仅是时限，还包括服务品质。律师向客户提交的工作成果或完成的服务事项，应当具备足够的专业水准，满足客户的要求，实现承诺过的任何目标。

二、要未雨绸缪，超出预期

客户在选择律师时，往往倾向于选择有同类业务经验的律师，因为很多法律事项，对客户而言可能是第一次接触，客户需要有经验的律师提供全面指导和帮助。即使客户以前遇到过同类的案件或法律事项，但是法律规则和司法实践也在不断发展变化，客户可能同样需要律师帮助其理解最新规则和案例，才能寻求最佳解决方案。

未雨绸缪，是指预判客户未来可能出现的情况，提前帮助客户做好应对准备。这需要律师对承办的法律业务有完整的服务流程，并全程指导客户的相关工作，提前解释相关规则以及告知整体流程，并对每一重要的细节工作进行预判，做好准备。

例如，在承办 IPO 业务时，知识产权的合规是一项重要工作，特别是高科技企业常遇到的软件著作权合规工作，需要提前准备。拟上市公司往往在完成股份制改制或申请上市辅导时收到各类软件公司的侵权律师函或法务函，如果在改制之前进行这方面的合规工作，就可以更好地防范相应的法律风险。

超出预期，是指提供增值服务，提供超出专业以外的帮助。作为法律服务的提供者，律师首先应当按照约定完成专业服务。律师作为一名专业人士，除了擅长自己的专业以外，还应当有一定的专业广度，尽可能在更大的范围内帮助客户。

三、要格局远大，产生共鸣

律师作为企业和企业家的法律顾问，在思维上要和企业家产生同频共振，才能够真正为客户提供精准的建议。这要求律师要能够理解企业家，要能够换位思考，精准理解客户的需求，从客户的角度考虑风险和收益，提出精准的解决方案。

客户往往更喜欢和钦佩具有远大格局的律师，这样的律师不仅仅提供法律专业服务，还能够在更高的层面理解客户。客户需要能够精准理解其发展战略和切身处境的律师，客户需要律师为其发展战略和现实状况提供法律意见。

有一位客户在选聘上市的中介机构团队时，其董事长跟我讲过一句意味深长的话，他说由于企业发展良好，企业上市只是时间问题，无论选择哪一家中介机构都可以完成上市的目标。企业此时想寻找好的中介机构，是希望找到能够陪伴和支持企业长期发展的合作伙伴。企业不想在发展的过程中更换中介机构，这样并不利于企业的发展。

我深以为然。正是因为理解该企业家的想法，我们在提供法律服务时，一直在努力提供前瞻性的法律分析，助力企业做大做强，也一直伴随企业的发展提供更进一步的法律服务。

律师取得客户的信任，并不是一项技巧，而是一种理念，是一种建立在充分理解和认同基础上的价值观的统一。这要求律师不断提升自身的修为，有能力成为企业家的专业参谋，并在信任的基础之上，成为企业家的朋友。

好朋友不是通过努力争取来的，而是在各自的道路上奔跑时遇见的！企业家和律师的相遇，也是如此。

客户体验之峰终定律

在律师向客户提供法律服务的过程中，无论是诉讼业务还是非诉讼业务，对于如何在完成法律服务的基础之上，给客户留下深刻的印象，从而提升客户满意度，是每位律师需要考虑的重要方面。

一、一次失败的客户体验

我们团队的律师曾经办理过一个民间借贷的案件。案情事实非常清楚，原告向被告提供了借款，并设置了房屋抵押担保，被告由于欠原告款项未按时归还，律师代理原告提起诉讼。案件顺利取得了胜诉判决，经执行程序，抵押物顺利拍卖，全部债权（包括违约金）均得到了执行，原告支付的律师费也判决全部由被告承担且得到执行。

从案件结果而言，案件是全胜，但客户对律师的工作并不满意。客户不满意的主要原因是承办律师未经常汇报案件进展，也很少联系法院推动案件进度。

这个案件告诉我，在法律服务过程中，如果没有不断产生的峰值体验，客户很难建立起对律师的信任和满意度。

二、峰终定律

峰终定律（Peak – End Rule）是2002年诺贝尔经济学奖获得者丹尼尔·卡尼曼教授提出的。他认为，人的大脑在经历过某个事件之后，能记住的只有“峰”（高潮）和“终”（结束）时的体验，过程的体验其实是可以被忽略的。

峰终定律及其应用研究启示我们，比起较为平均的、全流程式的顾客体验管理方式，将有限资源重点投放于顾客接触之峰点与终点的体验管理，可以利用更少的或者相同的资源实现更高的服务效能，从而从整体上优化顾客体验。

峰终定律非常适用于律师提供法律服务的情形。法律服务是一种客户体验特别重要的服务。另外，法律服务往往也是时间跨度较长的服务过程，特别是非诉讼业务中的 IPO 业务，一项服务的周期往往需要数年，相当多的诉讼案件往往也需要较长的办理期限。

很多律师过多关注自身完成委托工作的内容，不能从客户的角度考虑法律服务的体验，未从客户的角度设计法律服务的体验感，法律服务往往出现事倍功半的不良效果。这时候如果能够理解峰终定律的内容，并将之用于法律服务过程中，相信会取得比较好的效果。

客户对律师提供的法律服务的印象，通常会记住在法律服务过程中最触动客户的瞬间和法律服务结束时的印象，这在很大程度上影响着客户对律师的评价，也影响着客户是否继续聘请律师或推荐律师给其他客户。

三、法律服务中的峰终定律

我认为，在法律服务过程中，应特别注意峰终定律在以下几个方面的应用。

一是要有良好的开始。

客户往往非常重视对律师的第一印象。客户在选择律师的时候，往往没有太多的时间全面了解律师的情况，加之如果律师也没有足够的时间展现自己的特长，客户很难在短时间内了解律师。这时候，如果律师展现出足以打动客户的表现，往往会给客户留下非常好的印象，为客户选择律师或合作的过程打下坚实的基础。

一本专著、一本法律服务手册、一堂高质量的课程，或者是精美的律所或团队介绍等，都会给客户形成较强的心理认同，迅速提升客户对律师的信任感。

许多律师出版了专著，许多律师设计了精美的法律服务产品手册，他们在首次认识客户时向客户赠送，效果一定非常好。也有许多律师通过专业讲课不断结识潜在客户并获得业务。我相信他们就是精通峰终定律的实践者。

二是在过程中追求更多高峰，更多回忆。

在诉讼案件中，律师应当定期和当事人沟通并汇报案件进展，有计划地跟进案件，并能够提前准备相关工作，这样才能够真正把案件做好，也能够让当事人有更好的体验。

律师要珍惜在法律服务过程中展现自己专业技能的机会，合适的时候也要适当抓住属于自己的机会。

我们在承办一个创业板上市项目的时候，由于公司质地较好，法律方面非常规范，律师团队的主要工作就是按部就班地准备申报文件，客户虽然知道律师团队的工作量较大，但未能留下特别深刻印象。客户在申报过程中遇到一位同行业潜在竞争对手的专利侵权追索，要求客户承担巨额专利侵权赔偿金。

考虑到事关重大，我陪同公司董事长和专利诉讼律师团队赴北京和对方展开谈判，充分运用谈判的策略和技艺，成功化解了这起潜在的纠纷，并以非常小的代价和对方达成了和解。公司非常满意，在公司成功上市后，董事长特别赞扬了律师在上市过程中的专业表现和帮助。

我认为，在承办法律业务的过程中，合伙人要有关键表现，团队律师都要有各自的表现，这样才能提高法律服务的价值和客户的满意度。

三是高调结尾。

结尾往往是高潮所在，经过艰苦的工作以及和客户的通力合作，法律服务的结尾往往是成果的展现时刻。诉讼案件取得客户满意的结果，非诉讼项目达到客户所追求的商业目标，都是令客户和律师感觉兴奋的时刻。

律师要和客户共同庆祝胜利的时刻，要由衷地对客户的赏识和认同表达感谢之情，并要分享这样高光的时刻。这种高调是一种自信，也是一种职业成就感的展现。

法律服务的成果展现要注重仪式感，一场邀请客户参加的生动的复盘会、一份精致的结案报告或年度法律服务报告、一份翔实的项目报告或客户未来发展建议书等，都会给客户带来独特的体验，会对客户续聘律师产生非常有利的影响。

相信善于运用峰终定律会给我们的法律服务工作带来很多意想不到的收获和惊喜。

如何面对客户的不合法要求

律师执业之路从来不会一帆风顺，客户的要求也可能存在法律风险。在我从事律师职业的过程中，也曾经遇到过客户的要求不合法或不合规的情形。对于这样的情况，我们一定要坚持原则，纠正不当行为，杜绝参与不合法行为。

一、风险回顾

有一个企业家曾委托我办理过一个案件，在我提供法律服务后，我们互相建立起比较信任的关系，他也经常向我请教一些法律问题。我对他的印象非常不错，感觉他是一位有内涵并专注于事业的优秀企业家。有一次该企业家突然约我见面，说有要事相商，我按时赴约。

他跟我讲了他的一个想法，希望我能够帮助他考虑一下。原来他有个朋友准备离婚，考虑有没有可能设计一笔家庭共同债务，并通过诉讼程序确认为家庭共同债务，从而达到离婚时少分给配偶财产的目的。

我明确地告诉他，这样的做法不可行，我无法帮助他或他的朋友，也希望他不要再有任何违法违规的想法。这样的业务我当然不能承接，连继续探讨的必要都没有，我告诫他后，他自知想法有问题，便不再和我联系此事。

还有一次，有一位企业董事长说要给我们介绍一个案件，希望我们能够承接。我邀请他到我的办公室面谈，他带来了相关资料。原来是一笔债权纠纷，有债权相关合同和文件，有债务人的相关确认函，债权金额为3000多万元，但是没有支付的银行流水凭证。

我问他，这么大一笔钱，是怎么支付的，为何没有银行流水作为支付凭证？

该董事长语焉不详，说这个案件事实清楚，只要正常帮他完成诉讼流程，就可以取得胜诉，被告也会认可这笔债务，在诉讼中被告不会提出异议，这是一个稳赢的案件。

我们婉拒了这个案件的代理工作。

基于对商业交易的理解和法律实务判断的基本常识，对于金额巨大且无支付凭证的债权纠纷，很难确认债权的真实性，我认为这样的诉讼存在非常大的风险。

上述两个案件，都直指律师业务的禁区和红线：虚假诉讼。

二、警示案例

2021 年 3 月 5 日，实习律师 D 律师因犯虚假诉讼罪，被判处有期徒刑 1 年 3 个月，并处罚金人民币 3 万元。

2018 年 12 月，华某因急需用钱，欲将其所有的房屋出售给陈某某，并收取了陈某某支付的首付款。但上述房屋因受当地房地产市场调控政策约束，且存在抵押权，无法办理过户手续，此时 D 律师提议采用虚假诉讼规避政策，实现房屋过户。

2018 年 12 月，D 律师帮助陈某某虚构已支付购房款人民币 200 万元，但华某不配合办理过户手续的事实，向法院提起民事诉讼，要求华某为陈某某办理房屋的过户手续，并提供了部分截取的银行转账凭证等虚假证据。该案经调解取得法院民事调解书，确认陈某某结欠华某购房款人民币 143 万元，华某协助陈某某办理房屋的过户手续，将房屋过户登记至陈某某名下。

2019 年 1 月 30 日，D 律师帮助陈某某向法院申请强制执行。通过法院强制执行，该房屋产权变更至陈某某名下。D 律师从华某处获取人民币 10 万元。

2020 年 5 月 13 日，某机关根据相关线索将 D 律师抓获。

另外，D 律师还主导和参与了其他几次虚假诉讼，均采取伪造证据、虚假陈述等手段，捏造民事法律关系，虚构民事纠纷，并担任诉讼代理人向人民法院提起民事诉讼，致使人民法院基于捏造的事实作出民事调解书并进行强制执行。

从这些案例中，我们应当吸取深刻教训。D 律师在面对客户不合理的要求时，不应该以违反法律的方式为客户出谋划策。D 律师因为这些案件而失去了律师从业资格，真的是太可惜了！

三、底线思维

律师是提供法律服务的专业人士，绝不能知法犯法。

作为社会主义法治工作的践行者和守护者，律师首先应该要对法律法规有着敬畏之心，怀揣着维护社会公平、正义的理念做好法律服务工作，用自身的言行来影响周围的每一个人信仰法治，在执业过程中不碰红线、不触底线应成为律师执业的基本原则。

何谓“红线”？红线是指法律法规所明确禁止的相关规定，作为执业律师绝对不能碰，而且还必须保持一定的距离，不能有打擦边球的意识和想法。

何谓“底线”？底线是指律师在执业活动和自身作为执业律师在各种社会活动中要遵循的基本职业道德。律师要尊重社会公序良俗，要弘扬积极的社会主义核心价值观，要做维护公平正义、诚实守信、遵纪守法、维护法治权威的模范和榜样。

律师应当爱惜自己的羽毛，律师应当坚守底线。古人云：“君子不立危墙之下。”遇到客户提出不合法的要求时，律师必须坚决地予以拒绝，绝不能将自己置于风险之中。

如果出现这样的潜在客户，我们也只能是道不同，不相为谋了。

唯有如此，方能行稳而致远！

一份投资协议引发的合作

G 总是一位极其认真严谨的企业家，对工作的要求也非常严格。G 总的投资涉及多个方面，作为其公司和其个人的法律顾问，我们从 2005 年开始合作至今，G 总在子女教育方面也对我帮助甚大。我和 G 总的合作缘于一份投资协议，因为起草协议而信任，以后合作越来越多，想来也是一段美好的缘分。

一、投资协议

2006 年 8 月，G 总在工作中接触到我们团队，并聘请我们团队担任其公司的法律顾问，为 G 总的一个投资项目提供法律服务。在合作之初，G 总就表现出对工作追求极致完美的要求，当然对律师的工作也是如此要求。考虑到我当时有过处理类似项目的经验，我们团队安排我负责 G 总公司的法律服务工作。

我到 G 总的公司后，详细了解了投资项目的情况，原来是 G 总和几位合作伙伴拟成立一家从事金融科技服务的项目公司，需要律师起草一份投资协议。我和几位股东都见了面，请他们从各自的角度谈谈对投资的理解和对投资协议的要求，并记录了他们的观点，初步梳理了投资协议的框架结构并和各位股东做了交流。

两天后，我将起草好的投资协议发给 G 总。投资协议中最为主要的条款是项目公司成立后引进风险投资的过程中，涉及股东借款转为股权的安排机制和引进风险投资的过程中创始股东与管理层股东之间的股权赠与机制。我分别考虑到不同的情形进行了约定，股权数量计算有一定的复杂性，要考虑到不同的时点以及不同的先决条件。我的工科背景和经历应该也发挥了作用，对于数字和公式的理解和运用也是相对娴熟的。投资协议结构完整，约定清晰，文字精练，G总看后当即表示满意，并在和其他投资人确认后迅速将投资协议定稿。

终于顺利完成这项工作，我们团队和这家公司客户建立了良好关系，后面的合作就相对顺畅了。

二、再续前缘

2007年，我离开了原来的律师团队，选择去另外一家律所成为一名独立执业律师，就没再联系G总了。

大约一年以后，G总突然给我打电话，说是好久没见了，需要见面聊一下。我应约到了G总的公司，G总开门见山，说以前的投资协议中发生的需要进行股权赠与等变动情形，G总担心其他人处理不好，需要聘请我担任项目公司的法律顾问并继续和我进行合作。

我同意了G总的要求，帮助他们梳理了股权变动的细节，顺利地进行了股权的交割。接下来，我担任项目公司的常年法律顾问，为项目公司在业务合同和业务流程上的合规提供帮助。

G总投资领域较多，既有在实业方面的投资，也有在金融和证券方面的投资。我也多次担任G总所投项目的法律顾问，为G总的投资保驾护航。

2012年，G总和某金融机构合作，对一个房地产项目进行投资。我担任了专项法律顾问，对房地产项目进行了尽职调查工作，并起草了全套交易文件。该项目投资周期为6+3模式，即投资期限为6个月，投资方可以延长3个月。在项目6个月届满后，我提醒G总及时收回投资，担心投资期过长可能会增大风险，G总也听取了我的建议，在第8个月收回了投资及全部收益。后来该房地产项目因为各种原因停业，如果当时不及时收回投资，后果不堪设想。G总和其合伙人对我们的工作表示非常满意。

从2013年开始，我们团队陆续承办了G总和关联企业的诉讼案件，主要是帮助G总和关联企业通过诉讼追究投资纠纷中对方的违约责任。G总在从事投资业务时非常谨慎，特别注重风控措施的有效性，因此在这些案件中，我们顺利地帮助G总实现了诉讼目的，各案件均取得了理想的结果。

三、合作之谊

在合作的过程中，G 总不遗余力地帮助我们推荐业务，G 总的合伙伙伴也经常因此委托我们办理案件和相关法律事务。

G 总人缘好，朋友也多，我记得有一年我的孩子因为升学的事特别纠结，是 G 总给了我极大的帮助，帮助我解决了困扰。

G 总知道我从事私募股权投资法律服务多年，他因此认识了我服务的一家知名投资机构的负责人并开展合作，取得了不错的效果。

我回顾和 G 总合作的过程，感觉自己其实并没有做得特别多，只是认真负责地办理了相关法律事务而已，最开始只是认真地起草了一份投资协议，因此得到 G 总的信任和诸多的机会，我觉得这是一种幸运。在和 G 总合作的过程中，我学习到很多，因此更懂得如何做好法律服务，更加懂得感恩，更加理解法律职业的意义所在。

那些不再合作的客户

虽然我们有相当数量的客户是合作多年的，其中有一些客户是从我执业之初合作到现在的，但在我们团队提供法律服务的客户中，也有一定数量的客户因为各种各样的原因不再合作。

作为执业二十年的律师，我对所有的客户都心存感激，无论是正在合作的还是不再合作的，正是因为他们的支持，我们才能够在法律服务职业上越走越远。对于因各种原因不再合作的客户，我们都要理智地面对，感恩曾经一起共事的岁月。

一、不合作的原因

从大的方面而言，不合作的原因主要有两大类：一类是我们主动不合作的，另一类是客户主动不合作的。

我们主动不合作的客户中，又有以下几种情形：

一是因为地域太远的因素而不合作的。

我在独立执业之初，有几家主要的常年客户在宁波、台州和深圳。当时没有高铁，也没有像现在这样发达的网络视频和电话会议系统，工作主要通过见面讨论的方式开展。我每次都是自己开车去宁波和台州，确实耗时耗力，有时候也影响自己在杭州的工作。从长远发展的角度考虑，离办公地点过远的常年法律顾问，很难持续提供面对面的精准服务，因此我当时决定停止合作。

二是因为感觉无法提供客户需要的法律服务而不合作的。

我们团队的专业定位是资本市场法律服务，我们的客户群也定位在资本市场，主要包括上市公司、拟上市公司和投资机构。有少数客户的法律需求与我们团队的定位不一致，我们就向客户推荐了其他适合的专业律师，或者跟客户说明情况后停止了合作。对于不属于自己擅长领域的客户，应当谨慎地承办相关的业务，不能勉强自己做不擅长的工作，这对客户而言也是不负责任的。

三是因为理念或价值观等方面存在较大差异而无法合作的。

合作是一种缘，我记得有一位客户跟我说过，这个地球上有超过 70 亿的人，大家在时空中交汇，能够在一起吃一顿饭的概率就已经非常低了，何况还能够在一起长期共事，这是多么大的缘分呀！我非常认同他的观点。但在现实中，也难免会遇到极少数在理念或价值观方面差异大的人，这种情况确实也没必要勉强自己。

客户主动不合作的情形中，有的是因为客户预算不足削减法律服务的，有的是因为客户业务战略变化需要其他专业律师的，也有的是因为客户的控股股东或实际控制人变化的原因而变更中介机构的。当然，也有过客户对律师团队的服务不满意而影响合作的。

二、理性面对

客户是上帝，律师应当以客户为中心，保持和客户长期稳定的合作应当是常态。但遇到和客户不再合作的情形也是不可避免的，我觉得我们应该理性面对。

一是要能够充分理解客户。无论是何种原因不再合作，律师都应当理解客户，尊重客户的情况和选择，不必勉强客户，并应最大可能保护客户的利益和尊严。

二是要恪守律师的义务。对于在工作中获悉的客户秘密，要严格保守，在任何时候都不得泄露，不做任何可能对客户造成不利的事情。对于可能存在的还需要帮助客户完成的剩余工作，也要不折不扣地完成。

三是要保持平和的心态。对于过往的合作，要心存感激，善待过去的人和事。在未来的工作和生活中，也可能会再遇到客户的人员，我们应当做到坦诚平和，合作不成友谊在，大家都可以在各自的方向上继续前进。

我觉得律师在面对客户不再合作时，不必过于纠结。对律师而言，应当做的永远是珍惜当下的每一位客户，用心做好专业法律服务。

三、感恩的话

从法律服务市场而言，我国作为世界第二大经济体，法律服务需求巨大，执业律师数量约为60多万名。律师遇到客户并进行合作，是一件小概率事件，这也是一种莫大的缘分吧。

我在独立执业初期，有一家在外地的主要客户A公司对我的支持非常大，我也竭尽所能提供专业法律服务。后来由于A公司的业务发展原因，资本市场计划难以实行，A公司还是聘请我们作为常年法律顾问，但由于距离远很难经常见面，我觉得确实难以提供优质的常年法律服务，就和客户商量停止常年法律顾问工作。虽然不再担任A公司的法律顾问，我还会经常保持和A公司的联系，公司董事长年逾七十，遇到一些法律问题的时候，还是会打电话给我，听听我的意见。这样的友谊以及被信任的感觉让我特别轻松，我很喜欢这样的状态。

作为资本市场律师，由于业务的周期很长，我们在执业生涯中要服务和合作的客户数量可能并不会很多，但是我们的工作性质决定了要和客户长期陪伴，有的客户从设立到上市并到上市后做强做大，我们都是一路跟随提供法律服务。相遇是缘，唯有珍惜缘分，尽力做到最好，才能够不辜负客户的期望。

缘深缘浅，缘聚缘散，惜缘随缘莫攀缘。对于不再合作的客户，我们不必纠结，常怀感恩之心，常存感激之情，未来还很长，往前看一切都是美好的。

第三部分　职业感悟编

第十一章　风控感悟

最大的风险，是看不到风险。

——查理·芒格

法律风险识别体会

法律风险无处不在。企业在生产经营过程中，往往重点关注商业利益而未能意识到法律风险，专业律师如果能够在法律风险发生之前及时提醒客户，就能有效地防范法律风险的发生。

作为法律专业人士，律师应当在精准掌握法律知识的基础上，了解企业经营的实际情况，积累法律风险识别和防范的经验，这样才能够有效帮助客户识别法律风险。我在执业的过程中，也曾遇到过非常多的企业风险事件，也帮助客户识别了诸多法律风险。对于如何对交易法律风险进行识别，我遇到过以下几种情况。

一、通过审查交易协议或文件内容发现法律风险

有些法律风险可以在对协议或文件的内容进行审查的过程中发现，这要求律师审核协议和文件要全面认真，要求律师具有较为丰富的实务经验。

2006 年 11 月，一家常年客户单位发过来两份购销合同请我审核。客户单位的负责人告知我，这是一次极其难得从事燃料油贸易业务的机遇，如果两份合同全部履行，客户单位将取得不错的收益。负责人还说，这是一个非常靠谱的渠道所提供的商业机遇。

通过审核两份合同的内容，我发现了法律风险。第一份购销合同约定客户单位向 A 公司购买 5 万吨 M100 燃料油，总金额逾 1.5 亿元。付款方式为签订本合同之日预付总价款的 5%，五个工作日内客户单位开具银行保函，船只到港之日支付总价款的 85%，国内商检完毕支付完所剩 10% 价款。第二份购销合同约定客户单位向 B 公司出售 5 万吨 M100 燃料油，总金额比第一份合同有所增加。付款方式是 B 公司收到货物后支付。

根据两份协议不同的支付条款，显而易见，客户单位的资金风险是比较大的。我马上提出两份协议的付款方式非常不利于客户单位。如果客户单位向A公司支付5%预付款后并没有收到货物，如何保障预付款的资金安全？如果客户单位向B公司交付货物后未收到B公司的货款，如何保障客户单位的资金安全？

了解到客户单位已经在和银行对接办理预付款支付流程（A公司要求按协议当日支付预付款，否则协议不再执行），我马上电话联系客户单位负责人要求停止办理预付款支付程序，并请A公司所在地的律师同事帮助调查A公司的工商信息资料，并要求客户单位再想办法通过更多渠道了解A公司和B公司情况，确保万无一失。

通过A公司的工商资料可以看出，A公司的注册资本虽有1.5亿元，但大部分并未缴足，且已缴足的部分中大多为实物出资。另外，工商资料还显示A公司上一年度的销售额非常小，看不出A公司有类似业务的经营记录。

根据我的建议，客户单位当日并未向A公司支付预付款，当客户单位负责人同A公司相关人员联系以沟通解释时，发现A公司的负责人和经办人员已无法联系。

第二天，客户单位负责人打电话向我表示感谢，说如果没有律师的及时提醒和阻止，客户单位将会支付预付款项并极有可能因此产生损失。

二、通过了解事实真相发现法律风险

律师在提供法律服务的过程中，对于客户提供的信息，应根据自己的经验和专业进行甄别，帮助客户共同寻找事实和真相，避免法律风险。

我们律师团队经常根据客户的要求进行股权投资的法律尽职调查工作。2012年11月，我们律师团队代表客户对C公司进行投资法律尽职调查。

根据C公司提供的资料，C公司业绩连年增长，销售额数亿元。在对C公司的销售进行相关辅助调查时，我们发现C公司的销售额存在较大的疑问。于是，我们会同投资机构客户要求C公司陪同去银行调取全部资金流水。

C 公司开始以各种各样的理由阻碍我们对银行资金流水的调取工作，但在我们的坚持之下，最终调取了相关的资金流水。我们发现 C 公司的实际销售额与其提供的资料存在较大的差异，因此终止了该项目的投资事宜。

此后不久，C 公司因资不抵债进入破产清算程序。

三、通过经验判断发现法律风险

经验是工作成果的积累，律师在提供法律服务的实践中应当充分利用经验帮助客户作出理性的判断并识别法律风险。

2015 年 11 月，我们律师团队收到 D 公司的咨询，D 公司拟对项目公司 E 进行股权收购，并将收购协议发给我们进行审核。我在审核收购协议的过程中发现，D 公司并未聘请中介机构对项目公司 E 进行尽职调查，收购依据的法律尽职调查报告和审计报告以及评估报告是由项目公司 E 聘请的中介机构出具的，且中介机构在尽职调查报告中多处声明因为未能获取足够的资料而对诸多重大事项无法发表明确意见。

我立即提醒 D 公司，在本次收购中，依据由项目公司 E 聘请中介机构的意见进行决策的做法不符合收购的惯例。考虑到收购方自行聘请中介机构进行尽职调查是进行收购的常规做法，我建议 D 公司立即聘请中介机构对项目公司展开全面尽职调查。如果 D 公司以项目公司 E 聘请的中介机构出具的报告作为收购依据，则非但不能全面了解尽调的情况，也缺少了直接和项目公司深度接触和调查的机会，这样的交易存在重大隐患。

可惜，我的建议并未得到 D 公司的重视，D 公司的理由是这次收购机会难得，时间上已经来不及进行收购前的调查工作。为了尽快完成收购，客户 D 公司以项目公司 E 聘请的中介机构出具的报告作为依据，进行了交割。

一起总金额数亿元人民币的收购项目纠纷就此揭开了大幕。事后证明，项目公司 E 的实际控制人在收购中存在违法行为，项目公司 E 的资产存在严重不实之处，D 公司为了维权甚至要求对项目公司 E 的实际控制人启动刑事程序。

当然，在实务中发现法律风险的方式还有很多，有时候是通过多种方式的综合运用来发现法律风险的。

法律风险发生的根源是复杂的，我们律师唯有不断学习和实践，练就火眼金睛，才能够帮助客户发现法律风险。

如何识别非诉项目的风险

作为经常从事非诉项目的律师，我们最担心的恐怕就是遇到风险大的项目。特别是在 IPO 业务中，中介机构不仅是企业的上市相关专业服务的提供者，还是资本市场的“看门人”。随着全面注册制的施行，中介机构责任变得更加重大，这也是我国资本市场在市场化、法治化、国际化改革方面的大势所趋。中介机构既然要承接相关的业务，就要承担相应的责任。对于我们律师而言，要能够对项目的风险进行识别和控制，特别是在项目早期和项目进行过程中，应开展持续性的尽职调查工作，防患于未然。

律师如何才能够识别非诉项目中的风险呢？我觉得应该做好以下几个方面的工作。

一、要提高认识

在实务中，很多项目出现的问题，主要集中在财务的真实性方面。对于财务的真实性，律师是否需要承担相应责任的问题，有些律师同行可能在认识上存在偏差，认为财务真实性的核查并非律师的能力所及，也不在律师的工作范围之内，不应该由律师承担相应的责任。我认为这种观点是不正确的。

欣泰电气连续四年虚构收回应收账款，构成欺诈发行，最终于 2017 年 8 月 28 日被强制退市。该项目的承办律所也因此被行政处罚并提起行政诉讼，律所的核心主张是，应收账款的收回是财务会计问题，属于会计师的审查职责，不属于律师事务所的职责，律师事务所没有义务也没有能力进行查验。

该案的二审法院认为，公司财务会计报告中虚构应收账款的收回这一虚假记载属于会计问题，但其背后所反映的公司重大债权债务的变化是否属实的问题，则涉及公司经营的合规性和法律风险问题，属于应履行法律专业人士特别注意义务的事项。本案中，律所并未依法依规履行必要的查验程序，没有对公司主要客户未对应收账款余额进行确认的问题履行必要的查验义务，构成未履行勤勉尽责义务。

2022 年 2 月 27 日，证监会、司法部、中华全国律师协会联合发布的《监管规则适用指引——法律类第 2 号：律师事务所从事首次公开发行股票并上市法律业务执业细则》开始施行。该细则规定了律师事务所及其指派的律师对查验过程中的境内法律事项应当尽到证券法律专业人士的特别注意义务，对财务、会计、评估等非法律事项负有普通人一般的注意义务。律师事务所及其指派的律师制作、出具专业意见依赖保荐机构、其他证券服务机构等的基础工作或者专业意见的，应当保持职业怀疑。保荐机构或者其他证券服务机构的基础工作或专业意见存在重大异常、前后重大矛盾、重大差异等情形的，律师事务所及其指派的律师不得主张对其的合理信赖。

我们团队曾经在一个项目中发现公司在接近报告期末的 12 月下旬进行突击销售且金额巨大的情形。我们仔细核查了销售合同以及交易的全部流程，从每一个交易细节以及交易合理性方面论证交易的真实性，并最终提出具有说服力的专业意见，得到了公司和其他合作机构的尊重。

只有具有足够的认知和风险意识，我们才能够保持谨慎的工作作风，并防患于未然。

二、要发挥法律专业的判断

作为法律专业人士，我们最有效的武器就是法律。在工作中要想有效识别项目的风险，我觉得应当做到以下三个方面与法律相关的工作。

首先要按照法律服务流程进行全面的专业核查。

我们在进行全面的法律核查的时候，应当做到全面无遗漏，即使可能会出现重复，也要确保没有遗漏。

有一次在帮助投资机构对一家光伏组件企业进行尽职调查时，我和投资机构的负责人在被投资企业的企业家的陪同下现场核查了企业的生产线，现场核查结束后，我向企业家提了一个问题："您介绍公司有六条生产线，我们怎么只看到了三条？"

企业家回答道："确实还有三条流水线在另一处车间，考虑到流水线都是一样的，就没带您们看。"然后我们又马上去核查了另外三条生产线。

投资机构的负责人对我的全面核查非常认可。

其次要发挥法律专业经验的作用。

法律服务经验是律师宝贵的财富，这也是客户经常在选择律师时考虑的重要方面。法律风险可能有一定的重复性，即不同的公司可以存在相同或类似的法律风险，同类法律风险的识别经验就会帮助我们高效地判断风险。

例如，我们曾经多次遇到过企业历史上采用无形资产出资存在瑕疵的情况，当我们遇到同类法律问题的时候，就能够准确地抓住重点进行判断。

最后要进行必要的法律上的逻辑推理和判断。

有人根据美国大法官霍姆斯的名言"法律的生命不在于逻辑，而在于经验"，从而认为逻辑对于法律并不重要，这可能是一种误解。霍姆斯的观点是对当时形式主义思想的抨击，反对的是形式主义者只追求逻辑忽视经验的法律观，而绝不是反对逻辑的作用。

在实务中，逻辑经常会帮助我们进行判断。例如，在一个 IPO 项目的前期尽调过程中，我们发现在目标公司的某次股权变动（不构成上市前突击入股）中，实际控制人将一小部分股份转让给某位小股东（该小股东与实际控制人之间无关联关系且不构成一致行动），但小股东未实际向实际控制人支付对价，该对价金额作为借款由实际控制人借给受让方小股东并签署借款协议。

我们保持了谨慎的怀疑，并从逻辑上进行分析。相关上市规则规定了实际控制人所持有的上市公司股份在公司上市后的锁定期为 36 个月，但其他股东的锁定期为 12 个月，实际控制人将该部分股份转让给小股东后，小股东持有的该部分股份的锁定期则为 12 个月。根据这一逻辑判断，我们认为小股东并无受让股权的支付能力，受让该部分股份缺乏合理动机，更大的可能是为了将该部分股份的锁定期缩短而采取的表面转让实则代持的方案。最终双方终止了该次股份转让。

三、要依赖中介机构团队的合力

在很多非诉讼业务中，律师不是唯一的专业服务机构，往往需要与其他中介机构合作，才能够完成相关业务。例如，在 IPO 业务中，律师需要和保荐（承销）机构、会计师事务所和评估事务所等多家中介机构进行合作。

IPO 项目既考验发行人的经营业绩和合规程度，更考验中介机构的专业能力和敬业精神。证券法和相关法规及规则对中介机构的法律责任已经分别从民事责任、行政责任和刑事责任方面作出了明确的规定，违法成本极高，近年来也发生了多起中介机构因为发行人存在虚假信息披露而被追究法律责任的情形。

各中介机构的通力合作和沟通非常重要。我们在承办一个 IPO 项目时，在前期尽职调查启动之前，企业家认为公司已经非常规范，需要整改的事项应该不多。经过我们三家中介机构详细的尽职调查后，我们总共归纳了需要进一步整改的事项超过 100 项，在听取了中介机构关于尽职调查结果的汇报后，企业家感慨原来公司距离上市的合规要求还存在非常大的差距，并对各中介机构的工作效率与协作能力表示满意。

作为一名律师，我深知在 IPO 业务中，需要得到保荐机构和会计师事务所等中介机构的合作和帮助，才能够顺利完成相关工作。我们在工作中一直寻求与其他中介机构的良好合作状态，充分尊重其他中介机构的专业意见和工作方式，共同努力为客户提供优质的专业服务。

总而言之，我们只有能够识别非诉项目的风险，才能够真正地用专业保护职业，帮助客户解决合规问题，保障客户的事业合规且有序地发展。

律师出具法律意见书的风险防范

近年来，因为律师出具的法律意见书存在虚假记载、误导性陈述或者重大遗漏等不合规情形，律师事务所与律师受到处罚和被追究民事赔偿责任的案例时有出现，这为律师事务所和律师的规范执业敲响了警钟。律师在出具法律意见书时，应当充分意识到业务的风险，做好风险防范的相关工作。

一、严格执行核查程序

律师在出具法律意见书之前，应当做到勤勉尽责，对出具法律意见书需要核查的具体内容严格执行核查程序。有一些业务的核查内容是有具体法规和规则进行规定的，如在 IPO 业务中，律师出具法律意见时，必须对规定的事项进行核查，并编制查验计划。有一些业务的核查内容并没有具体法规和规则进行规定，这时律师的核查内容取决于律师和委托方之间的约定，律师应当根据具体情况，审慎决定可以采取的核查手段和方法以及核查内容。

律师的核查工作应当全面而细致，否则容易引起执业方面的风险。在证券法律服务中，律师事务所和律师因为未能全面履行核查程序从而被处罚的案例中，常见的情形包括未编制查验计划，未对重大资产、重大合同、重大债权债务、关联交易等审慎核验。另外，律师执业的规范性不够也容易引起风险，包括未完善工作底稿内容、未完整保存在出具法律意见书过程中形成的工作记录以及在工作中获取的所有文件、资料等。

律师核查程序是一项要求极高的工作，只有特别认真细致才有可能将工作做到位。律师团队的合伙人应当特别重视这项工作，在实务中，如果核查工作只是由低年级律师完成，则容易出现低年级律师由于执业经验不足而无法发现合规问题的情形，好的律师团队应该通过团队的分工合作运营机制，有效地把核查程序做好，既能够高效地完成工作，又能够提供优质的核查意见。

另外，律师团队的合伙人还应当特别重视工作底稿的管理工作，核查工作的过程同时也是完善工作底稿的过程。一般而言，工作底稿的质量往往决定了核查工作的质量。

二、谨慎出具法律意见书

律师出具的法律意见书往往是客户进行决策的重要依据，这决定了法律意见书的重要性。在证券法律服务中，法律意见书往往是审核机关或者投资人对发行人进行监督管理或投资决策的重要参考文件之一。

律师出具法律意见书时，要保证正确地适用法律法规和规范性文件的规定。例如《民法典》生效后，包括《民法通则》《合同法》《侵权责任法》《担保法》《物权法》在内的诸多法律已废止，律师出具法律意见书时不能再引用已经废止的法律。

律师有时候可能会因为出具法律意见书不够谨慎而受到证券监督管理机构的监管。我记得曾经看到过这样的事例，一家上市公司与客户签署了金额特别巨大的业务合同而受到监管机构的关注，该上市公司聘请的律所就该重大合同出具法律意见书，经办律师仅根据上市公司提供的合同就出具意见认为该合同是真实有效的，并因此受到相关主管部门的监管。

证券业务中，很多法律意见书作为上市公司信息披露的文件，需要在指定的网站和媒体上进行披露。这些法律意见书中的任何不严谨或小的错误都有可能成为公众关注的焦点，从而极大地损害律所的声誉和在公众中的形象，这方面已经有不少相关的案例。当然，即使是不需要进行公开披露的法律意见书，律师也必须按照同样严格的标准出具。

三、切实落实内核机制

对于律师事务所的管理而言，如果一名律师起草的法律意见书未经过律所的内核程序就对外出具，则法律意见书的风险控制完全依赖于这名律师的水平和态度，这样的风险是律所无法有效控制的。因此，很多律所建立了法律意见书出具之前的内核机制等相关风险控制措施，这对于保障法律意见书的质量和加强律所的风险控制都是非常重要的。

但在现实中还是会出现法律意见书的质量问题，我觉得主要可能在于律所和律师未能认真地执行内核机制，也不排除有些内核机制流于形式，导致律所的风险控制存在较大的隐患。

内核机制的建立和完善，对律所而言是一件重要的工作，这涉及很多方面，包括内核律师的选聘、内核律师的报酬、内核质量的管理和控制等，我觉得只有建立良好的内核机制并被严格执行，律所才有可能保证对外出具的法律意见书的品质。

对于很多律师而言，出具法律意见书可能是一项经常发生的基础业务，也是一项可能存在较大风险的业务。内控合规能力决定最终的市场竞争力和发展质量，对律所和律师而言亦是如此。缺乏风险意识是最大的风险，每名承办律师唯有严格要求自己，在专业上追求精进，在作业上讲究细致认真严谨，方有可能将出具法律意见书的风险控制好，在顺利完成客户委托的业务的同时，既能够展现自己的专业水准，又能够做到行稳致远。

律师对其他专业机构报告的引用

律师在执业过程中，无论是非诉项目还是诉讼案件，都可能会出现需要引用其他专业机构的报告内容的情形。特别是在非诉项目中，律师会经常与券商、会计师事务所、评估事务所、信用评级机构等专业机构合作，引用这些专业机构出具的《招股说明书》《审计报告》《内部控制鉴证报告》《评估报告》《评级报告》中的专业意见。

律师在出具的法律意见书等文件中，经常会有这样的声明："对于会计、审计、投资决策等专业事项，本所在法律意见书中只作引用且不发表法律意见；本所承办律师在法律意见书及律师工作报告中对于发行人有关报表、数据、审计报告中某些数据和结论的引用，并不意味着本所承办律师对这些数据、结论的真实性、准确性、合法性作出任何明示或默示的判断和保证，且对于这些内容本所承办律师并不具备核查和作出判断的合法资格。"上述声明是律师专业严谨的表现，但是如果我们发现相关报告有不合规之处，就不能简单地进行声明后即进行引用。

我曾在一个投资项目专项法律服务中，遇到过一份评估报告存在诸多疑点的情况，这份评估报告存在以下几个方面的问题。

一是评估报告的委托方问题。母公司拟以无形资产出资设立项目公司，但委托方并不是母公司，而是项目公司的其他小股东。二是评估目的与事实不符。该评估报告载明的评估目的是其他小股东了解母公司相关无形资产所用，而未说明评估目的是出资方投资设立项目公司出资所用。三是评估假设方面的问题。该评估报告列明的评估假设中，明确说明在出资股东将该无形资产进行出资后，出资股东对该无形资产中的一部分仍拥有免费使用权，对该无形资产的另一部分仍拥有处置权，这既可能导致出资的真实性存疑，也可能引起对评估结论的质疑。四是评估机构资质问题。由于涉及申请 IPO 的因素，评估机构并不具备证券从业资格。

对于这样的评估报告，我认为是不够专业和严谨的，其他中介机构不能贸然引用。

我认为，对于其他中介机构的专业报告的引用，我们应持审慎态度，不能因为其他中介机构已经出具的相关的专业报告，就可以不加判断地引用，而是应当审慎核查和出具专业意见，对于确实存在疑问之处，应当进行全面核查后再作判断。如果因条件所限无法在我们出具专业意见之前进行完整的核查程序，我们应当及时告知委托方，并采取妥善的处理措施。

另外，我们比较关心的问题是，如果其他中介机构的报告内容不实，律师能否因此而免责？

在五洋建设债券案中，浙江省高级人民法院作出了终审判决，二审维持原判，判决五洋建设董事长、证券承销机构、会计师事务所承担 487 名自然人投资者合计 7.4 亿元债务本息的连带赔偿责任，律所和资信评级机构分别在 5% 和 10% 范围内承担上述债务的连带赔偿责任。

另外，在欣泰电器案中，北京一中院认为，在尽调过程中，律师事务所应当对包括审计报告在内的相关材料进行全面综合分析，并在审慎查验的基础上针对公司整体情况独立出具法律意见书并对结论负责。法律尽调与财务报表审计属于不同层面、不同性质的工作，尽调不是针对审计报告本身的复核，审计报告也不能成为免除律师事务所勤勉义务的依据。原告认为应收账款的收回是财务会计问题，因此律师事务所没有义务也没有能力进行查验的主张，不符合法律尽调的基本要求。在律师事务所的工作底稿中，其只是将应收应付账款凭证简单汇总，并无证据证明其进行了审慎查验，律师事务所未尽勤勉义务的事实毋庸置疑。

我们觉得律师引用其他中介机构的意见要特别谨慎，在进行专业法律服务的过程中，应注意以下几个方面。

一、要保持独立性

我们在尊重其他中介机构的专业意见的基础上，要保持专业上的独立性。不同的中介机构有着不同的分工，各司其职，各自对专业负责是应有之义。我们律师应当在引用其他中介机构专业意见的同时进行必要的声明，划分工作的边界和责任的界限。

二、应尽必要的注意义务

律师对其他中介机构的专业报告或意见应保持专业上的审慎，否则就有可能因此承担相应的责任。这方面已经有太多案例，特别是在涉及业绩造假的案例中，会计师事务所虽然进行了审计并出具了审计报告，但并不能阻止业绩造假事件的发生，其他中介机构仍应当审慎核查专业相关内容。

三、应当审慎引用其他中介机构的专业意见

律师在引用其他中介机构的专业意见时，应当引用合理的内容，不能偏离事实做选择性的引用，引用的意见应当用于合理支持律师的专业意见，保证引用的内容和论证的逻辑合规合理。

我们作为提供专业服务的中介机构，在工作过程中应该追求以专业为基，以诚信为本，尊重基本事实，客观公正地为专业负责。如果大家都能够坚持原则，相信也会少了很多焦虑，多了很多坦然和从容。

担任独立董事须谨慎

2021年11月12日，广州市中级人民法院对康美药业集体诉讼案件进行宣判，52037名投资者共获得赔偿约24.59亿元。

最引发关注的，无疑是在这起集体诉讼案的一审判决中，包括5名曾任或在职的独立董事，需要承担连带责任，合计赔偿金额约9.84亿元。根据判决书，有三位独立董事不参与康美药业日常经营管理，相对过失较小，法院酌情判令其在投资者损失的10%范围承担连带赔偿责任（折合约2.46亿元），另两位独立董事，过失相对较小，且仅在《2018年半年度报告》中签字，法院酌情判令其在投资者损失的5%范围承担连带赔偿责任（折合约1.23亿元）。

此判决一出，多家上市公司公告了独立董事辞职的信息。一时之间，资本市场中担任上市公司独立董事的人员为之色变，独立董事的责任成为焦点。

这使我想起了自己任职独立董事的经历。我曾于2016年12月29日开始担任过一家拟上市公司的独立董事，后来由于自己工作较忙，难以兼顾其他工作，便于2020年辞任。

我认为关于独立董事的规则层面，应当注意以下两个方面。

一是要认真执行独立董事相关制度，避免工作流于形式，要真正起到独立董事的作用。虽然我国的证券相关法律法规和规范性文件中对独立董事制度有非常详尽的规定，但在实际操作中，有些公司很难做到完全落实，制度的落实可能存在不足。

例如，关于独立董事履职的时间，《上市公司独立董事管理办法》规定，独立董事每年为所任职上市公司有效工作的时间原则上不少于15个工作日，包括出席股东大会、董事会及各专门委员会会议，对公司生产经营状况、管理和内部控制等制度的建设及执行情况、董事会决议执行情况等进行调查，与公司管理层进行工作讨论，对公司重大投资、生产、建设项目进行实地调研等。

无论是独立董事本人，还是上市公司，应该真正重视这样的规定，在实际中能够真正地完全履行到位。

二是新修订的《证券法》实施后，独立董事的责任加大，应当严格界定独立董事的责任边界，否则独立董事的责任可能成为不可承受之重。

很多独立董事不是没有意识到可能的风险和责任，有可能是认为以前资本市场并没有出现独立董事承担较大责任的案例，故而存在侥幸心理，认为监管机构或司法机关会考虑到独立董事津贴较低、兼职工作性质、市场实际情况等因素，不会要求独立董事承担太大的责任。然而，《证券法》在规定董事的责任时，并未区分独立董事和非独立董事的责任有何不同，从法律角度而言，独立董事和非独立董事应当承担的责任是相同的。

目前康美药业判决书一出，很多人觉得康美药业的五位独立董事承担的责任过大，与其从上市公司取得的薪酬不匹配。殊不知，人民法院已经考虑到了独立董事不参与上市公司日常经营管理的事实且过失较小，判决相关独立董事承担5%或10%的连带赔偿责任。

如果按照《证券法》第85条的规定，信息披露义务人未按照规定披露信息，或者公告的证券发行文件、定期报告、临时报告及其他信息披露资料存在虚假记载、误导性陈述或者重大遗漏，致使投资者在证券交易中遭受损失的，信息披露义务人应当承担赔偿责任；发行人的控股股东、实际控制人、董事、监事、高级管理人员和其他直接责任人员以及保荐人、承销的证券公司及其直接责任人员，应当与发行人承担连带赔偿责任，但是能够证明自己没有过错的除外。即除了能够证明自己没有过错以外，董事应当承担连带赔偿责任。

从这个判决来看，司法机关已经充分考虑《证券法》第85条的规定，大幅减轻了独立董事应当承担的连带赔偿责任。但即使是这样的判决，独立董事也难以承受。因此，我认为在立法层面和司法实践亟待进一步厘清独立董事的责任边界。

独立董事制度作为资本市场的一项重要制度，有利于改进上市公司的治理结构，提升上市公司的治理质量。我认为，担任独立董事应当谨慎，并建议在以下几个方面进行把握。

一、谨慎选择公司

独立董事在拟任职之前，应对公司进行必要的了解和调查，特别要了解公司的业务特点以及可能面临的风险，要了解公司的风格和文化，这样才能够理性地判断是否适合担任该公司的独立董事职务。

二、谨慎履职

在履职过程中，独立董事应当不断更新对公司的认知，证券监督主管部门关于独立董事的任职规范已经做了非常全面的要求，独立董事应当认真学习各种任职规范内容，严格按照规定履行职务。

三、谨慎面对风险

对于在任职过程中出现的决策风险和任职风险，独立董事应当保持敏锐的风险意识，坚守合规底线，对于不合规事项坚决说“不”，这样既能保护广大投资者和公司利益，也能防范独立董事的任职风险。

资本市场应当重视独立董事制度的切实落实，真正发挥独立董事的作用。我认为，独立董事应当勤勉尽责，认真履行职责，而且勤勉尽责的独立董事应当被豁免承担任何法律责任，唯有这样，方能通过独立董事制度促进资本市场的合规发展。

创业者的合规风险

资本市场的律师经常成为创业者的伙伴，为创业者的事业提供法律服务，在合规方面为创业者以及创业公司进行保驾护航。我在多年为创业者以及创业公司提供合规建议的过程中，认为以下几个方面是创业者比较容易出现合规风险的方面。

一、合规意识缺乏

有些创业者在创业初期，往往对于公司的未来有比较乐观的预期，但是在创业的过程中未能充分认识合规风险，导致创业公司陷入困境。

我曾见过多起创业者在引进投资的过程中，签署了包含由其承担无限连带责任的业绩对赌和回购条款的投资协议，因为未能实现承诺业绩或触发回购的条件，导致创业者被投资人提起相关诉讼，最终导致创业失败的案例。

有一次，我熟悉的一位创业者面临回购条款即将触发的风险，我非常担心地问他："回购义务的条件一旦成就，投资方有可能提起股权回购诉讼，您有无提前做沟通或提前做好一些应对措施？"他当时表示不解，反问我："难道投资方真的会提起诉讼吗？"

等到回购义务的条件成就之时，部分投资方果然通知创业者要求其承担回购义务且已经提起回购之诉，这位创业者只好匆忙应对，非常被动，最终失去了对公司的控制权。

另外，在创业过程中，创业者和创业公司需要经常面对公司治理合规、合同合规、劳动合规、知识产权合规等方面的合规事宜，有部分创业者并未引起足够的重视。例如，重大合同的合规方面，我见过有创业公司采取比较激进的销售政策，导致应收账款激增并引起创业公司的现金流紧张甚至资金链断裂，最终不得不进入破产重整程序。

创业者的合规意识在创业初期是非常重要的，这往往会影响创业公司的经营风格，如果创业者对风险意识不足，往往会造成隐患。

二、合规知识不足

创业者创业不易，需要拥有多方面的知识，对很多创业者而言，很难在创业之初就掌握足够多的合规知识。

我遇到过有些创业者在创业之初，由于对公司治理规则和公司股权架构的陌生，未能设计好适合于自身的股权结构，导致在公司运营以及后续融资中都产生了巨大的麻烦。当他们逐渐熟悉相关规则并想改变既有股权结构时，却发现改变的难度非常大或要因此承担巨额的变动成本。

当然，很多创业者拥有非常强的学习能力，他们会在实践中不断学习合规知识并运用于实践，但学以致用并非一蹴而就的，这是一个不断提升的过程。我有一位企业家朋友，他在创业之初经常遇到合规方面的问题，他的做法是咨询多个身边的有相关知识的朋友，多方听取意见，再考虑如何选择合理的方案。他经常和我探讨并确认已经咨询过的问题以及拟采取的方案，有不少问题的解决方案我觉得是不合规的或者是不合理的，就直接给他指出来，并告知他具体的法律法规和规范性文件的规定，或者向他提供相关的案例和可供参考的文献。

在多次交流以后，有一天他突然问我，是不是他有什么问题，怎么经常得到错误的方案？我笑笑，对他说："你没有问题，你需要的是更多的历练。"

后来，他的合规经验越来越丰富，解决合规问题的能力大为提升，我更多的时候是支持他而非提出不同意见。

我认为，创业者应当不断增长合规的知识，这对于创业公司的长治久安具有重要意义，如果创业者身边有能够提供合规帮助的伙伴，我相信创业者会更快更准确地掌握合规知识。

三、合规体系缺失

创业公司往往因为规模尚小，发展之初有很多工作要关注，未及时考虑打造合规体系，这往往导致创业公司遇到合规风险时受到的冲击和影响更大。当然，并非公司规模变大后就必然建立合规体系，有些公司甚至在准备申请 IPO 时才开始打造合规体系。

对创业企业而言，建立合规体系也存在难度。有位创业者在跟我交流的时候说，他已经意识到合规风险工作应当加强，但是他确实没有相关的工作经验，也很难迅速找到建立合规体系的方法。

合规体系的缺失，会导致创业公司面临合规风险敞口，一旦发生合规风险事件，创业公司很有可能无法遏止或因为没有足够的响应机制而导致损失扩大。

对创业公司而言，我建议可以根据公司发展的情况，有计划地逐步建立公司的合规体系，从组织结构建立到合规体系运行，从相关合规人才的聘请到公司各项合规制度的建立，可以根据公司的业务发展而不断完善。

如何帮助创业公司做好合规工作，也值得律师同行们思考。作为最近几年越来越热门的合规业务，很多律所和律师都在布局合规业务领域。为创业者和创业公司打造合规体系并切实帮助创业公司做好合规工作，是合规律师团队的重要工作。

英国危机公关专家迈克尔·里杰斯特说过："预防是解决危机的最好方法。"创业者们想要在创业的路上避免各种合规风险，稳妥安全地走好创业之路，必须树立合规意识，学习合规知识，打造合规体系。

著名银行家金海腾认为，追求利润和防范风险是银行家同时要做的两件事情。

我认为，对创业者而言亦是如此。

企业引进投资业务风控要点

我们律师团队为众多的创业企业引进投资提供了专业法律服务。很多创业企业在首次引进投资的时候，对投资领域相对陌生，往往会因为自己的理解与行业的通常做法并不相符，而发生引进投资效率不高或导致引进投资受挫的情形。

我认为，作为引进投资的创业企业，在引进投资的过程中要做好以下方面的工作，会有利于提高引进投资的效率，并提升引进投资中的风险防范水平。

一、要准确判断投资方的投资意向

投资方在接触目标公司之初，往往会表现出极大的热情和投资意向，这个时候创始人要提高警惕，不要轻易被投资方外在的表象所打动，而是需要冷静地分析投资方的真实意图。

如果投资方已经投资或者正在准备投资与目标公司存在竞争的同行业公司时，创始人要特别注意，此时投资方可能只是将目标公司作为获得行业相关信息的途径，甚至会因为掌握目标公司太多保密信息而可能对目标公司造成不利。

创始人要关注投资方的基金是否进行了正常的管理人登记和基金备案，要关注投资方基金的投资能力、基金存续期限、基金合伙人组成等方面。

在引进投资的过程中，创始人和投资人互相之间的感觉也非常重要。对创始人而言，重要的是要找到自己觉得是对的投资人，在对的时间遇到对的投资人。

二、要认真对待投资条款清单

投资条款清单又称投资意向书，是在投资方进行投资的详细尽职调查之前，投资交易各方签署的核心商业安排内容，是后续各方正式投资协议内容的关键基础。

部分创业企业家对投资条款清单的认识不足，他们可能认为既然只是投资意向书，且没有法律约束力，为了推进融资进度可以先行签署，待各方磋商正式投资协议时，再对相关的条款内容进行修改。

我认为，这一看法并不可取。投资条款清单是双方基于基本的诚实信用，在正式交易前针对重点的交易内容进行的明确约定，这样有利于提高交易效率并降低交易成本。不难想象，如果对投资条款清单约定的内容还要进行实质性的修改，会给投资方留下不诚信的印象，对整体投资交易的影响可能是巨大的。

三、要清晰设计并理解公司资本结构及其沿革

资本结构表是指创始人、投资人及员工期权池等股权分配和变动情况的表格，有利于在融资过程中准确反映目标公司的股权结构以及控制权的情况。准确理解资本结构表能够让创始人清晰理解目标公司的股权结构。

创业公司从设立开始就可能会产生股权变动，有可能是股权转让，也有可能是增资或减资，有为了进行股权激励的需要，也有为了引进投资的需要。在每一次股权变动后，创业公司应当更新资本结构表，创始人对创业公司的股权结构应当了然于胸，可以通过资本结构表的更新和完善予以实现。

我们曾经遇到目标公司在引进投资时，由于创始人过于依赖公司经办人员，未能自己精准理解和准备资本结构表，在交割时出现公司经办人员将股权数量计算错误且创始人未能发现的情形，最终导致创始人和其他原股东存在一定的损失。

四、要准确理解投资协议各条款内容，尽可能维护目标公司和创始人的权利

创始人可能会对投资协议的条款产生误解，认为投资协议的条款是格式条款，不能做太多的修改。

这种观点是不可取的。

投资协议是约定投资人、创始人、目标公司在内的各方主体权利义务的基础文件，创始人应当充分重视每个条款对其以及目标公司权利义务的影响，对于不符合交易原则而设定的创始人的义务，创始人应当坚持自己的意见；对于内容可能存在不同理解或模糊的条款，创始人应要求其内容务必以更精准的语言进行表达，以达到协议内容清晰。

投资协议的磋商和谈判是创始人要面对的一项重要工作，创始人应当认真严谨对待投资协议、仔细阅读每个条款并提出合理的修改意见。

五、要注意与其他股东的沟通工作，提高交易效率

创始人在与投资人磋商引进投资事宜时，往往需要妥善处理和目标公司其他股东交流沟通事宜。

对于股东数量较多的目标公司，创始人往往在开始接触投资人时并不向其他股东披露相关事宜，可能是考虑保密的原因，也可能是担心交易不成反而会引起其他股东的不安。但其他股东往往需要知道交易的具体进度和内容，这需要创始人和其他股东之间在引进投资之前就要形成默契，创始人在引进投资达到某种进度时，及时向其他股东披露必要的信息。

对于需要目标公司其他股东承担的义务和需要作出的各种承诺和保证等内容，建议创始人提前向其他股东提供，并充分尊重其他股东的相关意见，以顺利达成投资协议内容的一致。

在实务操作中，我们遇到过由于其他股东存在不同意见，导致投资协议未能达成一致或大大延缓投资协议内容达成一致时间的案例。

六、要注意投资后的合规事宜，严格遵守投资协议的约定

有不少创始人在完成投资项目的协议签署和交割后，就将投资协议束之高阁，等到未来某一天需要核实某个条款时，才去寻找投资协议以及其内容，甚至有的创始人无法找到投资协议原件。

考虑到投资协议往往内容繁多，对创始人和目标公司设定的义务涉及企业经营和发展的各个方面，我建议创始人和目标公司将投资协议中的义务做成合规计划表，定期（间隔半年或其他合理期限）组织相关部门的人员核查投资协议中的义务履行情况，严格遵守投资协议中的各项义务，特别要保障投资方的知情权、表决权等权利。

我建议创始人和目标公司在首次引进投资时，就树立尊重权利的理念，既尊重投资方的权利，也保障自身的各项权利，同时还要具备契约精神，严格遵守协议的各项约定。这样更有利于目标公司未来的发展，更加能够和投资方取得共识，共同实现公司发展目标。

私募股权基金投资业务风控要点

我们律师团队为多家私募股权投资基金的投资项目提供了专业法律服务或咨询意见。很多私募股权投资基金的管理人拥有丰富的投资行业经验，也有很多投资成功的业绩，在和他们提供法律服务以及共同工作的过程中，我初步总结了以下几个方面的建议，以供投资机构在进行投资业务时参考。

一、要建立并坚持自己的投资逻辑

投资机构在运营投资基金的过程中，往往会对投资基金的运营机制、投资偏好和考察重点等形成自己的做法。

要特别注意投资单一项目的专项投资基金的风险控制。这类基金只投资某一个项目，一旦该项目出现失败或面对较大风险时，对投资人而言损失是非常大的。我们承办的许多案件和投资项目中，组合式的基金由于投资了多个项目，往往会有部分项目收益颇丰，覆盖了部分不良项目带来的损失。

投资机构在投资项目时，有时候会作为跟投方，切忌把跟投做成跟风投。跟投的项目，虽然在投资流程方面要跟随领投方，但跟投方应当还是要做好相关的尽职调查工作。这时候一定要注意管理人未勤勉尽责的风险，对于不能进行必要尽职调查的项目，要谨慎投资。

投资机构在对投资项目进行评判时，要注意听取中介机构的专业意见。投资作为一项非常专业的行为，应依赖相关中介机构关于行业、会计和法律等方面的专业意见，方能在投资前期准确判断风险。

二、要有证伪的过程

有个投资界的朋友曾经跟我说过，投资业务是一个证伪的过程。我非常认同这种观点。在每一个投资项目中，都可能出现很多值得投资人怀疑的方面，例如，目标公司所处的行业市场空间是否足够大，目标公司的预期业绩是否能够实现，目标公司的知识产权和技术来源是否合法，目标公司的业务是否存在重大合规风险等。

证伪的过程也是论证真实性的过程。投资机构在考察投资项目时，首先要面对项目的诸多亮点和风险，这个时候，就需要证明亮点是真实的，风险是可以化解或防范的。

我特别欣赏那些对项目考察细致入微的投资机构，他们的项目做得让人放心，也能够得到投资人的信任。

三、要重视自己的股东权利

投资机构有些时候不够重视投资协议中约定的权利，这与在签署投资协议之前寸土必争的情形正好形成鲜明的对比。当投资机构与目标公司以及原股东签署相关投资协议后，往往投资协议就被束之高阁，直到遇到原股东或目标公司明显违约或者投资机构与原股东或目标公司出现合作方面的分歧时，才想起查看投资协议的约定。

我觉得投资机构应当将投资协议约定的权利融入日常的投后管理中，在投后管理的过程中，时刻关注投资权利并做好相关的工作档案。例如，对于投资协议中的知情权，投资机构不仅应注意及时获取目标公司披露的信息，还要建立自己的项目档案，妥善存放相关信息并做好相应的保密工作。若出现目标公司未按照履行信息披露义务的情形，投资机构应及时做好主张权利的相关工作。

投资机构是专业从事投资业务的，相对于目标公司和原股东而言，应当是更为专业的。在投资实践中，目标公司和原股东对投资的理解程度往往不如投资机构，投资机构往往需要指导目标公司和原股东履行投资协议中的各项义务，此时如果投资机构未能表现出专业和勤勉的一面，往往受损害的是自己。

四、要勤勉尽责

投资机构还要依法履行对投资人的勤勉尽责义务。

不同的投资基金拥有不同的投资人结构，有的投资基金投资人众多，投资机构往往需要面对大量投资人的问询和沟通工作。

目前已经有多起投资人作为原告，起诉投资机构要求其承担未勤勉尽责导致投资人损失的赔偿责任案件。我们律师团队既承办过投资机构作为被告应诉的案件，也承办过代理投资人作为原告追究投资机构未勤勉尽责的案件。

投资机构不可能保证每一个投资项目都是成功的，但是应当实现每一个投资项目都是合规的，合规包括投资基金募投管退的全过程。只有严格按照合规的要求做好每一项流程，才能够做到受人之托忠人之事的管理人责任，也才能够免于受到未勤勉尽责的法律追究。

五、要热爱并享受自己的投资事业

我见过许多优秀的投资人，有的甚至可以称为投资家，他们整天忙于自己的投资事业，享受每一项工作，无论是工作的过程还是结果，都为他们带来了巨大的成果和满足。

好的投资人，大多数把工作当成自己的爱好，这样工作正好也是自己的爱好。这一点其实非常值得我们律师学习，如果律师职业正好也是我们自己的爱好，这是一件多么让人感到欣喜的事情呀！

好的投资人会持续把投资过程深化成不断传递正能量的过程。投资即修行，任何一个项目，任何一次投资行为，对投资人而言都可能是一种成长或历练。我很有幸与许多优秀的投资人共同度过这样的时刻，也见证了许多优秀投资机构的成长和发展。

第十二章　专业成长感悟

行动是实现梦想的钥匙。

——卡拉·威尔金斯

律师如何不怯场

我曾经是一个特别不擅长说话的人，当时甚至是有一定程度的社交恐惧症。记得在中学和大学阶段，我是特别不敢说话的，遇到班级活动我最怕发言，更不用说表演节目了。我印象中除了在和同学们一起看足球比赛的时候喜欢说话以外，大多数时间是非常内向不善言辞的。

我刚开始从事律师工作的时候，也是如此，遇到大型会议特别是企业上市协调会的时候，就会特别紧张。当我听到券商和会计师的伙伴们发表专业意见时，就担心接下去要轮到律师发言了，特别担心自己说不好，担心自己不被他人认可，甚至有时候会紧张得浑身发抖。

现在我不会怯场了，相反，我特别喜欢参加各种各样的专业会议和业务会议。我觉得参加这些会议可以学习到很多知识，包括法律专业和其他专业的，还可以和大家进行专业方面的交流，增加彼此之间的了解和互信。

如何做到从怯场到不怯场的转变？我觉得主要表现在以下几个方面。

一、提升专业增信心

我发现胆怯的最为根本的原因，应该是无知，是知识的欠缺。

我们许多时候不敢讲话，本质上并不是因为胆小，而是因为不知道要讲什么，或者对于自己讲的内容是否能够对别人有帮助并无信心，或者对于所讨论的事项并没有专业方面的自信，所以我们就胆怯了，归根结底是自己拥有的知识不够。

缺什么就补什么，我开始注意学习，学习的内容主要包括以下几个方面。

一是学习业务相关的法律专业知识，在讲话前进行充分的专业知识准备。律师首先必须精通法律，对于自己所要发表意见的法律依据和法律适用，特别是针对客户当前需要面临的法律规则的理解和适用，需要做好充分的准备。

二是学习其他中介机构相关专业知识以及客户所在行业的知识。当然，这方面的学习对我而言是陌生的，需要花更多的时间和精力，但是这些知识能有效地丰富我的知识结构，有利于在整体上理解资本市场并将各方面的知识融会贯通。

三是学习人文知识，提升人文素养。在工作的过程中，我发现有许多专家级的人物在人文方面有很高的修养，历史典故信手拈来，看待问题高屋建瓴，提出的观点总是让人觉得有说服力。我决心向他们学习，加紧补充人文方面的知识，并学习在工作中适当地运用。

在专业知识等方面加强学习后，我逐步树立了自信，在需要发言之前准备好发言的提纲和内容，就不用担心无话可说了。

二、勤加练习会表达

在解决无话可说的问题后，我们还面临另一个问题，就是如何表达才能够取得良好的效果？对于表达，我觉得要做好以下几点。

一是表达要让别人能够听懂。爱默生说过："什么是雄辩？雄辩是指说话时，把真实翻译成使对方一听即懂的语言能力。"我们在向客户表达法律有关的观点时，重要的不只是要把意思说清楚，更是要让对方能够听懂，能够理解。

二是表达要紧扣主题，要能够提出解决方案。有时候我们虽然说了很多法律的规定，但是却不能提供如何解决问题的方案，这样的表达是不够的。作为专业律师，我们始终应该围绕提供法律解决方案开展工作，只有能够直接指向解决方案时的表达，才有可能真正帮助客户。

三是要注意表达和沟通技巧，寻求一种博弈上的平衡和善意。我们表达的时候要根据场景判断采用有效的表达方式，大多数时候，我们应当采用平和及善意的方式，充分考虑各方的处境和利益所在，力求找到合理的平衡，这样才有可能取得好的效果。

专业上的充分准备，再加上找到合适的表达方式后，怯场的问题应该就解决了。

三、热爱职业生乐趣

我们对于自己从事的职业，会经常感觉到紧张吗？会经常感觉到压力吗？有不少同行会给出肯定的回答。我认为，适当的紧张和压力当然不可能完全消失，但总体而言，我们应当将职业打造成良性的状态，热爱我们的职业并创造乐趣。

我在成长的过程中有一个切身的体会，就是当我们全身心地投入自己喜爱的事业中的时候，怯场的问题就不再成为一个问题了。

热爱事业往往能够引发越来越多的乐趣，这样的工作，不仅使我们成长，而且给我们带来快乐。如果我们非常热爱自己从事的法律服务工作，经常可以从工作中取得巨大的乐趣，这个时候还会有怯场的情况发生吗？

我认为，每一个人都有可能产生怯场的情形，当胆怯来临时，我们不要害怕它，而是要勇敢地面对它，并战胜它。这样，我们就可以享受我们的工作，我们的律师之路会越走越宽，我们的律师职业也会越来越精彩。

律师为何要讲课

有人将律师这个词理解为法律之师，即法律的老师，因此认为律师应当擅长讲课，哪有老师不讲课的道理呢？我认为这种观点非常有道理。

关于律师讲课，已经有很多专家和同行指出其重要性。我在执业过程中也经常讲课，更多的是听同行的网上课程，我觉得律师讲课的主要作用在于以下几个方面。

一、讲课有利于律师自己的学习和成长

费曼学习法的核心，是把复杂的知识简单化，以教代学，让输出倒逼输入。费曼认为，输出不仅仅是学习的最佳方式，同时也是学习的终极目的。

《礼记·学记》中说："是故学然后知不足，教然后知困。知不足，然后能自反也；知困，然后能自强也。故曰：教学相长也。"意思是说通过学习才能知道自己的不足，通过教导别人才能知道自己理解不了的地方。知道自己学业的不足，这样以后才能自我反省；感到困惑，这样以后才能自我勉励。所以说，教与学是互相促进的。

律师在讲课之前，需要进行充分的学习和准备，在讲课的过程中以及讲课后，会收到反馈信息，更有利于进一步研究提升。所以，讲课是律师非常好的自我提升的方法。

二、讲课有利于律师扩大影响力

律师要树立专业形象，讲课是既直接又便捷的路径。人们普遍对讲课的老师心存敬意，加上讲课传授专业知识解答疑惑，有利于建立律师的专家形象。

好的讲课是一场演讲的现场艺术，演讲本身的感染力就可以征服受众，与此同时，律师的专业化形象也能够深入人心。

网络时代讲课的影响力非常大。兰迪律所的刘逸星主任说过，兰迪在创建之时，律所的宣传就是从网上讲课做起来的。有许多时候，他主动给自己寻找机会去讲课。

我认识一位红圈所的合伙人，他因为工作的需要到新的城市执业，刚到新城市时他并不熟悉新城市的情况。通过讲课的方式，他在新城市迅速打造专业影响力，在一年讲了五十多次专业课后，他在行业中的影响力迅速建立，在律所也站稳了脚跟，业务局面迅速打开，发展非常顺利。

三、讲课有利于律师开拓业务

律师讲课有利于建立信任，听课的人可以近距离深入了解和感受律师的专业水平、人格风范甚至品行，有利于达成合作。

建纬律所创始人朱树英律师在《苦寒磨砺筑方圆——律师演讲技能提升之道》一书中说，律师只要能演讲，就会有业务来源；演讲越成功，业务发展得越快。朱树英律师的业务都是靠不断演讲营销和写作营销得来的。

有的律师认为自己不擅长表达，普通话不够标准，自己没有讲课的天赋和能力，所以自己不能讲课。也有许多律师，认为自己业务繁忙，无暇进行讲课准备，也不需要讲课。我觉得这些观点值得商榷，特别是前者。

我认识很多擅长讲课的律师，并不是天生就是讲师，他们大多数是通过后天的努力和训练才成为讲师的。表达能力、普通话等能力都是可以通过自己的刻意练习来提升的。

在大学阶段，我就是一个非常不擅长讲话的学生，更不用说演讲了。我记得大四毕业设计时，要准备一个向专家组讲解 15 分钟毕业论文的演讲内容，这使我倍感紧张。在压力之下，我找了一个顶楼的过道，一个人对着自己反复练习并沉浸其中。偶尔有学生从过道路过，看到我的样子，他们并无嘲弄之意，反而在眼神中透露着尊重，这一举动更增强了我的信心。后来我的本科毕业论文获得了优秀，这个经历对我在日后的工作中增强演讲的信心帮助极大。

律师如何能够将课讲得好，很多律师都分享过好的方法，我觉得主要注意以下几个方面。

一、要有内容

律师要言之有物，言之有理。有时候侧重讲解法律规则的要点，有时候侧重讲解容易被误解的法律条文，有时候侧重讲案例等。律师无论是从法律理论还是法律实践方面，都应当有很多可以分享的知识，特别是来自实务经验的干货，可以打动听者。

二、要有助于解决问题

学习的目的是解决问题，律师讲课也应该直接面对解决问题。我见过有的律师讲课的时候，内容中规中矩，大多数是课本上或教材上的内容，这样的课听起来没有新意，没有特别的收获，容易让人失望。律师的讲课如果针对热点问题，提出切实可行的解决之道，一定会受到听者的欢迎。

三、要有效果

律师讲课，既是传经送道，也是个人专业形象和魅力的展示，是律师打造和树立自己专业形象的好机会。评价律师讲课是否成功，要看讲课后的效果。好的讲课，听者会对讲课老师有正面的评价，讲课老师因此获得听者更多的尊重，从而增强了其在行业内的影响。

我在铁路单位工作的时候，有三年时间从事职工教育工作，其间经常给单位的技术工人讲课，这段经历对我的帮助非常大。从事律师职业后，我也经常接受客户和合作伙伴的邀请，讲授与自己专业相关的课程，这对于丰富我的知识结构，增强专业积累和扩大自己甚至律所的影响力，都起到了正向的作用。

我觉得律师应该把讲课作为自己工作的一部分，不断打造精品课程，不断通过讲课去扩大影响，这是一件非常有意义的工作。

法天使的创始人常金光老师也说过，法律行业需要更多“会讲课”的律师。

律师如何提高效率

我曾经问过一家客户的负责人，在他的眼中律师工作中最重要的方面是什么？他告诉我，工作又快又好的律师是他最喜欢的。我想这应该是大多数客户所看重的，高效工作的律师最受欢迎。

律师如何才能够高效工作呢？我觉得可以从以下几个方面进行提升。

一、越专业，越高效

我认为，随着律师专业化程度越来越高，律师的工作效率也会越来越高。我在从事律师职业之初，跟着律所主任办理各类法律案件和事务，包括公司并购、常年法律顾问、合同纠纷、知识产权诉讼甚至刑事案件，那时候遇到的法律问题基本上都是新问题，需要在有限的时间内对新的法律问题进行研究并寻求解决方案，无论从时间上还是从知识储备上都面对很大挑战。

律师业务专业化的好处之一，就是能够聚焦业务范围。我们承办或接触的案件和项目如果都是在熟悉的专业范围之内，就能够提升工作效率。首先，从所在专业的法律规则方面看，专业律师能够迅速找到适用的法律规则，并准确理解相关法律规则的含义，不会出现理解上的偏差。其次，从专业相关的知识方面看，由于长期处理相关法律问题，专业律师熟悉业务相关的行业术语和其他知识，无论是交流沟通还是促进交易方面都会提升沟通效率。最后，从资源整合方面看，由于专业律师经常在行业内进行活动或处理类似问题，能够迅速帮助客户联络可能需要合作的其他机构，从而大幅提高解决问题的效率。

我们在从事资本市场法律服务的过程中也是如此，遇到我们不熟悉的业务时，一般要寻求其他相关专业律师团队的帮助。在我们熟悉的业务范围内，我们能够非常自信地运用已经学习的知识和业务经验，以及通过我们在从事专业化法律服务过程中形成的专业方法，迅速地向客户提供法律咨询意见或建议，或协助客户寻找法律解决方案。

二、越熟练，越高效

“一万个小时定律”告诉我们，一个人在保持专注的前提下，人的大脑就会对某一知识或技能进行感知、记忆、思维、认知的活动，而大脑要真正地熟知和掌握这一活动的内部规律，大约需要一万个小时。大多数律师在专业方面取得成功是其专注于该领域并长期实践的结果。对于律师而言，承办过大量同类案件和业务是提升效率的重要保障。

我们在和客户洽谈业务合作时，客户经常提的一个问题就是，你们有没有办理过同类的案件或类似的业务？我非常理解客户关注的问题，因为有案件或项目经验的律师能够帮助客户少走弯路，能够高效地解决问题。

有经验的律师，往往解决过完全相同或高度相似的问题。对于拥有这种经验的律师，问题就显得更加简单，可以直接找到解决方案。我们曾经在办理一个医疗器械的 IPO 业务过程中形成了规范销售行为的经验，在办理下一个类似项目时，就能够以最精准的方法提出解决方案并高效地实现合规。

有经验的律师，还能够不断总结案件和业务中的共性或具有一定规律性的特征，能够预判案件或业务的未来可能会出现的结果，从而有利于高效地进行相应的准备工作。

我们团队有一位年轻律师，他在制订个人职业发展规划时，就认为在执业的前几年主要的任务是多做项目，多获得项目经验，这样才能够提升自己的业务能力。我觉得他的规划是正确的。

我在研究生毕业后准备从事律师职业时，曾向一位老师请教律师发展之路。老师对我说，做律师，要做好十年磨一剑的心理准备。我在执业十年之际，确实也回顾了自己的工作历程，认为老师说得非常对，没有足够的业务经验积累，很难达到又快又好地完成工作的境界。

三、越标准，越高效

律师在工作中要面对大量的事务，如果工作中有标准，则效率会高很多。

首先是工作内容的标准。我们在提供法律服务的过程中，既不能遗漏相关工作，也没有必要多做与工作无关或者可能会影响进展的工作。例如，在法律尽职调查工作中，律师要和客户约定好尽职调查的范围和内容，以及尽职调查的手段和方法，这样做既有利于避免对于工作内容的争议，又能够更有效地完成工作。

其次是工作流程的标准。律师提供法律服务工作往往根据时间顺序是分阶段进行的，制定业务流程并配套准备各流程相关的工作内容和文件，则有利于全面高效地完成工作。

最后是工作文件的标准，包括各类协议和法律文书等都可以形成标准化的文件。我们在工作中，经常要起草各类协议和法律文件，如果平时有积累和准备，将各类协议和法律文件做成标准文件，无疑在工作中会大幅提升效率。

律师工作效率的高低往往决定律师的时间价值，高效的律师往往能够同时服务更多的客户或承办更多的业务。沃伦·巴菲特也说过，在他看来，能做好事情的人并不是“马力最大的”，而是效率最高的。

我认为律师在合理的工作强度之下，可以通过追求更高效率的方式，在事业上取得更大的成就。

律师如何报价

很多律师在从事法律服务工作时表现得非常专业，但是在接待意向客户谈案件的环节中，当客户问及律师收费的标准和方案时，却可能犹豫不定，不能表现出特别专业的状态。我在执业的前期也经常会出现这样的情形。我觉得，如何合理报价，值得我们每名律师认真思考。

对于一名律师而言，提供法律服务的本质也是一种有偿服务，报价和收费是正常的，我们都应该正常且理性地看待报价这一环节。

律师如何报价呢？我觉得应当注意以下几个方面。

一、报价的时机要恰当

律师在什么时候报价，是经常困扰我们的问题。一般而言，报价的时机不能过早，我的建议是在熟悉案件和项目情况后，律师有清晰的服务思路，确实能够帮助客户且客户有明确的委托意向的时候，这时候比较适合报价。

有的律师过早报价可能会让客户产生一定程度的不信任感。客户初期接触律师的时候，往往需要有一个了解律师及其团队的过程，客户在对律师建立了初期的信任后，才有可能产生委托的意向，如果此时过早地报价，客户会担心律师没有充分了解案情就报价，感觉律师过于商业化。

关于咨询是否要收费的问题，也是律师们要经常面对的。有的律师坚持客户咨询案件阶段就要收费，往往阻却了不愿意支付咨询费的客户。在实践中，有意向支付咨询费的客户可能并不多。我的建议是要具体情况具体分析，对于确实属于有可能形成业务的机会，律师不必纠结于前期咨询是否收费，但要控制好节奏和前期投入的时间。

我认为在报价之前应当做好以下三个方面的准备工作。

一是律师要充分了解案情和项目情况，能够理解并抓住案件和项目的要点，能够清晰表述案件和项目。二是律师要有基本的判断，能提供初步法律解决方案，这需要律师拥有专业的知识和丰富的经验，并能够满足客户的价值观要求。三是律师在和客户交流的过程中建立初步的信任时，客户会从细节判断律师的风格，律师在这一过程中表现出来的专业素质和职业素养会给客户留下深刻的印象。

在时机成熟时，律师就要正常地报价，此时客户也可能会询问律师的报价，这也是比较合适的报价时机。

二、报价的依据要充分

律师报价是一项专业的活动，客户收到律师的报价时，首要考虑的是律师为何如此报价，有没有依据？客户的这种想法是正常的，客户往往会担心自己因为信息不透明而支付了不合理的律师费。

2021 年 12 月 28 日，司法部、国家发展和改革委员会、国家市场监督管理总局共同颁布了《关于进一步规范律师服务收费的意见》，规定了律师服务收费项目、收费方式、收费标准等原则上由律师事务所制定。律师事务所制定的律师服务费标准，应当每年向所在设区的市或者直辖市的区（县）律师协会备案，备案后 1 年内原则上不得变更。律师事务所不得超出该所在律师协会备案的律师服务费标准收费。律师事务所应当严格执行明码标价制度，将该所在律师协会备案的律师服务费标准在其执业场所显著位置进行公示，接受社会监督。

以下两方面要特别注意：其一是有些案件不能进行风险代理，如按规定不得实行或变相实行风险代理的刑事诉讼案件、行政诉讼案件、国家赔偿案件、群体性诉讼案件等；其二是风险代理的收费有比例的上限。律师提供风险代理的收费比例不得超过规定的上限。

对于具体某个案件或项目而言，律师报价应充分考虑案件和项目的具体情况，可以考虑向客户提供以下几个方面的报价依据。

一是律师事务所的收费标准（已办理律师协会备案）。律师收费应当依法进行，经过在律师协会备案的律师事务所的收费标准具有公信力。另外，律师事务所的收费标准往往根据政府的指导价格或原有的规定制定，律师也可向客户提供政府指导价或原有的规定，供客户了解和参考。

二是过往类似案件和项目的收费。有些非诉讼项目收费是公开的，如IPO的律师费都可以在招股说明书中查询，这时候可以直接以公开的信息进行统计作为依据。有些非诉讼项目的收费并不是公开的，这时候客户可以通过自己的渠道进行了解，律师也可以适当提供过往的收费凭证予以说明。

三是律师服务可能给客户带来的价值或付出的工作量。有些案件或项目，需要律师花费大量的时间和精力完成复杂的工作，这个时候可以考虑以工作时间作为收费的重要依据。有些法律服务很难用具体的金额来衡量价值，但是却能够给客户带来巨大的意义，这些案件或项目，并不能简单地以标的或工作量来衡量。

另外，还要注意的是，客户在许多时候不仅关注律师的报价，还比较在意是否获得了某种程度的优惠。律师在报价的时候，如果能够给客户一定程度或方式的优惠，则会取得更好的效果。

三、要给客户选择的权利

律师报价一般要报几种价格？报一种价格是不是也可以？这方面的问题同样值得各位律师关注。

一般而言，如果有可能，我的建议是最好报三种价格，让客户有选择的权利，这样更有利于客户作出适合其偏好的选择。

对于大多数诉讼案件或非诉讼项目，可以设计为三种报价。第一种是固定收费，第二种是较低基础收费加较高比例风险收费，第三种是较高基础收费加较低比例风险收费。当然，按规定不得风险收费的业务除外。

有的非诉讼项目可以按工作小时收费模式报价，也可以设计为不同的报价。第一种是不同级别的律师不同的小时费率标准，第二种是所有的经办律师采取相同的小时费率标准。另外，有时候客户还会要求设定封顶价格，要根据项目情况进行设计。

总而言之，律师在报价时尽可能让客户拥有选择的权利，有利于客户的体验也有利于成交。

律师有时候是参加招标案件或项目的报价，这就要按照招标公告的要求准备相关资料并报价，这时报价的策略和本文讨论的情况不尽相同，需要根据招标的要求进行报价。

有的年轻律师经常会问一个问题，就是如果报价过高，因此吓跑了客户怎么办？我觉得也不必过于纠结这个问题，如果客户觉得价格过高，就会找价格低的律师，这样的客户就不是我们的合适客户，没有必要因此委曲求全而降低自己的身价。当然，如果一名律师，总是因为报价高而得不到客户，则该律师应该思考自己的定价是否出了问题，是否要进行适当的调整。

我们不建议搞所谓的恶意低价竞争，这样不仅会影响整个行业的形象，还会让自己因此受到整体行业的谴责。

2022 年 12 月 9 日，深圳市律师协会正式发布《恶性低价竞争行为查处工作规则》。这是全国首个专门就律师行业恶性低价竞争行为进行规制的规则，对净化法律服务市场、推进律师行业高质量发展具有重要意义。

如何合理地收费，是每一名律师要面对的，我们唯有做得更专业、更职业，才能够维护律师这个光荣而有意义的职业。

律师如何进行复盘

复盘，围棋术语，也称“复局”，指对局完毕后，复演该盘棋的记录，以检查对局中招法的优劣与得失关键。

在法律服务中，复盘是指律师在完成法律服务工作后，把法律服务过程再进行回顾，通过重新审视和思考，总结哪些工作做得好，哪些工作做得不够好，哪些工作可以优化改进以及如何进行优化和改进。由此可见，律师复盘可以帮助律师总结经验教训，进行高效学习，提升工作能力，实现工作目标。

关于复盘的具体方法，已经有很成熟的理论，主要是 GRAI 复盘法，即第一步回顾目标（Goal），回顾最初情景，列出当时的目标；第二步对比结果（Result），列出目标完成情况，将结果和目标进行比较；第三步分析过程（Analysis），用今天的眼光和能力审视昨天的做法，学到对未来有用的信息；第四步总结规律（Insight），总结提炼出适用于类似情况的规律，合理进行模块整理。

在 GRAI 复盘法的基础上，有人进一步提出了 GRBARP 复盘法，即在第二步对比结果（Result）后增加一步即回溯过程（Backtracking），回溯运营工作的全过程，分析各个节点分别都做了哪些动作，分别产生了哪些结果和影响，同时你遇到了哪些问题，你是如何解决的，哪些问题你没有解决掉。将第四步总结规律（Insight）分解为两个步骤，分别为提炼规律（Refine）和沉淀材料（Precipitation ），提炼规律指找到可以在未来的运营工作中复用的做法进行优化，找到失败的做法和教训以在未来工作中避免；沉淀材料指把复盘结果形成规范化的材料，方便以后查阅和利用，汇报时也清晰明了。

对于律师提供的各类法律服务工作而言，都是值得进行复盘的。律师对法律服务工作进行复盘，除了上述介绍的GRAI复盘法或GRBARP复盘法外，我觉得还应当注意以下几个方面。

一、应建立复盘的工作制度

凡事预则立，不预则废。律师的复盘工作也是如此，律师或律师团队的复盘应该是有计划的、系统的，而不应当是零散的、偶发的。

我们团队对于重大的或创新的法律服务业务，原则上在法律服务业务完成后都要进行复盘，对于其他业务，可以结合整体年度的工作计划和业务实际情况安排复盘工作。例如，对于IPO项目，由于项目的周期长，往往会在项目承办的过程中出现新颁布的法律法规或规范性文件，因为项目所处的行业或项目特点而有需要特别关注的合规要点等情况，我们律师团队要求每个IPO项目完成后，都需要召开该IPO项目的复盘会议。对于诉讼业务而言，重大或疑难的诉讼案件一般在案件结案后都需要安排进行复盘。

我们律师团队建立了团队业务复盘制度，就团队需要进行复盘的业务、复盘的时间安排、复盘的参加人员、复盘的流程以及复盘成果等内容进行了具体的规定。

复盘的工作制度有利于保障复盘工作的持续和高品质开展，有利于团队成员业务水平的提升，有利于增强团队凝聚力。

二、应结合法律服务产品和知识成果输出进行复盘

与其他任何工作一样，复盘工作不能流于形式，每次复盘都应追求复盘的成果。

复盘成果包括工作经验、工作技能、法律文件等，复盘形成的成果应当融入日常的法律服务中。律师和律师团队在所擅长的专业领域，都应当形成具体的法律服务产品，法律服务产品包括法律法规、标准文件、操作流程、行业相关案例等，每一次复盘都应该是对原有法律服务产品的更新和完善。将在复盘中形成的与法律服务产品有关的知识输入原有法律服务

产品中，形成新的法律服务产品，可以不断更新和迭代法律服务产品内容，使法律服务产品更能适应客户和市场的需要。

复盘本身也是一次智力劳动，是专业的总结和分享。对于创新型的业务，复盘有助于律师或律师团队总结出一套崭新的法律服务产品，在某些专业方面形成新的突破。通过复盘可以形成新的知识成果，例如，通过复盘可以就某些专业法律问题的解决形成专业文章，甚至通过复盘可以就某一个专业领域方面形成专著。

我们身边很多律师在办理某个具有代表性和特色的案件或业务后，会就案件或业务中的专业问题写出专业文章，这是复盘形成的非常好的成果。

三、复盘要和个人成长或团队成长相结合

复盘最重要的目的，应该是律师个人或团队的成长。如果复盘的工作未能促进律师个人或团队的成长，这样的复盘是不成功的。

复盘促进律师或团队成长应该是多方面的，有的是专业方面的成长，有的是经验方面的积累（如不犯过去犯过的错误和避免低水平勤奋），有的是沟通技巧方面的进步等。正是这些不断复盘形成的新的成长，有效地促进了律师个人和团队的成长。

另外，我们律师团队将成员的复盘工作作为重要内容之一纳入考核，对于复盘工作完成出色的成员会进行奖励。

孔子曰："温故而知新，可以为师矣。"复盘的习惯有利于律师从过去获得力量，帮助律师更好地面对未来。

如何兼顾业务和市场

有很多人把律师分为两类，一类是业务型，这类律师主要是承办具体法律服务业务；另一类是市场型，这类律师主要是开拓市场承揽业务为主。

我有时候也问自己，自己是哪一种类型的律师，是业务型的还是市场型的？从自己工作的内容来看，应该是属于业务型的。但目前团队越来越大，没有足够的业务支撑，团队也很难发展，我还是花了一定的时间去做市场的。

业务和市场可以兼顾吗？作为一名律所的合伙人，我们应当如何配置我们的工作时间？

事实上我们已经在业务和市场的实践中，度过了迄今为止的律师职业生涯。无论是有意为之，还是被动地前行，我们一直在实践着业务和市场这两个方面。

我的第一个体会是，我们首先是业务型的律师。

从第一天做律师开始，我就把自己定位为一名专业律师，希望自己能够用扎实的法律专业知识，帮助我的客户解决各类法律问题并实现合法商业利益。我是这么想的，也是这样做的，我的大多数客户也是以专业来评价我的。

至于开拓市场，并不是没有考虑过。在我的思维里，曾有一个根深蒂固的观点，就是专业做得好，市场跑不了。专业做得好的直接效果就是客户满意，客户满意后，会不断把新的法律业务交给我们，这是最简单也是最有效的市场开拓方式。另外，客户满意专业服务后，会向我们律师团队介绍新的客户，这样也会带来更多新的业务。

作为一名专业律师，有许多时候不屑于研究或学习现代市场营销理论和相关方法，担心自己学习了营销方法后变得不再专业，从而忽略了对法律服务市场的理解和开拓。长期以来，认为对营销的学习会降低对专业的追求，是我的一个认识误区。

所以，我在很长的一段时间内，孤独地享受着作为专业律师的专业评价，以专业律师自居，不断地在专业上发展自己的业务，这样的状态也是自得其乐的。

我的第二个体会是，我们不能没有开拓市场的能力。

律师团队的发展来源于客户的发展，随着客户数量和业务越来越多，我们的团队才能够不断扩大。很多律师团队也是这样随着客户的业务增多而发展起来的，有什么样的客户群，就要有什么样的律师团队与之匹配。

专业化的发展和越来越高的专业要求，会形成一个竞争的市场，我们律师团队会遇到各种各样的机会，这需要我们展现团队最强的一面，去和更多优秀的同行竞争业务机会。

这个时候，我们发现传统的模式可能跟不上市场竞争的需求了。我们以前没有认真考虑过，如何向客户展示我们的专业团队？如何报价？如何更加精准地理解客户？如何向客户提供初步的法律建议？如何增加客户的信任度或如何取得客户的认同？这些因素，在客户选择律师团队时，往往是非常重要的考量方面。

一切的一切，指向律师团队开拓市场的能力，只有在开拓市场方面能够领先的律师团队，才有更大的机会取得更好的业务。

律师团队应当培养并发展开拓市场的能力，利用现代市场营销的理论武装自己，在增强自己理解客户能力的同时，才能够为客户提供更优的解决方案，才能够更好地拓展团队的业务。

我的第三个体会是，业务和市场要兼顾，达到平衡。

律师要不要一直做专业业务，这在业内算一个话题。有少数资深律师，到了一定的阶段或年纪后，他们不再出庭或出现在法律服务的第一线，而是把自己定位成为一名市场引领者或幕后指挥者，这样的方式可谓仁者见仁。

我特别欣赏身边一位建筑工程专业的主任律师，他一直主张作为专业律师应当始终战斗在法律服务的第一线。他经常亲赴争议现场了解案情事实，经常出庭为了当事人的权利而据理力争，享受作为执业律师的主要工作流程。

我也特别喜欢在业务现场的感觉，这是我们专业律师的舞台，我们在这里有机会充分发挥自己的智慧和经验，为我们的客户分析法律事实和法律适用，寻求最佳法律解决方案，充分体现作为专业人士的律师的价值。

与此同时，法律服务市场也是我们不得不关注的，律所和律师团队要想发展，就要有机会取得和优秀的客户合作的机会，这是要关注法律服务市场并去解决的问题。如果我们不关注法律服务市场，则市场还是会在那里，但这样的市场可能就不再是我们的市场了。

我特别佩服那些能够兼顾市场和业务的同行，他们既能够抓住市场机会，不断获得优秀的客户，也能够在业务中展现专业水准，不断提升客户的满意度，这是一种高水平的平衡。

我认为，在不同的发展时期，可以将业务和市场的投入时间进行不同的配比，根据发展的实际情况而有所侧重，以不断提升自己和律师团队甚至律所的竞争力。

我相信，每一名优秀的合伙人律师，都会找到真正适合自己的业务和市场的黄金分割点，在业务和市场中寻求最佳平衡，从而演绎自己精彩的职业人生。

律师为何要做年度计划

每到年底，我们都会感觉这一年的时间过得特别快，又到了对即将过去的一年进行总结并对新的一年做计划的时候了。律师为何要做年度计划？这应该不是一个特别的问题了，不过我觉得还是有必要再梳理一下律师做年度计划的必要性。

有些律师不做或不怎么做年度计划，主要可能是觉得很多事项难以预测，或者觉得自己日复一日地繁忙，做不做年度计划都是一样的。例如，对于下一年度创收的预测，很多律师觉得律师业务有较大的偶然性，业务的收费特别是风险代理的案件和项目是否能够实现也存在非常大的不确定性，确实难以准确预测。又如，对于下一个年度的写作计划，很多律师觉得是有必要写写文章，但是工作一忙起来，确实难以兼顾。

律师做年度计划确实会存在各方面的难度，这不仅仅是律师会遇到，我们的客户也会遇到同样的问题。我们服务的一家从事出口业务的企业在做年度收入计划时就遇到类似的问题，这家企业的业务来自客户的订单，订单的完成周期较短，客户也存在变化，因此很难预测新的年度订单的情况。

有一次我向该企业的董事长请教，企业每年都做销售计划，而且计划做得还比较准，是如何做得到的？董事长微微一笑，说自己从事这个行业二十多年了，对整体市场会有自己的判断，加上对自己企业和产品的信心，以及对客户的了解，每年的预测与实际情况基本上不会有太大的出入。

我觉得我们律师应该向该董事长学习，如何做相对准确的预测，应该是有一定方法的，我们不能因为技术上有一定的难度而放弃进行年度计划。

我觉得，律师做年度计划，起码有以下几个方面的作用。

一、有利于形成明确的年度工作目标

《礼记·中庸》中说："凡事预则立，不预则废。"无论做什么事，事先有准备，就能得到成功，不然就会失败。英国有句谚语是这样说的："无目标的努力，有如在黑暗中远征。"年度目标解决了我们在新的一年应该做什么的问题。

有了目标，就可以提前安排自己的时间去追求自己的目标。有了年度目标，就可以进一步分解成各个月度或季度目标，可以让自己的工作更具体更可控。有了年度工作目标后，才能够将每年的工作目标和实现情况做详细的分析，才能够不断地优化和提升自己制订年度目标的水平和能力，才能够对自己的发展做到心中有数。

二、有利于形成系统的有规律的工作方式

有了年度工作目标，则可以围绕目标安排自己的工作时间，这有利于有计划地规划自己的工作。

例如，关于年度工作时间的分配，可以将工作时间分配在承办项目和案件、市场开拓、写作等方面，合理地分配时间有利于兼顾各项工作，不至于忙碌时顾此失彼。

又如，在市场开拓方面，很多律师没有计划，新的业务基本靠等待。如果换一种思路，可以制订市场开拓计划，包括开展专业活动、拜访业务相关的人士、参加一些必要的社会活动等。一旦有了市场开拓计划，则可以为市场开拓付出具体的行动，相信在开展相关行动时也会不断积累和提升市场开拓经验。

再如，写作这件事情。我们很多律师都清楚写作对于律师专业化以及自身发展的意义，但往往大多数时候把写作这件事情列为重要但不紧急的一类，结果因为其他工作繁忙而未能开始或持续进行写作。如果把写作列入年度工作计划，并制定具体的写作目标，则只要坚决执行，一定可以取得不错的效果。

年度工作计划制订后，应当形成具体的分阶段的工作内容，这样可以

从整体上看待自己新的一年的工作。当然，由于律师工作具有一定的偶发性和突然性，我们也要为突发性的工作留下足够的时间。

如果我们每一天醒来的时候，都知道自己应当做什么，然后充满激情地去从事自己喜欢的事业，这岂不是一件特别快乐的事情吗?

三、有利于适当加压，提高工作效率

律师的工作不仅面临客户或当事人的压力，还面临来自属于自身的压力，所谓没有压力则没有动力，律师同样需要将压力转化为动力。

就律所管理而言，每家律所的管理模式可能各不相同。对于公司制的律所，应该更容易实现对计划的管理。对于管理相对自由和宽松的律所，要求律师们制订年度计划并进行跟踪的难度会相对大一些。

律师团队应当加强对每一名律师年度计划的管理工作，这是相对容易实现的，律师团队可以按照以终为始的原则，考核律师的具体工作成果。只有收获，才能检验耕耘的意义；只有奉献，方可衡量人生的价值。

律师也应当给自己适当增加压力，也就是要自我加压，对于新的一年的计划，每一位律师都应当制订，并不断促进自己去实现目标。

松弛的琴弦，永远奏不出美妙的乐曲。

让我们从制订年度计划做起，去实现自己每一步的人生目标!

律师如何建立业务“护城河”

我们有时候非常羡慕律师界的大律师们，他们精通某个专业领域，业绩等身，著书立传，一直在引领法律服务市场。我们有时候也非常困惑，感觉自己所提供的法律服务有同质化的情况，市场中有太多可以提供同样法律服务的同行，为此感觉到竞争的优势不大。其中的原因，我认为可能与律师是否已经建立专业上的“护城河”有关。

我觉得，律师要建立业务“护城河”，就要持续地在法律服务上进行创新，不断扩大法律服务领域和提升法律服务水平，追求极致的客户体验。根据截至目前在律师行业的实践，我觉得以下几个方面是建立业务“护城河”的关键。

一、人无我有

如果有一项律师业务，只有少数律师能做，大多数律师都做不了，此时这些律师就在这些优势业务方面建立了业务的“护城河”。

例如，早期的FDI业务，上海一位非常资深的从事外资业务的合伙人律师曾经告诉我，在20世纪90年代，FDI业务非常火爆，这个业务对律师的要求较高，既要懂国内投资相关法律，又要理解境外客户并擅长与境外客户进行沟通合作。该合伙人所在的团队经常处于异常忙碌的状态，由于能够从事这块业务的律师相对较少，业务的收费也是相当可观的。

有人说，法律服务是市场经济发展和客户需求的必然产物，有什么样的市场需求就有什么样的法律服务。但实际上市场需求和服务创新应该是一件事物的两个方面，市场需求固然会产生相应的法律服务，法律服务的创新也会带来新的市场需求。

例如，境外上市的VIE架构就来自业内知名律师的创新，律师设计的VIE架构，通过中国法律项下的合同安排，使境外投资公司在没有直接股权关系的情况下控制国内公司的运营，由此按照国际会计准则将国内公司的财务数据并入境外投资公司的财务报表。这一创新解决了国内企业赴境外上市的难题，也为律师行业创造了新的业务机会。

随着近年来我国资本市场的发展，对上市公司的监督管理亦趋于规范，上市公司被施以行政处罚的案例也越来越多，部分有远见的律师提前布局上市公司虚假陈述引发的民事赔偿诉讼业务，也有效地占据了市场先机。

二、人有我精

如果没有机会占据新兴市场，我们还可以通过对现有业务的精进取得发展方面的优势。

相当一部分律师以前可能认为诉讼业务是一项传统业务，包括我在内，直到我看到了天同所的高端诉讼法律服务理念和产品。拜读了蒋勇律师的著作《诉讼可视化》后，我感觉非常震惊，没想到以前认为并不复杂的诉讼业务，可以通过“用图表说话”的方式，采用直观、简洁、生动的信息表达方式，可以更好地说服法官，更好地保证办案质量，也能够更好地帮助客户进行理解。

正是通过把业务做精的方式，包括天同所在内的诸多优秀律所和团队，把看似传统的法律业务做出了新高度，把这些业务打造成为真正的高端业务。

资本市场业务中的IPO业务也是如此。很多律师刚开始承办IPO业务时，由于经验不足，往往跟随保荐机构甚至是在保荐机构的带领和指导下完成业务，这样解决的是能做的问题。好的IPO律师团队，不局限于能做，而是追求精益求精；不仅能够胜任通常的工作，还能够融会贯通，全方位考虑并解决企业在上市过程中可能遇到的法律问题，全面进行合规方面的帮助，更能够精准地把握项目且实质性地提供专业帮助。

从普通到精致，是律师建立业务“护城河”的好方法。提供更精更好的法律服务，就会取得优势的竞争地位，也有机会取得更丰厚的回报。

三、人精我专

服务中的精，指的是具体法律服务业务的精；但这里的专，指的是形成专长，成为专家，形成行业内的影响力。

建纬所是我非常尊敬的一家坚持专业化并取得巨大成功的律所，该所坚持专业化道路逾三十年，建纬专著、专业所刊、专业培训、“建纬律师”公众号、建纬线上公开课等反映出建纬所卓尔不群的专业实力，建纬所聚集了众多有工程专业资格和背景的合伙人或资深律师，编著和出版了一系列在行业内有重要影响力的专业书籍，并接连承担多项重要课题任务。

我认为，正是由于树立了专业上的巨大优势，建纬所才能够在专业化的基础上实现了规模化和规范化，成为中国律师事务所中的知名品牌。

对每一名律师而言，也可以寻求从精到专的过程。律师在某领域不断提供精细法律服务的过程中，可以有所总结，有所提炼，在该领域形成专业上的优势，并成为专才或专家，这个时候就可以建立业务上的“护城河”。

无论是人无我有，人有我精，还是人精我专，在律师业务发展过程中要建立“护城河”，关键是保持创新的精神并持续实践。

莎士比亚说过：“推陈出新，是我的无上诀窍。”律师业务与很多其他行业的业务一样，唯有不断创新，不断提升，方可真正建立业务的“护城河”，成为竞争中的优胜者。

为什么说成功是成功之母

有人说，失败是成功之母，还特别拿爱迪生发明电灯的事来进行说明。爱迪生发明电灯时，为了寻找适合做灯丝的材料，他和助手反复试验了一千多种材料，但都以失败而告终，最后他们终于找到钨丝作为灯丝。很多人认为正是有了前面一千多次失败，才会有电灯发明的成功，所以失败是成功之母。

关于失败是成功之母的说法，我有不同的体会。对于律师职业而言，可以从另外一个角度解读。律师职业是一种容错率极低的职业，我们律师特别是年轻律师，从事职业工作时，不能总是以失败作为获得成功的前提，而是应当培养自己做事的习惯和方法，把每件工作都做成功，从成功走向成功，成功才是成功之母。

一、积小胜为大胜

律师职业的发展有一个循序渐进的过程，很多国家和地区的律师职业规则也要求律师在从业的前期有较长的实习期或培训期，应该是考虑到律师从事这个职业的风险较大，只有掌握必备的技能和打好扎实的基础后才能独立从事律师职业。

我们经常以不断遭遇挫折并不断成长来激励年轻人，这种方法本身无可厚非。然而，有的律师因为入职之初缺乏风险意识导致犯罪而失去执业资格，这样的失败是不可挽回的，这个时候，失败就不可能是成功之母。

我们从事律师职业，还有另一种方式，就是用不断做成事情从而不断成长来促进律师发展。我们要学会适用“胜利者效应”。

简单来说，“胜利者效应”就是：如果你能够先战胜一个较弱的对手，那么之后在面对强大对手时的胜算，会比最初就直面强敌大很多。

例如，做诉讼律师，刚开始是从小案件做起的，小案件办理得多了，后面就有能力和胆识承办更大的案件。又如，做非诉讼律师，开始从基础的工作做起，慢慢地可以起草复杂的文件，并成长为可以主导复杂交易的专业律师。

有时候，不必要的挫折对律师的打击是非常大的。有些年轻律师，因为刚入行后遇到巨大的工作压力，无法胜任要求过高或过重的工作，从而选择退出律师行业，是颇为可惜的。

当我们接到一项困难的工作时，我们很可能会产生畏难心理，觉得这个任务不可能完成，然后就会引发拖延症，最后把事情搞砸。此时可以考虑将大目标拆分为小目标，不断完成一个个小目标，从而激励自己不断前进。

如果将律师职业比喻为跑步比赛，则从事律师职业更像是马拉松而不是百米跑，马拉松也是由一个一个的一百米组成的，合理安排节奏跑好每一个一百米，也就能跑好马拉松。

二、成功是一种习惯

从成功走向成功，需要我们掌握成功做事的方法，并养成成功做事的习惯，在工作中不断寻找成功的方法，每项工作追求成功并达到成功的结果。

有些年轻律师在工作中出现了错误或失误，容易解释为经验不足。这种做法也值得思考。有一些工作中的错误，如制作的文件中出现了错别字，这和工作经验的关系不大，就不能以工作经验不足作为借口。我认为从事律师职业，杜绝出现错别字这样的低级错误是必备的能力，否则将会给工作带来非常大的困扰。

人无完人。工作之初，我们每个人都带着自己的缺点和不足走向职场。成功的习惯来自持续的实践和磨炼，取决于律师的复盘能力和提升能力。有些律师，在从业之初就养成了定期复盘的习惯，对于自己在工作中的不足之处，不断地改正和完善，不断地取得成长，这样的律师更容易成功。

在从事律师职业过程中，自信是一种非常重要的品格，一名自信的律师总是给客户留下深刻印象，并能够感染客户努力实现商业目标。一名律师一旦养成做事成功的习惯，在执业过程中会越加自信，会获得更多客户的认同，并得到更多的业务机会。

成功有时候就像带着密码锁的大门，在我们没有找到密码时，我们无法进入。一旦找到密码，我们将看到崭新的世界。对律师而言，成功的密码就是在职场中养成的优秀习惯，这些优秀习惯推动着律师的成长。

三、从成功走向成功

律师成功完成一项法律服务工作后，应当以某种方式进行总结和提升，不断地提炼成功之道，形成成功的最新方法论。

律师界有一位非常知名的多面手律师，她是某红圈所的合伙人，从事过国际金融、国际仲裁、国际贸易、外商直接投资、奥运会、反垄断和数据合规等业务，每次切换业务频道后都能够取得巨大的成功。她对行业始终保持好奇心，具有极强的学习能力，拥有宽阔的眼界，她的专业性和敏锐性能够支持她不断从成功走向成功。

有一位公司客户的创始人 Y 总，也是一名多面手。他从事过多个行业，从制造业到体育产业，创办多家公司并取得成功，甚至是在他喜欢从事的多项体育运动中，也都能够脱颖而出，表现非凡。

我觉得他们之所以能够在不同的领域持续成功，是因为他们找到了从成功走向成功的方法。

成功为成功之母，律师们也值得拥有。

我的律师之路上的指路高人

有人说："读万卷书，不如行万里路；行万里路，不如阅人无数；阅人无数，不如贵人相助；贵人相助，不如高人指路。"这句话说明了我们的职业发展中，遇到高人指路是非常重要的。

我是通过自学开始我的法律学习之路的，考上研究生后才到大学系统地学习了法律课程，在法律硕士毕业后成为一名律师。在求学期间遇到过许多优秀的法学老师，理论的学习感觉收获很多，但律师的实务经验大多还是在律师事务所的执业过程中学习并提升的。

从事律师职业以来，我有幸遇到了很多律师界的高人，有机会领略他们对行业的高瞻远瞩和对律师职业的深刻理解，有机会近距离观察和学习他们高超的执业技巧和精湛的专业素养，有机会接受他们的言传身教得以提升自我。以下是对我帮助极大的几位业界精英，他们在不同的维度提升了我对律师职业的认知，使我的律师职业因此取得明显进步。

第一位是我的启蒙导师。

硕士毕业之前，我幸运地被一家律所录用为实习生，遇到了我进入律师职业的启蒙老师 A。作为对律师业务一无所知的新人，在老师 A 的言传身教以及细致指导下，我慢慢了解到律师行业的基本特点。

老师 A 带我进入了律师行业，通过承办诉讼案件和股权收购项目，我开始了解法律服务行业。虽然有很多时候会工作到很晚，但刚进入这个职业的新鲜感和兴奋感并不会让我觉得累，我每天都收获满满。

老师 A 擅长民商事业务，兼顾诉讼和非诉。他喜欢钻研业务，每周三晚上的律所业务学习是雷打不动的安排。老师 A 特别擅长与客户沟通，说话富有条理，能够把法律事实和法律原则结合在一起进行分析讨论，能够准确抓住客户的心理，具有很强的敬业精神。

在进入律师职业之初，就能遇上这么好的启蒙老师，是我的幸运。

第二位是我的专业导师。

一个偶然的机会，我通过面试入职了我的第二家律所，这是一家资本市场的知名律所，合伙人是资本市场的专业老师 B，是他带领我进入了资本市场法律服务领域。

老师 B 的学历高、专业经历丰富、专业知识和财税方面的知识面广，他让我们知道要想精通资本市场法律服务，只有法律专业知识是远远不够的，还需要学习了解财税和金融类知识并能够运用到实践中。

老师 B 最值得我们学习的，是他超强的市场开拓能力。我有幸跟他一起去谈过一些客户，他带着律所的简历，拜访不同行业的优秀企业，企业往往与他接触一次后，就会产生明确的合作意向。我惊讶于他一流的口才、通晓资本市场的学识和对客户的深刻理解，也不断学习和体会律师营销的基本技能。

老师 B 率领的团队业务蓬勃发展，团队也迅速扩张，可惜我因为自身的原因在两年后选择了离开。如果向老师 B 学习的时间能够更长一些，相信我会进步更大。

第三位是我的行业导师。

在跟随老师 B 从事律师职业期间，因为团队项目合作，我被派往上海与上海 C 律师团队进行证券业务合作，有机会领略到了老师 C 的风采。

老师 C 毕业于美国知名大学并获得法律博士学位，擅长为外商在华直接投资提供各类法律服务，曾代表数百家跨国公司和财富 500 强企业处理各类法律事务。老师 C 是属于既具有国际视野又具有本土经验的人才，他在国内的业务经常来自美国合作伙伴的推荐。

老师 C 最值得我学习的，是他严谨的治学精神和对法律服务品质的极致追求。老师 C 学习极其认真，不但精通境内外法律，而且知识面极为丰富，可谓博古通今，在沟通时表现出来的渊博知识和强大气场往往让人钦佩不已。在和老师 C 共同工作的过程中，我有机会了解到他对于法律文件的极致追求，每一个用语，甚至标点符号都严格把关，向客户提交的文件都是高质量的。

后来老师 C 和他的合伙人创办了自己的律所，也曾经邀请我加入他们的律所，可惜我当时由于自身的原因未能成行，颇为遗憾。

第四位是我的团队管理导师。

加入现在的律所后，我开始组建律师团队，随着团队的规模扩大，我意识到自己在团队管理上的不足，一直在思考如何更有效地发展团队，直到我遇到了我们律所兄弟办公室的 D 律师，才开始有了系统管理团队的思路。

老师 D 是我的同乡，也是我的同龄人，他非常优秀，有着非常好的履历，也承办过诸多在业内具有相当影响力的融资和并购项目，是各大律师评级机构榜单上的常客。老师 D 率领的律师团队在资本市场不断开疆拓土，团队运作良好，团队优秀人才不断涌现。我特别羡慕他的团队人才架构。

我们律所的证券委员会经常举办专业活动，我也有机会近距离接触老师 D 并向他请教团队管理方面的知识。老师 D 向我毫无保留地分享了他的团队管理经验，包括团队的人才战略、分配制度、业务管理、团队建设等方面。正是有了老师 D 的悉心指导，我逐渐找到适合的团队管理方法。

第五位是我的战略导师。

老师 E 是业内非常知名的律师，一个偶然的机会，我可以向包括他在内的几位业内精英请教业务发展事宜。

在遇到老师 E 之前，我的团队已经基本成形，长期为客户提供证券发行、投融资并购、常年法律顾问和争议解决四大板块的业务，自己在四个专业方面的投入时间也是相对平均的。我当时的逻辑是资本市场业务经常有波动，四方面的业务正好可以起到对冲和互补的作用，这样团队整体业务不会依赖于某个业务板块。

老师 E 听后，马上跟我说，我的业务不够聚焦，会导致四个方面的业务都会受到影响。他建议我找到最为擅长的业务，深耕细作，做强才能做大。

一语点醒梦中人。我一直以来自以为得意的全面业务其实是我不能够集中突破的主要原因，于是我迅速和团队主要成员讨论团队战略规划，确定了先把证券发行业务做精做深的发展战略。

数年以后，我读到关于战略管理的相关书籍，开始明白战略就是取舍，就是决定做什么和不做什么，我不得不佩服老师 E 的远见卓识并对他的及时指导深表感谢。

在从事律师的路上，除了以上几位老师以外，还有许多在工作中以及生活中给予我极大帮助的老师和伙伴。真的非常感谢有缘遇到各位老师和伙伴。相信在未来的日子里，我还会不断接受更多老师和朋友们的指导。正是有了身边的高人相助，我才能够在律师之路上充满激情且稳重踏实地前行。

我的读书体会

查理·芒格说："我这辈子遇到的各行各业的聪明人，没有一个不每天阅读的，一个都没有。"

律师的工作非常忙碌，这是很多人对律师的印象，特别是有了一定执业年限的律师，客户和业务都呈现越来越多的趋势，忙碌的程度可能超过别人的想象。用一句话形容，可以说是："我们实在太忙了，以至于忙得没有时间看书和学习了。"

我从事律师职业已经二十年，尽管最近几年越来越意识到读书的重要性，也已经逐渐找到了读书的方法，但在开始执业后的相当长的一段时间内，我还是忙于繁重的业务，没有安排好读书和学习的时间，没有形成稳定的读书和学习习惯，感觉还是有些遗憾的。如果当时就知道妥善安排工作和学习，我相信自己还可以有更大的进步。

第一个问题，律师何时有空读书？

一是节假日和休息日。

这些时间是大块的读书时间，可以集中较长的时间读书。我记得杭州召开 G20 会议期间，放假时间长，我在这段时间内集中阅读了《史记》，感觉收获颇多。

在休息日的下午，一边晒晒太阳，一边饮茶读书，不亦快哉！

二是空闲时间。

律师的工作虽然繁忙，但也会有相对空闲的时间。例如资本市场业务，有时候业务繁忙，也有时候业务清淡，我们律师团队在业务相对少的时候就会抓紧时间读书学习。

三是零碎时间。

律师总是有各种各样的零碎时间，例如睡前可以适当读书。我刚从事律师职业时的律所主任就是喜欢睡前读书，他告诉我们，他已经保持这个习惯多年，既能增长知识，又有助于睡眠。又如工作中的空隙，由于保持守时的习惯，有时候参加会议特意提前到达，我一般会在车上放一本书，趁着这一小段时间看几页，感觉自己来得早的时间会更有价值。

美国福特汽车创始人亨利·福特曾说过这么一句话：“据我观察，大部分人都是在别人荒废的时间里崭露头角的。”

对于读书的时间来说，我觉得有句话说得好：时间如同海绵里的水，挤挤还是有的。

第二个问题，律师如何读书？

一是读书要有计划。

有些律师觉得读书并不直接产生收益，往往把读书的重要性放在工作之后，一旦工作忙起来，便忘记了读书。我觉得，读书应该是律师工作的一部分。

读书应该纳入年度工作计划，我们律师团队要求每名律师做年度工作计划时，应当包括读书的内容。在年度总结的时候，要检查自己有无完成年初订立的读书计划。当然，读书计划的制订要量力而行，读书和工作的安排要相对合理。

二是读书要有成果。

我们针对不同的书，选择不同的读法，有的要精读，有的要泛读，目的是汲取书籍中的精华之处，以此提升我们的认知和水准。读书如果没有留下或形成读书的成果，读过的书就容易忘记，不利于积累知识。

常用的方法是做读书笔记，或者做批注。每本书对读者而言作用不尽相同，有时候书中的精华颇多，需要详细解读理解；有时候书中可能只有一句话或几句话较具启迪意义，将这些话记下来以便随时查找，就是这本书的意义。

对于经典书籍，我们应当反复阅读，就像毛主席将 300 余万字的鸿篇巨制《资治通鉴》反复研究、批注、阅读 17 遍之多一样，不断领会经典书籍中的内容，吸收营养。

三是读书要学以致用。

读书的目的除了增长知识，更重要的是要能够学以致用。有一些书，看的时候觉得很有收获，但是仅限于感觉有收获的层面，我们并没有考虑如何将书中学到的知识运用到具体的工作中。

中世纪波斯诗人萨迪说过："有了知识而不运用，如同一个农民耕地而不播种。"

例如，我们在阅读一些法律专业的书籍的时候，发现我们以前对某些法律条文的理解可能并不正确，在学习到正确的知识后，我们可以因此而修改或更新法律服务产品中的法律文件的内容。

第三个问题，律师如何找到好书?

目前这个时代是最不缺书的时代。据统计，全国每年新出版的法律类书籍应该有数千本，要在浩如烟海的书籍中找到自己喜欢的书，并非易事。对于如何能够找到好书，我的体会如下：

第一，找经典著作。

对于想学习的内容，我们可以去寻找这个领域公认的经典著作来阅读学习。经典著作可能是读者评价非常高的作品，也可能是多次出版的作品。

我在学习营销管理方面的内容时，就通过网络找到了当时已经是第 16 次出版的由凯文·莱恩·凯勒和菲利普·科特勒合著的《营销管理》这本书。通读这本教材后，我感觉对我理解律师如何进行营销管理帮助非常大。

第二，请人推荐。

有时候我们需要了解新的领域的知识，可以向这方面的专家请教，请他们推荐这个领域的好的书籍。

我曾经向一家公司的董事长请教他的成功之道，谈到有哪些书籍是他在创业的历程中得到较多启示时，这位董事长和我分享了他的成功经验，并特意指出三本书对他的帮助较大。我立即购买了这三本书仔细阅读，从中既能够体会该董事长的创业历程，也有利于我拓宽企业经营管理的知识面。

第三，在阅读中发现好书。

我们在阅读的时候，经常会遇到阅读的内容中介绍其他好书，我们可以因此而找到这些好书。

当然，在这个互联网高度发达的时代，还可以通过网络上的共享信息和论坛等找到我们需要的书籍。相信每个人都会找到适合自己的找书方法。

最后和大家分享高尔基说过的一句话：热爱书吧——这是知识的源泉！

第十三章　律师职业素养

博学之，审问之，慎思之，明辨之，笃行之。

——《礼记》

律师的法律信仰

在律师执业的过程中，法律处于什么样的位置，这个好像不应该是问题，因为以事实为根据、以法律为准绳的法律原则早就告诉我们，司法机关在办理案件过程中所作出的所有判决、裁定和决定等，都必须根据法律的有关规定作出。我们律师在提供法律服务的过程中，唯有信仰法律，坚持对法律的敬畏，正确地理解并适用法律，才能够切实提供优质的法律服务。

一、案例之一

2006 年，我承办一个 IPO 项目，在首次参加公司组织的上市协调会时，遇到一个注销 B 公司并成立和 B 公司同名的新公司的方案。

B 公司是福利企业并享有税收优惠政策，是拟上市公司 A 公司的全资子公司。A 公司因业务发展和合规需要，拟注销 B 公司，但考虑到 B 公司在福利企业名录内，从而计划在 B 公司注销后立即成立一家和 B 公司同名的新公司，用以继续享有 B 公司的福利企业政策。

我听到这个方案后，马上产生了两个疑问：一是新公司和 B 公司虽然名称完全相同，但在法律上并不是同一主体，应该不能继续享有 B 公司的福利企业政策；二是 B 公司注销后立即注册同名新公司，不符合工商登记规则中关于一年内不得用同样的名称登记公司的规定。

我就此提出了反对意见，认为这样的方案并不可行。A 公司财务总监 W 总当时并不认同我的观点，因为 W 总在此之前已经咨询过工商登记部门相关人员的意见，说是可以以同样的名称注册新公司。我坚持认为应当遵守法律规定，并不能以上述咨询意见为依据。

W 总为了向我证实咨询的情况，还当场打通了工商部门相关人员的电话。

W 总问对方："是否存在公司注销后一年内不得再次注册同名公司的规定？"对方说有这个规定。W 总又问对方："那为何说可以以 B 公司同名公司注册新公司？"对方说："因为你们是重点企业，可以考虑特批。"

W 总放下电话后就明确表态："我们放弃这个方案。"

二、案例之二

2014 年，我曾担任上市专项法律顾问的股份有限公司 B 公司的负责人 Z 总来找我咨询一个法律问题。

B 公司的部分高级管理人员转让了公司股份并办理了工商变更登记手续，后来发现部分高级管理人员转让的股份数量超过其持有的股份总数量的 25%。Z 总的问题有两个：一是有人告诉他，B 公司并不是上市公司，高级管理人员转让股份并不受不超过 25% 比例的限制，这个理解是否正确？二是有人告诉他，即使高级管理人员转让股份公司的股份受限于 25% 的比例，但由于工商变更登记已经完成，可以保持已经变更的状态。

我告诉 Z 总，根据《公司法》的规定，只要是股份有限公司，无论其是不是上市公司，都要遵守董事、监事和高级管理人员在任职期间内每年转让股份不超过其持股数量 25% 的规定。虽然上述股份转让已经办理完成工商变更登记手续，但是违反法律规定的做法在法律上是无效的，应予以纠正，无法将错就错。

Z 总对我的看法表示疑问，他说受让方是一家上市公司，受让方对此并无异议，工商登记部门也未提出异议，如果转让有错误，他准备将错就错。

不久，工商登记部门检查出此次变更中股份转让的比例违反《公司法》的规定，要求公司予以纠正，相关高级管理人员降低了股份转让比例以符合规定。

三、法律信仰的思考

在我从事法律服务的过程中，遇到类似于以上两个案例的情形不在少数，我有时候会问自己，为何有很多人如此相信有经验的人的判断或既有事实，却不去了解并掌握法律规定呢?

我认为主要原因应该是缺乏对法律的信仰吧。

在商业活动中，商业主体做出商业行为，应当从法律合规的角度审视该行为的合法合规性，这也是法律服务职业存在的意义吧。

作为律师，我们拥有的最厉害的武器就是对法律的理解和适用，我们在向客户提供法律服务时，就是理解和适用法律的过程。

我认为，律师要坚守法律信仰，应当做好以下几个方面的工作。

一是律师在向客户提供法律咨询意见或建议时，不能仅凭过往的经验或直觉就提供具体的意见或建议，而是应当找到相应的法律规则，经过法律分析后得出结论。在向客户提交具体的意见或建议时，应同时提供需要适用的具体法律规则。

二是律师在从事法律服务的过程中养成法律信仰的工作习惯，要以身作则，自觉将法律精神、原则和具体规则应用起来，在工作中通过周密的法律分析和严谨的说理形式使法律精神得以体现。在工作中要敢于不盲从权威，坚持自己对法律的信仰和观念，以实际行动推动对法律的信仰和尊重。

三是律师是法治建设的倡导者和践行者，要树立起追求法治、民主和维护社会公平正义的使命感，并将其作为律师职业的终生目标。

我认为，法律信仰并不只是教科书上的理论，而是切切实实存在于我们的工作和生活中的指导精神。法律信仰能够帮助我们解决在执业中的很多问题。坚守法律信仰不仅有利于律师的职业化和专业化，更有利于律师在社会主义法治建设中发挥更大更有效的作用，能够使律师职业切实地推动法治社会的进步。

律师的守时习惯

以著作《罗马史》闻名并获得过诺贝尔文学奖的德国历史学家特奥多尔·蒙森说过:“不守时间就是没有道德。”

也许自己从事过铁路运输工作，也许是曾学习工科的原因，长期以来，我养成了严谨守时的工作习惯。对于在工作中遇到的不守时的情形，也是非常不认同的。在工作中，我曾经遇到过一些不守时的情形。

有一次，我约了一名律师同事去接洽一个新项目，约好上午9时在预定地点和项目公司的负责人碰面。我准时到了预定地点，发现律师同事还没有到，而且也没有发给我任何要迟到的信息。我只好先和项目公司的负责人进行沟通，9时30分左右，我抽空发微信给他，问他为何还没到，他回复我说，他的汽车和别人的车刮擦了，要迟到很久。

我对于出现车辆刮擦导致迟到表示理解，但我不认可他不及时告知要迟到的事实。

还有一次，我们参加一家公司的项目开工仪式活动，公司领导特别重视这次活动，邀请的嘉宾中有一位是公司重要股东的代表，这位代表要从外地赶到公司所在地的活动现场。

公司领导在活动之前就一直和这位代表联系，这位代表在电话中一直说他会在活动开始之前赶到现场，但是等到参加活动的其他人员都到齐了，活动开始的时间已经到了，他还没有到现场。

实在等不下去了，因为开工仪式选的时间是提前定好的，公司领导只好决定准时开始，隆重的开工仪式上因此少了一位嘉宾。等他来到现场的时候，活动已经结束了。

当然，我们更多的时候是因为守时而得到客户和合作伙伴的认可。

有一次，我去拜访一家拟上市公司洽谈合作事宜，约好的时间是上午10时。我提前20分钟左右到了公司所在的写字楼，并在大厅找了个地方坐了下来。

当我正准备提前5分钟上楼时，公司负责接我的副总给我打了电话，他问我在哪里，此时他正在写字楼门外等我，但他没看到有人进写字楼，他可能觉得我应该还没到。在此之前，我们尚未谋面。

我说我在大厅里正准备进电梯，他匆匆从写字楼外走了进来，我们就这样初次相识。这时他已经理解我提前到了，马上表示欢迎。后来他告诉我，他对我守时的习惯非常认可，因为他们公司也非常在意时间观念，之后，我们很快就达成了合作。

对于工作中的拖延和迟到，我相信每一次都有理由。但要成为一名优秀的律师，我们应该未雨绸缪，妥善安排时间，提前做好各项准备，在工作中展现最好的状态。

我在从事火车司机这项工作时，按照规定每次提前到达乘务员公寓，先休息四个小时以上，再提前两个小时上车做各项准备工作。大家看到一趟趟火车准时从车站出发时，可能并不知道，火车司机们至少已经为此准备了六个小时，并以精神饱满的状态迎接每一趟新的旅程。

我认为，从事律师职业也应当如此。律师应当提前做好充分的准备工作，准时展现自己的专业风采。

如何养成守时的习惯呢？我个人认为应当做到以下几点。

一、凡事做好计划，并留有余量

有的路口，经常会堵车，那我们就要充分预见到可能堵车的情形，提前足够的时间出发。律师工作很忙，有时候确实是因为前面的工作尚未完成，导致后面的工作不能准时进行，这就需要我们给每项工作预留足够的时间，确保每项工作都能够按时进行。

二、养成习惯，提前15分钟

曾经有一位同事，开会经常迟到5分钟左右，给人的感觉很不好。他出门之前，先看一下导航，然后根据导航中的时间出发，结果导致经常迟到，因为导航并不能计算停车或等待电梯需要的时间，也不能预测特殊情况。我建议他按导航的时间再提前一些，这样就可以解决经常迟到的问题了。

如何做到不迟到？我的经验是提前 15 分钟，有人可能会问，如果到的太早怎么办？我一般随身带一本书，有空看几页，也可以看看手机上的新闻或者文件，充分利用零碎的时间。

英国皇家海军上将纳尔逊侯爵说过："我成功的秘诀就是，我养成了做事总是提早一刻钟的习惯。"

三、尊重他人，多从他人角度考虑

对于迟到的人而言，总是有很多迟到的理由，这时候要换个角度考虑一下，那些没有迟到的人是如何做到不迟到的？如果迟到了，对他人的影响是什么？有没有可以改进的地方，可以让自己不再迟到？

我觉得有时候我们会迟到，根本的原因可能是没有替别人考虑，没有充分尊重他人。如果我们的目标是准时，如果我们的目标是避免迟到从而产生对他人的不良影响，我相信我们更容易做到不迟到。

当然，凡事没有绝对，有时候也会遇到特别堵车或意外情形。这种情况下，很难保证不迟到，这时应及时告知他人，这样更容易取得他人的理解和谅解，并尽可能地弥补对他人造成的损失。

守时是诚信的表现，也体现了对他人的礼貌与尊重。作为律师，尊重他人也就是尊重自己。我们如果能够牢固树立守时的工作原则，一定会有助于树立自己诚信和专业的形象，有助于得到客户的信任，也有助于将自己打造成为一名高素质的人。

律师的格局

律师开始自己的职业生涯，往往先从专业技术开始，年轻律师刚进入这个行业，应当先从基础的工作做起。对非诉律师而言，往往是从尽职调查、基础法律文件撰写等工作开始，逐渐通过承办更多项目而成为资深律师，再进一步成长为合伙人律师；对诉讼律师而言，往往是从相对简单的案件代理开始学习，收集证据，起草诉讼文书，增加庭审经验，以致办理的案件越来越大越来越复杂，当事人越来越推崇，再成长为合伙人律师。

虽然每名律师都应当将成为合伙人作为自己的职业目标之一，但是实际中并非每名律师都能够成长为律所的合伙人。我认为，每一名志在律师职业的年轻律师，都应当在进入这个行业之初，建立并放大律师事业格局，树立成为合伙人的理想。

什么是格局？格局是指一个人的眼光、胸襟、胆识等心理要素的内在布局。简单来说，人生的格局就是：站多高，看多远。

曾国藩说过："谋大事者首重格局。"

一、年轻律师要考虑的是短期待遇和长期发展的格局问题

法学院的毕业生在进入职场之初，很多人会选择相对稳定和安逸的工作，如当公务员；而选择从事律师职业的年轻人，可能需要面对职业开始阶段的艰难，面对相对低的收入和可能更为繁忙的工作。这时候，年轻律师们需要站得更高，看得更远，克服开始阶段的困难，通过大量的实践和努力的学习，逐渐成长为专业律师，不断精进律师业务，律师之路便会越走越宽。

我身边有一名年轻的律师，他在法学院读书时成绩优异，毕业时放弃

了进入公务员队伍的机会，加入律所成为一名律师助理。虽然初期的待遇并不算特别高，但是由于该律师在进入律所时就立志成为一名优秀律师，又在工作中特别努力和认真，每次都能够及时优质地完成工作，其工作得到了合伙人和同事们的高度认可，也得到了客户的极大赞赏。短短数年后，该名律师就因为优异的表现，成长为律所的合伙人，能够站在更高的角度帮助客户解决专业问题，也取得了丰厚的专业回报。

二、年轻律师要考虑的是业务发展格局问题

近期我发现，有一些年轻律师认为，诉讼业务学得快，容易独立获得客户，做诉讼业务的前途比做非诉讼业务要大得多，因此不少年轻律师更喜欢从事诉讼相关法律服务，而不愿意从事非诉讼业务。

我认为这种观点值得商榷。一是诉讼业务虽然学得快，但业务同质化高，竞争也更为激烈，年轻律师也并不容易取得一席之地。二是随着经济和社会的发展，对非诉业务的需求量越来越大，非诉律师也会面临巨大的业务机会。三是诉讼业务和非诉业务如果完全分开，并不利于年轻律师的全面能力的培养和提升。我一直认为，诉讼业务和非诉业务，只是律师业务的两个不同方向，这两个方向都是为了帮助客户解决问题，实现客户的商业和其他目标。在实务中，诉讼业务和非诉业务经常相互交叉，律师只有兼顾两者，方能为客户提供最优解决方案。

我的建议是，无论是诉讼还是非诉，年轻律师应当选择自己最感兴趣的专业方向，保持战略定力，坚持长期主义，不断放大格局，把自己喜欢的专业做精做深，并兼顾律师职业发展所需要的其他各项能力，这样才可以真正实现成长。

三、年轻律师要考虑的是做人的格局

任何一名律师，在从事法律专业服务时，无论是有意还是无意，事实上无时不在展现自己做人的格局。客户在选择律师时，除了对律师专业是否胜任的判断外，有很多时候更为重要的是要看该律师的为人和格局。我们经常看到，越是做得大的企业家或越是成功的人士，其格局往往也非常

大，此时如果律师同样具备大格局，则更容易得到企业家的认同，更容易成为该企业家的法律顾问。

我与一家高科技企业有过合作，刚开始认识企业家时，他正为一个股权收购事宜而烦心。我们第一次见面就深入交流了交易的本质和要点，并就推动该项股权收购讨论了细化的方案。经过复杂的交易程序后，最终顺利完成了本次股权收购。企业家后来跟我说，他第一次见到我时，就觉得我特别容易理解他的想法，感觉我们在格局上非常接近，他当时就认定“我的律师就是你了”。

律师作为专业法律服务提供者，往往不仅要在法律上成为老师，而且要从更高的角度考虑问题，充分理解客户，并综合各方面的知识和因素，才能够提出真正好的解决方案，这需要较高的格局方能实现。

我虽然从事律师职业已经20年了，但在帮助客户出谋划策或提供法律解决方案时，也经常感觉到格局可能还不够大，还不能完全理解企业或企业家的思想，考虑的方案中往往还是存在不够全面或者不够完善之处。这需要我不断地加强理论上的学习和实践中的体悟，所谓学无止境，在提升律师的格局上确实如此。

律师的格局，可以决定律师的职业高度，这也是我们边做律师边修行的重要方面。

律师的亲和力

亲和力比喻使人亲近、愿意接触的力量，最早是属于化学领域的一个概念，是特指一种原子与另外一种原子之间的关联特性，但现在越来越多地被用于人际关系领域。某人对另外一人具有的友好表示，通常就形容这个人具有亲和力。

亲和力在职场的人际交往中非常重要，良好的亲和力能使我们在交际中获得更多的人缘和维持良好的人际关系。律师是千人千面，每个律师都是独特的存在。有一些律师特别有亲和力，人见人爱，说话也是特别好听，很多人都愿意和这些律师沟通交流合作，这些律师的人缘好，业务机会也多。但也有一部分律师，亲和力好像并不是特别好，有效的沟通少，就会导致业务发展受到制约。

亲和力不是别人赐予的，而是我们自己努力打造出来的。律师如何打造亲和力呢？我认为可以注意以下几个方面。

一、尊重他人

在职场中，律师要遇到各种各样的人，包括客户单位的相关人员、当事人、交易或案件的对方人员、司法机关的工作人员、行政主管机关的工作人员、客户的客户或供应商等合作单位的工作人员、合作的其他中介机构工作人员等。在工作中，有亲和力的律师会理解每个人的工作目标和难点，尊重每个人的工作成果和个人行为，并表现出对别人的尊重。

律师尊重他人，要注意同理心的影响。同理心是指设身处地的对他人的情绪和情感的认知性的觉知、把握与理解。同理心对于个人的发展极为重要。它体现在一个人一旦具备了同理心，就容易获得他人的信任，而所有的人际关系都是建立在信任的基础上的。律师在工作中要善于换位思考以更准确地理解他人，可以经常问问自己："如果我是他，会做出怎么样的选择？"多替别人着想的律师更容易理解别人的工作，能够避免在工作中的很多冲突和误解，有利于构建良好的人际关系。

律师尊重他人，要注意保护他人的隐私，不取笑他人的缺点。律师在工作的过程中不可避免地会获得很多隐私信息，有的涉及企业的商业秘密，有的涉及个人的隐私信息，如果律师是一个严守秘密的人，一定更会得到他人的信任，他人也会对律师放心。反之，不守秘密的律师会让客户极不放心，甚至不再愿意和这样的律师交往。

鲁迅在《理解尊重》中说："我以为别人尊重我是因为我很优秀，后来慢慢才明白，别人尊重我，是因为别人很优秀。"尊重别人可以让自己优秀起来，律师们何乐而不为呢？

二、善待他人

有亲和力的律师知道要善待他人，微笑着面对这个世界。

首先，律师要培养自己的好脾气。律师的工作普遍繁忙，工作压力普遍较大，在工作中很可能遇到沟通不顺或不如意的事情和情况。亲和力强的律师，会培养自己的好脾气，平静面对一切困难，始终保持良好心态去积极进取。

其次，律师要学会赞赏他人。心理学家、哲学家威廉·詹姆斯表示："人类性情中最强烈的渴望就是受到他人认同。"马克·吐温曾经夸张地说过："只凭一句赞美的话，我就可以多活两个月。"亲和力强的律师总是能够发现他人的优点，并合乎时宜地加以真诚的赞赏，这样的律师同样会得到他人的认同。

亲和力强的律师会不断培养正能量，并以此影响他人。律师因为工作性质的原因，需要和不同的人进行合作，亲和力强的律师在合作的过程中展现正能量，着眼于解决问题而非扩大矛盾，引导或支持他人共同前进，用自己的积极情绪推动工作的顺利进行。

三、心胸宽广

我认识一位企业家朋友，他是“吃亏是福”文化品牌创始人。他本着“正念、利他、厚德”的传统理念，经营企业与人生。他既做实业也做投资，他的投资跨数个行业，投资了数十家公司。他创建“浙江吃亏是福”慈善基金会，广泛地开展了助学、助孤、助残、助贫、环保等活动。在与他交流学习的过程中，我觉得吃亏是福的理念值得律师借鉴。

首先是不贪念。

律师通过提供法律服务而谋生，理应收取律师费。但律师们也应当注意，君子爱财应取之有道，律师收费应当秉承诚实信用的原则，更不能牟取非法或不当利益。如果律师在执业中有收费方面的不当行为，则会失去客户的信任甚至引致客户的反感和纠纷，这样的律师也很难建立亲和力。

其次是要豁达。

律师在执业过程中，遇到案件或项目成功，要多把功劳归于客户或合作伙伴的名下，不宜揽功。律师遇到名利荣誉方面的机会，努力过就好，得之淡然，失之坦然。这样就会取得大多数人的理解和敬佩，亲和力自然越来越强。

最后是用长远眼光看待世事。

一时的吃亏可能会带来未来丰厚的回报，从更长的时间维度来看，吃亏只是眼前的，长久的是福报。律师提供法律服务，开始可能收费并不高，但由于工作出色，客户会超出预期向律师支付报酬，我们律师团队已经遇到过多起这样的情况。对于一些事情，忍一时风平浪静，退一步海阔天空，最终对自己其实是更为有利的。这样的律师的亲和力无疑是更强的。

律师亲和力的提升是一个长期的不断深化的过程，对他人越尊重，越善待他人，越体谅和宽容他人，他人也就会更加尊重和信任律师。如此继续下去形成一个良性循环后，律师与别人的交往就非常顺利了。

律师的执行力

从管理律师团队的角度而言，如果要问什么能力是我对团队成员所要求的最重要的个人能力时，我认为是律师的执行力。

对于律师团队而言，执行力指的是贯彻团队战略目标，完成预定目标的操作能力，执行力是把团队战略、规划转化成为效益、成果的关键。对于律师个人而言，个人执行力取决于其本人是否有良好的工作方式与习惯，是否熟练掌握相关管理工具，是否有正确的工作思路与方法，是否具有执行力的管理风格与性格特质等。

律师的执行力主要体现在哪些方面呢？我觉得主要是以下几个方面。

一、律师要有时间观念

执行力的本质是在限定的时间内完成工作的能力。律师首先要有时间观念，知道每一项工作的截止时间，并紧紧围绕截止时间来安排工作。

有的年轻律师可能会有这样一个疑问，就是接受任务的时候，客户或上级并未说明完成期限，这个时候应该如何确定完成时间？我觉得这个时候年轻律师应该主动跟客户或上级确定完成期限，以防止完成期限约定不明导致工作受到影响的情形。此外，年轻律师尽早确定该项工作的完成期限，也有利于合理安排自己的工作时间。

当然，若律师是作为布置任务的人，就应该在布置任务的同时确定好完成期限，完成期限要结合工作本身的难度以及承办人员的自身特点来设计，并和承办人员达成一致。

有一些律师，在接受任务的时候是承诺按时完成工作的，但在实际工作中却经常爽约。该律师不能按期完成工作可能有各种各样的理由，但是这样的情况不利于该律师的成长。

我们在律师团队的发展过程中，很看重年轻律师的时间观念。时间观念强的年轻律师，往往能够快速完成工作，哪怕其工作存在不足之处，但是他能够提前向合伙人提交工作成果，就给合伙人审查或复核该律师的工作成果预留了足够的时间，在和合伙人互动的过程中也增加了年轻律师的学习和提升的机会。时间观念差的年轻律师，往往不能按时完成工作，或者在截止期限之前匆匆进行工作，导致工作质量不高，从而影响合伙人的工作节奏和工作量，使团队的业务进度受到影响。

二、要以终为始，追求成果

在律师实务中，律师完成工作不仅要快，而且要好，律师要能够提交符合要求或超出要求的工作成果。有的年轻律师，工作响应和速度都非常快，但是提交的工作成果或得出的研究结论却是错误的。我把这种情况称为“迅速地得出错误的结论”，这是年轻律师应当避免的错误工作方式。

有的律师认为自己虽然没有得到好的工作成果，但是自己也非常努力了，这样的情况应该是被认可的，所谓没有功劳也有苦劳。执行力不讲如果，只讲结果。结果不好，就是不好。

有人说，世上并没有用来鼓励工作努力的赏赐，所有的赏赐都只是被用来奖励工作成果的。这种观点用在律师行业还是比较合适的。

以终为始的思维模式是一种逆向思维方式，就是从最终的结果出发，反向分析过程前因，寻找关键因素或对策，采取相应策略，从而达成结果或解决问题。

这种思维模式告诉我们，工作的时候千万不能忘记既定目标，所有的工作要针对目标开展，努力的方向不能出现偏差，否则就会偏离正确的结论或结果。

我经常在工作的过程中，在一项工作完成并即将提交给客户的时候，会模拟自己就是客户，以客户视角来重新审视当前的工作成果，预判自己作为客户是否会对律师的工作感到满意。如果满意则满意的主要方面和内容是什么？如果不满意则需要改进和完善的内容是什么？这种方法对我非常有效，能够帮助我不断地完善自己的工作并不断地理解客户的要求。

三、要敢于行动

有一些律师，接受工作任务后，会反复思考工作内容，纠结于一些细节，导致久久不能开始实际工作，结果到了约定的截止期限，则匆匆地准备并提交工作成果，这种成果的效果可想而知，这样的工作方式也导致该律师长期处于紧张和压力之中。

对于这种情况，我的建议是停止纠结，立即行动。可以按照工作任务的要求先把成型的内容写出来，对于需要进一步研究和核实的内容，再逐一进行研究和论证，将各项内容补充进来，再通过不断的完善和修改，最终在截止期限之前完成该项工作。

有一些律师，每年都会制定详细的年度工作和学习计划，特别是学习计划，但在实际中并未去实施或完成，有些计划被束之高阁，年度计划成为一种摆设。这种情况就是不敢于行动的典型情况。

很多律师觉得写文章对于提升专业水准和扩大专业影响力是有帮助的，也经常想写写文章，但每到准备开始写作的时候，总是思绪万千，不知从何处落笔，最后不了了之。

我们律师团队也有这样的情形。每个年度做规划时，都引导和要求团队成员列出写作计划，但很多时候总是因各种各样的原因未能达到目标。后来我们改变了方法，把写作作为个人工作的一项内容，如果不能完成写作任务，将影响年度的考核，这个方法取得了一定的成效。

只有身体力行地去做，才知道最后的结果是什么。

赞比亚裔经济学家丹比萨·莫约是英国牛津大学经济学博士，她曾在高盛投资银行工作多年，长期关注非洲发展问题。她在《援助的死亡》一书中写道："种一棵树最好的时间是十年前，其次是现在。"律师提升执行力也是如此，最好的时间是十年前，其次是现在。我们回不到十年前，但我们可以抓住现在。

律师一旦培养起良好的执行力，不仅工作的效率会大为提升，也更加容易取得成果和职业成就感，自信心和精神状态也会变得越来越好。

迈出第一步之前，所有的山都是高山。再长的路，一步步也能走完；再短的路，不迈开双脚也无法到达。

律师的勇气

列夫·托尔斯泰说过："勇气是智慧和一定程度教养的必然结果。"

律师在从事职业中是否需要勇气？这个好像不应该是一个问题，因为做好任何职业都需要勇气，对律师职业而言也不例外。但是律师在何时需要勇气？勇气能够给律师带来什么？这些问题还是值得大家不断思考的。

一、勇气带来力量

律师从事的法律服务职业，是与经济生活密切相关的，动辄就会对个人或单位产生重大影响。律师在执业过程中，不仅要从法律方面向客户提供专业意见，有时候还需要付出一定的勇气来帮助客户解决问题。

2007年春节后，一位朋友找到我，说他朋友的一辆新车在杭州某酒店的地下停车场被撞坏了一盏前大灯，找不到肇事者，要寻求律师的帮助。我马上陪他们去了酒店，通过调取监控，发现有一辆车在倒车时有碰撞的动作，但由于摄像头较远的原因，看不清那辆车的车牌号，从车的外形上判断应该是一辆七系宝马车。

我们又调取了碰撞时点前后十分钟进口和出口处的监控，显示确有一辆外地牌照的七系宝马车离开了酒店。车主通过交警用电话联系了对方，对方矢口否认肇事事宜，但愿意来杭州商谈此事。

我和车主与对方的代表展开谈判，我义正词严，要求对方承认事实并承担车辆维修责任。但是此时对方提出了一个方案，对方要求轻微地再撞一次，然后通过向保险公司理赔的方式解决。我坚决反对这样不合实际的方案，且认为该方案有骗保的风险，并建议车主依照法律程序办理，不再和对方进行谈判。

和我一同离开谈判现场后，车主非常焦虑，担心对方从此不再联系，此事难以尽快落实。车主问我对策时，我说，不用怕，对方应该会意识到肇事逃逸的法律风险，应该会理性地承认事实并承担全部责任。我们最坏的打算无非就是一往无前地通过法律程序追究对方的法律责任。

半小时后，对方给车主打电话，承认自己所做的一切，并愿意全额赔偿因此对车主造成的损失。

车主非常感激，对我说："谢谢你给我的勇气，让我有了力量。"

当律师坚持对法律的信仰，坚持用法律方法解决问题的信念时，法律就会赋予我们勇气，我们因此可以发挥法律的力量去解决问题。

二、勇气带来成功

我们面临的法律业务，无论是诉讼还是非诉讼，往往都要面对很多挑战，特别是对抗性强的业务，胜负往往就在一瞬间，在专业的基础之上，很多时候需要有勇气进行加持。

我在代理一个申诉案件的时候，当事人在申诉得到受理后对案件满怀希望，当案件处于不利状态时，当事人经常会来问我，还要不要坚持？是否就此放弃？但如果放弃，心中的不平如何得到安慰？我总是鼓励他，我相信他坚持的正义是正确的，应当信仰法律。当他终于得到合理的对待，案件终结时，他几乎哽咽地对我说，他终于坚持等到了案件的结果，是法律信仰给了他勇气。

我们团队在办理一个股权收购专项业务时，面对对方咄咄逼人的气势，我们毫不退缩，据理力争。对方在已经取得目标公司控股权并已经实际控制公司较长时间后，对于剩余股权的收购价款支付提出分多期支付的方式，我们认为这样的支付条款对卖方不公平，并坚持要求在交割前支付50%，在交割后的限定期限内支付剩余50%。由于我们坚持的勇气，对方最终同意了我们的方案。

英国前首相丘吉尔说过："勇气是人类最重要的一种特质，倘若有了勇气，人类其他的特质也就具备了。"我们从事的法律职业对律师的要求也是这样，在具备其他特质之前，应当首先具备勇气。

三、勇气让人成长

我认为，律师的勇气能够促进律师的成长，要想持续地成长，首要的前提是培养勇气。

首先，律师要有舍我其谁的勇气。

律师一旦接受客户的委托，成为法律事务的负责人，就要尽心尽职做好法律服务工作。这个时候律师要穷尽事实、穷尽法律、穷尽智慧，以事实为根据，以法律为准绳，在胜任业务的基础之上，维护客户的合法权益。

其次，律师要有吸取教训的勇气。

律师并不是完人，在工作中往往会出现需要自己吸取的教训，不仅包括法律适用方面的，而且包括为人处世方面的。律师要善于面对自己的不足，要有勇气改善自我，才能不断进步。对于同行的教训，律师更加要引起重视，这些教训能够帮助律师有效地防范同样的错误。

最后，律师要有突破自我的勇气。

律师职业的发展永无止境，律师永远都在学习成长的路上，需要有足够的勇气突破自己。在学习法律并从事法律职业的过程中，需要我付出较大的勇气的情况有过三次。一次是研究生毕业时选择从事律师职业；一次是在离开非诉团队及律所，从授薪律师转变为独立提成律师；一次是选择加入品牌律所。正是一次次地鼓足勇气前进，我才能够不断成长。

歌德说过：“你若失去了财产，你只失去了一点；你若失去了荣誉，你就丢掉了许多；你若失去了勇敢，你就把一切都丢掉了。”

我们每一位律师，都要拥有勇气，勇往直前，不断进步！

律师的尊严

尊严是指人和具有人性特征的事物，拥有应有的权利，并且这些权利被其他人和具有人性特征的事物所尊重。简言之，尊严就是权利和人格被尊重。《荀子·致士》中说："尊严而惮，可以为师。"意思是尊严而使人害怕，可以成为老师。

对于律师的尊严，我的理解就是律师的权利和人格被尊重。律师要想在从事律师业务的过程中获得尊严，有时并非易事，在现实中确实存在律师尊严和形象被误解或导致误解的情形。

在一些人的心中，特别是受律政剧的影响，律师的形象是社会精英，整天穿着正装，一流的口才忙于唇枪舌剑，出入于高档写字楼和各大法院，拥有较高的社会地位和丰厚的收入。在另一些人的心中，律师游走于各种各样的利益关系之中，有的甚至成为司法掮客，有的利用法律的漏洞为委托人牟取不正当的利益，为了赚钱而不择手段。在他们心中，对律师的评价是比较低的。

我国律师业是随着改革开放后经济的发展而发展起来的，经济高速发展催生了各种行业，难免出现野蛮生长的情形，律师业也不能例外，行业内确实存在一些不好的现象。这些不良的现象也影响了大众心目中的律师形象和律师尊严。

从律师自身的角度而言，影响律师尊严的情况包括以下几个方面。

一、对利益的过度追求

俗话说：君子爱财，取之有道。律师在提供法律服务的过程中，有时候因为委托人不了解这个行业或者律师利用信息不对称的优势，恶意索取高价律师费，引起委托人的反感甚至产生纠纷。还有少数律师，因为采用非法手段谋取不正当利益而受到了刑事处罚。

上述事实往往导致在公众心中形成了律师唯利是图的不良形象，损害了律师的尊严。

二、对职业的理解偏差

有些律师对于客户陈述的事实，想当然认为是客观事实，未能有效识别和认定法律事实或者区分客户表述不准确的内容。有些律师对于客户的要求言听计从，缺乏应有的专业性和独立性，甚至对客户的违法要求不加拒绝。

上述做法往往因为结果不佳而导致客户的非议，甚至导致律师成为客户违法行为的帮凶，同样损害了律师的尊重和形象。

三、对良知的漠视

有些律师过于追求法律技术而忽视了一些社会基本规则、道德甚至基本常识，这样的律师在执业中往往容易制造风险，尊严也就无从谈起。

张思之律师说过："真正的律师，实是一团火，从点燃到熄灭，持续放着光，散着热。艺品高超，仗义执言；爱爱仇仇，义无反顾。"这背后支撑着他的，是作为一名律师，作为一个人的良知，是为人权而奋斗的理想。

作为一名律师，如何保持职业尊严呢？我觉得要做到以下几点。

一、要有法律信仰

律师拥有的最有力的武器就是法律。我认为，如果一名律师没有法律信仰，那他几乎没有做律师的意义。

首先，律师要精通法律。我见过一些律师，不注意学习法律法规，对于在自己执业领域内新颁布的法律法规未进行系统学习，从而给客户作出不准确的法律解释。

其次，律师要有法律自信。有很多时候，不同的人对一些法律事实持有不同的观点，这需要律师坚持自己的理解，要有信心说服他人。

最后，法律信仰能够为律师指明方向。有些当事人相信关系超过相信法律，这时候需要律师对当事人施加正当的影响，纠正当事人的偏见。

二、要有职业情怀

我喜欢律师职业，也对这个职业充满深情，我相信律师职业是一项伟大而有意义的职业。

Y 总是一名优秀的企业家。我记得刚开始认识 Y 总的时候，他跟我说，他在创业的过程中认识几位律师，他对律师并没有好印象，甚至得出结论说律师都是坏人。

我不认同 Y 总的说法，当时就表示反对。我对 Y 总说，我就不是坏人，而且我身边的同事都是好人，他怎么对律师的偏见这么大呢。

后来我担任 Y 总公司的法律顾问，充分运用我的专业知识和行业经验，出色地完成了法律服务，也与 Y 总建立了友谊。有一次 Y 总对他的妹妹说，他最为信任的人有两个，我是其中之一。

律师的职业情怀，包括律师要专业、要敬业、要对这个职业有情感。拥有职业情怀的律师，必定是受到别人尊重的律师，会拥有极高的职业尊严。

三、要追求良知

赫尔岑说过：“抱着一颗正直的心，专心致志干事业的人，他一定会完成许多事业。”

王阳明所说的“致良知”，在他看来，就是知善知恶，也就是说，彻底领悟善与恶的起因与真相就是“致良知”。说白了，内心天然知道的是非善恶就是“致良知”。

律师职业因为职业的特性，会经常遇到善和恶，作为一名律师要不断提升自我，作为一名立志向上、追求进步的人，去坚持做对的事，避免做错的事。

屠格涅夫说过：“自尊自爱，作为一种力求完美的动力，却是一切伟大事业的渊源。”律师要想取得职业尊严，虽然看似简单，但真的做到却不容易。

律师的工匠精神

工匠精神指的是一种职业精神，它是职业道德、职业能力、职业品质的体现，是从业者的一种职业价值取向和行为表现。工匠精神对于提供法律服务的律师而言，也有非常重要的意义。

律师是依法取得律师执业证书，接受委托或者指定，为当事人提供法律服务的执业人员。在社会、经济和科技高度发展的当下，律师如果要想向当事人提供优质的法律服务，没有工匠精神是不可能实现的。

我们也看到了一些缺乏工匠精神的法律服务行为，有的律师热衷于营销工作却忽视法律服务质量，有的律师不及时学习更新导致知识结构落后，有的律师不精研业务导致解决法律问题的能力不足等。律师如何才能具备工匠精神？我认为律师要培养和提升工匠精神，可以从以下几个方面入手。

一、亲力亲为

亲自做是服务好客户和提升自身实践能力的最佳途径。有些合伙人律师或资深律师承接案件后，将案件交给低年级的律师承办，自己很少关注案件甚至自己不去开庭或不亲自参与，这很容易引起当事人的不满，也不利于自身的专业成长。

很多案件中，客户聘请律师是冲着律师的专业、名气或经验等因素而决定的，客户的主要目的是购买资深律师的服务而非低年级律师的服务，律师应当满足客户的要求。

亲力亲为并不是事无巨细都要去做，律师团队可以有适当的分工，不同执业经验的律师之间互相分工和协作是较为合理的。但是负责律师应当做好业务的把控工作，要对客户负责。

亲力亲为并不只是亮相，而是要实质承办业务。我和同事曾经代理原告办理过一个并购纠纷案件，对方当事人委托了两名律师出庭。在庭审中，对方中的一名律师在法庭辩论快结束时都一言不发，也没看到他有任何工作上的表现。这时主审法官问他，作为代理人，你来是做什么的？你有什么代理意见吗？他匆匆忙忙进行答复，场面颇为尴尬。

我认识许多年纪较长的资深律师，他们从业已经超过二十年甚至三十年，但是他们仍然奋斗在法律服务的第一线。他们亲自调查取证，开庭辩论，总是在为客户的法律事务殚精竭虑，他们是我们学习的榜样。

亲力亲为的律师不仅能够忠于客户的委托，而且有利于自身在法律服务技能和经验上的不断成长。每个案件都有其特殊和新奇之处，在办案的过程中增加知识和经验，不亦乐乎?!

二、关注细节

法律服务的核心是细节。优质的法律服务的精髓应当就在法律服务的细节之中，细节是工匠精神的直接体现，是律师的核心竞争力所在。

具备工匠精神的律师，是业务上的完美主义追求者，在法律服务的过程中不断地精进，能够在每个环节每处细节上帮助客户提供完美解决方案。

我们团队曾办理过一个股权并购项目，在谈判策略、协议修改、交易流程等细节方面，我们都准确地预判了对方可能采取的方案，并提前进行了充分准备，结果确实如我们所料，最终顺利地实现了客户的商业目标，并得到了客户的高度认可。

律师工匠精神根植于服务细节中，这并不是能够轻易模仿或学会的。我们在很多时候与潜在客户沟通交流法律服务方案时，总是毫无保留地表达自己的观点。有时候会有律师担心，我们把方案都跟潜在客户讲了，潜在客户不再聘请律师而是自己去做怎么办？

我觉得如果客户能够自己去做，说明这个方案的实际操作确实简单，本来不必是律师的业务。但在实务中，大多数客户还是会委托律师去办理具体业务，因为业务经验和细节的把握并不是容易的，客户一般不会轻易去试错。

密斯·凡·德罗是20世纪世界四位最伟大的建筑师之一，在被要求用一句最概括的话来描述他成功的原因时，他只说了五个字“魔鬼在细节”。他反复强调的是，不管你的建筑设计方案如何恢宏大气，如果对细节的把握不到位，就不能称为一件好作品。细节的准确、生动可以成就一件伟大的作品，细节的疏忽会毁坏一个宏伟的规划。

法律服务也是如此。

三、精益求精

如同其他行业一样，法律服务也是一个需要不断精益求精的行业，律师行业目前提供法律服务的水平与二十年前相比已经有了非常大的进步。

我们应当继续努力，不断塑造工匠精神。一是进行以客户为中心的专业提升，把专业的发展与客户的需求紧密联系在一起。二是长期专注升级法律服务产品，不断对法律服务产品进行迭代和更新，适应行业水平不断发展的要求。三是反复改进和提升法律服务技能，每项业务都不是简单的重复，而是要在每项业务中都能够得到进步，能够不断复盘并取得新的经验，不断改进法律服务技能。

精益求精的过程，也是贯彻工匠精神的过程。培根说过：“精益求精是取得最大能力的途径，是获得真知的秘诀。”律师正是在这一过程中，取得能力提升和知识提升，律师职业因此而成为一项让人成长的职业。

蒲松龄说：“书痴者文必工，艺痴者技必良。”律师的工作有时候就是一种修行，将我们宝贵的职业时光交给信仰，交给技艺，交给成长，不是一件快乐的事吗?!

律师的专业聚焦

律师的专业化目前已经不再是一个问题，而是一种广泛的共识。我在从事律师职业的过程中，也走过一段从专业发散到专业聚焦的过程。

一、我的经历

2004 年我刚入职第一家律所的时候，我们的团队承办各种各样的法律业务，既包括民商事诉讼、企业常年法律顾问、公司并购、劳动仲裁和知识产权纠纷，也包括刑事案件等。

在从事律师职业约半年的时间时，我开始产生困惑，未来的我如何做律师？未来的我承办什么样的业务？这些问题是我需要面对的，也是当时我很难找到答案的。

当时律所的主任对我很好，也经常和我探讨职业的规划。他曾对我说，等我拿到执业证可以独立了，他可以安排我承办几家公司的法律顾问业务，然后再帮助我发展一些业务，相信我会成为一名合格的律师。

这应该是当时传统的发展之路吧，主任能够这样对我，我非常感激。但我内心并不甘，我觉得应该往专业化发展，应该掌握专业技能并形成专业优势，这才是长久的发展之道。

后来我幸运地加入了一家专业化律所，主攻资本市场业务，在这个专业领域，我感觉自己找到了职业方向，并如饥似渴地学习相关专业知识，取得了一定的进步和成长。

再后来，我虽然在资本市场方向发展业务，但是由于资本市场方向的业务也包括很多内容，资本市场业务类型包括 IPO、上市公司发行股票、债券发行、投资、并购、重组、私募股权投资基金，甚至包括相关的诉讼或破产业务等，我做得还是不够聚焦。2016 年，我幸运地得到专家的指点，聚焦资本市场中的 IPO 等业务，取得了良好的效果。

二、为何要进行专业聚焦

从自身的体会而言，我觉得律师进行专业聚焦至少可以有以下几个方面的优点。

第一，律师更容易形成专业优势。

律师的竞争很多时候是专业的竞争，客户选择律师时，往往选择专业优势突出的律师或律师团队。在进行专业聚焦后，律师在专业领域的耕耘会有很大收获，无论是理论上的积累，还是经验上的增长，都会让律师更领先更自信。

第二，律师工作起来更有效率。

我经常和团队的律师们讨论律师专业化问题，谈到为何要进行专业聚焦时，我认为我们目前选择聚焦专业方向，并不是我们学不会其他的专业，而是我们在目前这个阶段，愿意把时间放在所选择的专业上。

选择即是放弃。我们选择做自己喜欢的专业，也即放弃了其他专业，因为我们的工作和学习时间是有限的。我们把自己喜欢的专业做成自己擅长的专业，能够在两个层面提升工作效率，一是可以避免做不擅长的专业，二是在从事自己擅长的专业时更熟练。

第三，律师更容易被找到。

我认为，具有专业聚焦的律师，容易形成专业影响力，更容易形成市场口碑，这样更容易被客户找到。

我们团队承办过一家医药公司的上市前重组业务，企业家通过朋友找到了我们，在进行两次沟通后，我们对企业的重组方案提出了具体的建议，企业家非常认同，和我们达成了合作。企业家诚恳地告诉我，他在此之前已经找了很多的团队，但是专业的品牌让他迅速坚定了和我们合作的意愿。

三、如何进行专业聚焦

我觉得，要想成功进行专业聚焦，可以从以下几个方面入手。

一是聚焦需要放弃。

在现实中，存在这样的律师团队，他们尽可能承接各种各样的业务，不特别区分专业领域。从律师团队的发展角度而言，这样做无可厚非，存在即有其合理性。如果能够在承接多种业务的过程中，选取某个专业业务，做得更为精专，形成专业特色，就有可能打造团队的特色专业业务。我认为，聚焦某个专业，可能需要我们勇敢地放弃其他专业。

我们很多时候下不了决心，是因为放弃这件事说起来容易，做起来很难。聚焦是一种选择，放弃是一种智慧。

二是聚焦需要专注。

聚焦意味着对于我们选择的专业方向，我们要给这个专业方向“优先权”，我们的工作要围绕选择的专业进行，各项资源要向我们选择的专业倾斜。我们团队在选择资本市场业务中的IPO专业时，即利用团队的力量整合各类资源，在学习培训时强调专业的学习和积累，打造专业法律服务产品，不断优化专业力量，这样才能够持续进步。

专注于你的优先。你可能有很多想做的事情，但是你需要克制，要有选择地“战斗”，你就更有可能赢得挑战。

三是聚焦需要热爱。

爱因斯坦说过：“我认为对于一切情况，只有‘热爱’才是最好的老师。”我们聚焦于专业也是如此，在聚焦专业的过程中，我们不能过于功利，不能过于激进，唯有热爱，才能够使我们践行长期主义，才能够保持战略定力，持续地精进。

我们聚焦于某一个专业，即在有限的时间内，先把我们最感兴趣的专业做好，这既是对专业的充分尊重，也是对我们人生的高度负责。

我们一旦拥有聚焦专业的能力，就更能够拥抱这个时代和这个行业的变化。因为我们如果能够做好某一个专业，在环境发生变化时，我们也有能力做好其他专业。

吉姆·霍林说：“聚焦是一项自然法则。太弱的阳光是不能起火的，但是一旦用放大镜聚焦，它们就会在几秒钟内将纸张燃烧起来。对于人亦是如此。”

我觉得，对于律师尤其如此。

律师的三热爱

我身边有许多律师，他们一直处于热情洋溢的工作状态，这样的状态也会感染和激励身边的人。我觉得这是值得我们学习的状态。经过长期的观察和实践，我初步总结了这些律师的三种热爱，包括以下几个方面。

一、热爱律师职业

这也是首先从律师的精神状态和外在表现判断其对律师职业的感觉。

高尔基说过："天才，就其本质而说，只不过是一种对事业、对工作过盛的热爱而已。"

一名真正热爱律师职业的律师，其举手投足之间，会流露出对律师职业的热爱，谈到法律方面的问题或热点内容时，往往会表现出神采奕奕的表情，并全身心地投入其中。热爱律师职业的律师，专注在自己的职业中，不会过于在意个人的利益得失，而是找到了自己真正热爱的事业，享受在这个行业中的每一次历练，并享受在这个行业中的扎扎实实的成长。

如果一名律师未能表现出对法律职业的热情，往往会有消极或淡漠的表现，很难给别人以信心，客户也很难决定将重要的法律事务委托给他。

二、热爱同事

现在的法律事务，往往需要团队的协作才可以完成，特别是在面临重大疑难案件和非诉类项目时，单凭个人的力量往往无法胜任。我经常遇到上市项目的发行人管理团队，在和他们洽谈合作方案时，被问得比较多的一个问题是："你的项目团队是如何组成的?"因为对客户来说，在现场负责的律师非常重要，其重要性程度不亚于合伙人。

既然以团队作为一个工作单元去完成法律事务，团队之间成员的协作就非常重要。一个优秀的团队也必定是成员之间互相欣赏互相协助的团队，团队成员之间的互相热爱是团队整体向前的重要前提。

即使是律师个人可以完成的案件或项目，也需要律师事务所的后台支持，行政同事的帮助也是必不可少的，如果这名律师热爱他的每一位律所同事，相信他在工作中更能够得到支持。

如果一名律师不热爱他的同事，甚至经常和同事之间产生矛盾和纠纷，可以想象他的工作状态会有多么糟糕，他的工作效率和工作效果也会大打折扣。

三、热爱客户或当事人

有人说过，律师是社会活动家。可见律师这个职业，与不同的人打交道是必不可少的。在律师交往的人员当中，最多也是最重要的，可能就是律师的客户或当事人了。

客户与律师高品质的合作关系，往往源于互相的欣赏和热爱。作为律师，如果能够真正理解客户的战略和价值观，能够真正理解客户的决策逻辑，就能够充分利用自己的法律专业知识，为客户寻求最佳的解决方案。

有一位上市公司的董事长经常对我们说起的一句话就是，吴律师当初怎么就那么看好我和我的公司，吴律师对公司和管理团队的信心比我们管理团队自己的信心还足。从内心而言，我确实非常欣赏这位董事长和他的团队，因为从我的认识和判断标准出发，我觉得他不可能不成功，事实也确实如此。

我之所以欣赏这家上市公司的董事长，源于我对这家公司业务的深入了解，对企业家和公司发展战略的深入体会，源于对公司管理团队的主要成员们深入交流后产生了强烈的共鸣，对优秀的创业家和创业团队产生了敬佩之心和欣赏之情。这让我更容易理解他们，更能从合规的角度为公司出谋划策，寻找最佳解决之道。

相反，我也遇到过一些律师同行，在工作中和客户产生各种不快，互相之间甚至到了极不信任的程度。可想而知，这样的合作是不长久的，也是很难有利于双方的真正成长。

我们组建律师团队，难在找到合适的人才，要找到优秀的年轻律师，首先要学会从哪些方面去寻找。我们也是在长期的摸索和实践中，慢慢学着用这三个热爱的标准来寻找同行者，希望找到真正喜欢律师职业并积极向上的优秀人才，共同打造优秀的律师团队。这样，我们既能够为优秀的年轻律师提供施展才华的舞台，又能够聚集一群人，快乐地享受我们的工作，享受律师职业带给我们的良好体验。

正如邹韬奋所说：“真正的乐观主义的人是用积极的精神向前奋斗的人，是战胜愁虑穷苦的人。”

律师的工作态度

我的一位朋友L老师遇到了几个诉讼案件，L老师是被告，我们安排了团队的F律师代理了这几个案件。

L老师和F律师几次探讨案件后，对F律师留下了良好的印象。L老师对我说，F律师很热爱律师工作，工作积极主动，态度和善可亲，非常好。

L老师当时已经六十多岁，出生于名医世家，对医学有着非常深刻的理解，也是阅人无数。他能够这样评价F律师，我也感觉非常欣慰。

这使我想到，我们的许多律师在工作时与客户或当事人的沟通交流之中，会给客户和当事人留下各种各样的印象，客户或当事人也会对经办律师进行评价，律师的工作态度很可能影响客户或当事人的信心和判断，也会对合作关系产生深远的影响。

美国西点军校有一句名言就是："态度决定一切。"

有一位长期合作客户的负责人G总，也是我多年的朋友，G总曾经有三次委托不同的律师代理过案件，案件结果都是比较理想的，但是G总的体验各不相同，这与经办律师的工作态度有很大的关系。

第一个案件是民间借贷案件，承办律师A是原告G总的代理人。案件标的较大，被告有一处房产在诉讼中被查封。案件结果是原告取得了全部本金、利息和违约金，诉讼费和原告律师费以及执行标的的评估费等都由被告承担，涉诉房产的拍卖所得价款刚够用于清偿上述债务以及法院的执行费用。

从案件经济上的结果来讲，应该是非常理想的，但当事人G总对律师A的服务并不十分满意，主要原因是在诉讼过程中G总想了解案件进度时，发现律师A的工作态度不够积极，能够提供的信息很少。事实上律师A在办案的过程中和法院的联系确实有时候较难，但没有让 G 总满意，律师 A 的工作方法和方式还是有需要改进之处的。

在承办诉讼案件的过程中，诉讼结果固然重要，但是诉讼的程序和过程，也是当事人特别看重的，我们应该多从当事人的角度考虑问题，不断地提升和完善服务。

第二个案件是公司类诉讼，承办律师 B 是原告 G 总的代理人。该案并不复杂，当事人 G 总已经依照公司法规定的程序要求主张相关权利，律师 B 代理该案后，依法向法院提交了诉状和证据资料。在案件立案后，因为一些很小的事情律师 B 和 G 总产生不快，导致合作不顺畅。后来该案因双方当事人进行了调解，律师 B 按当事人的意思撤诉。

在承办诉讼案件的过程中，律师很容易和当事人产生一些误解，对于这种情况，我觉得可以多从当事人角度考虑，因为情况可能并不是我们想象的那样，经过坦诚的交流和沟通，应该可以消除相关误解内容。

第三个案件是证券投资纠纷，G 总聘请了 C 律师承办该案，C 律师代理原告 G 总对被告提起诉讼。该案中的被告非常蛮横，性格暴躁，双方律师多次沟通交流也无法取得和解方案。C 律师办案认真细致，花了很多时间进行案件内容的沟通，也向法庭提交了类案检索报告和案例等文件。在承办该案的过程中，C 律师每周安排具体工作，及时和法官沟通联系案件进展，积极和对方律师沟通交流调解方案，每周向当事人报告案件情况，对于当事人提出的种种疑惑或要求，都是及时回复和落实。

案件取得了胜诉，原告提起的全部诉讼请求也得到了执行。当事人 G 总非常满意，认为 C 律师非常敬业，案件的工作量远远超过预期，主动提出要求增加律师费。C 律师积极认真的工作态度，给当事人留下了深刻的印象。

在我从事律师职业的过程中，遇到过很多合作律师，无论是自己的团队律师，还是合作过的律所内的其他团队律师或其他律所的律师，但凡是工作积极认真主动的律师，大多容易得到客户或当事人的认可，也更容易取得成绩。

我也发现，在律师队伍中，确实有一小部分律师，工作不够积极认真主动，有时候会被客户或当事人抱怨。这样也难以积累客户，导致发展缓慢，甚至逐渐被迫离开律师行业。

罗曼·W·皮尔在其著作《态度决定一切》中告诉我们，态度是世界上最神奇的力量，它栖息于思想深处，左右着我们的思维和判断，控制着我们的情感与行动。一个人的生活状态、人生方向完全受控于其生存态度的牵引。用什么样的态度对待生活，就有什么样的生活现实。

正是体会到积极的工作态度对于工作的意义，我觉得每一名律师都应该思考自己应当展现怎样的工作态度，这不仅是对客户负责，更是对自己的人生和自己的职业负责。

我给年轻律师们的建议是，以积极的态度认真主动地去工作吧，工作态度会决定你的成就。

第十四章　我的执业感悟

幸福是把灵魂放在最适当的位置。

——亚里士多德

律师的工作与闲暇

律师给人的感觉总是很忙碌，对诉讼律师而言，可能不是在开庭就是在开庭的路上；对非诉讼律师而言，可能不是在尽调就是在尽调的路上。当然，还有各种各样的其他专业性工作和事务性工作。

律师们真的是那么忙吗？

从我的经历以及我身边的同行们的经历来看，律师们确实是真的很忙。

一、忙于业务

大多数律师的主要工作是办理业务。我见过一位年轻律师，他一年要办理上百个案件。当然，案件的性质是雷同的，但基本的证据整理、起草诉状、立案、开庭、申请执行等工作是必不可少的。

非诉讼特别是IPO业务由于律师核查的工作量大，遇到项目申报的前夕，挑灯夜战是不可避免的，有不少年轻的法学毕业生在择业时甚至不愿意从事非诉讼业务。

二、忙于学习

法律法规和规范性文件的更新速度超过想象，我们从事资本市场法律服务的律师深有体会，经常会在周五的晚上收到新颁布的规则，我们都笑称这是周末补课。

律师要学习的知识还有很多，这是一个知识高度密集的行业，对学习而言并无上限。庄子说："吾生也有涯，而知也无涯，以有涯随无涯，殆已。已而为知者，殆而已矣。"所以我们要专业化，对于我们来不及学习的专业，不必强求。

三、忙于各类事务

律师是社会活动家，经常要参加各种各样的活动，还要处理大量的事务性的工作。

对律师而言，工作虽然重要，但我并不认为工作是我们的全部。我发现有不少律师在繁忙的工作中很会安排适当的闲暇时光，做到了兼顾工作与生活。

我认识一位资本市场的知名律师，他的业务遍及全国各地，经常因为项目而飞来飞去，是一个空中飞人。他让我印象深刻的，不仅仅是他漂亮的专业业绩，而是他是一名美食家。有一次他来杭州，我们碰面的时候，他提到这次要去杭州的一家特别有意思的餐厅吃一种特别有趣的美食，可惜我对美食概念不强，没记住他当时说的内容。不过想想他当时特别有意思的表情，我也很羡慕他有这样的生活。为了记录他的美食，他甚至用两个微信号码，其中一个微信号码专门用于发布美食的内容。

我有一位律师同事，她平时特别忙，我印象最深刻的是她打字的样子，两手不停地熟练地打字，键盘的声音不曾停息。但就是这么风风火火的一个人，她很会安排空闲的时间，练习她的书法。她写得一手好字，笔走龙蛇，妙在心手。

我觉得工作与闲暇，看上去是一对矛盾，实际上可能是一种统一。太多的闲暇和太少的工作，可能会导致一个人颓废，会导致一个人失去方向；但是太多的工作和太少的闲暇，也可能会让一个人对生活失去热情，会让一个人焦虑和不安。

我大学毕业后在铁路单位工作的六年期间，前三年从事火车司机工作，虽然上班的时间比较辛苦，但是下班后的空闲时间还是比较多的，一方面可以充分休息，另一方面也可以安排学习；后三年从事教员工作，空闲的时间更多了，这才有了可能准备研究生入学考试。那时候每天下午五点准时下班，周末正常双休，我几乎将全部的空闲时间都用来学习，这样才能够有大量的时间准备考试。

很多律师认为，只有不断办理案件，才能提高自己的水平。我认为，除了在办理具体的案件中可以提升业务水平外，律师还要在办案以外的时间提高各方面的水平。例如，提升基础理论水平是需要大量的阅读和思考才能够达到的。又如，提升客户行业的相关知识，对理解客户的商业模式和有针对性地提供法律建议是很重要的，也是需要安排进行系统的学习才能实现的。

亚里士多德说过："闲暇自身能够带来享受，幸福和终极的快活，所以闲暇是人的唯一本原。"如果工作本身并不能带来享受和幸福，请问这样的工作又有何意义呢？另外，社会层面应该积极引导人们追求平衡有序且能够持续发展的工作和生活休闲方式，这样才能够创造美好的社会形态。

有很多年轻律师跟我说，我现在年轻，应该多拼搏，为未来打好基础。殊不知，人的身体的使用是有限度的，如果超过了负荷，可能会造成不可逆转的损失，那样就得不偿失了。

罗马不是一天建成的，律师也不是一天内就能够成长起来的。远方的路还很长，年轻的律师们应当做好规划，有计划有步骤地不断成长，既要专业精进，也要人生精彩，工作和生活两方面都不可或缺，均衡地成长才是真正的成长，兼顾生活的工作才是真正的事业。

若如此，则一切美好。

关于律师健康的思考和建议

律师是一项工作压力较大的职业，近年来常常会有关于律师健康出现问题的报道。如何关注自己的健康，如何养成良好的习惯，我认为值得每一位律师思考。

一、关于工作和生活习惯的思考

首先，是要有重视健康的意识。

我曾于2006年遇到一位原为主任医师后来改行从事投资业务的朋友，他跟我说，健康是第一财富，那是我第一次听到健康和财富可以联系在一起的观点，仔细想想确实有道理。

我们应当深刻理解健康对于我们生活的意义，在工作和生活中寻求健康和平衡的状态。

其次，我们要尽量避免不健康的工作习惯。

不健康的工作习惯主要是过于忙碌，无休无止的加班，无法停止的学习和研究，这些行为会极大地消耗体力和精神，会极大地消减对事业的热情。

从某种意义上而言，专业化有利于养成健康的工作习惯。

同样的工作，如果效率越高，则所需要的工作时间越少。专业化有利于提高工作效率。有时候我们承办不同类型的案件或业务，特别是对于相对陌生的新业务，需要花费大量的时间学习，尤其是办理业务时间紧张的时候。这样的状态如果长期存在，对我们的健康可能是不利的。

要学会取舍，即使做到了专业化，但是太多的工作量也会成为压垮身体的主要原因，这时候应当知道自己的体力边界，不透支自己的身体和未来。

我们确实会遇到工作节奏快的时间段，阶段性集中工作之后，我们应当有放松的时间，做到张弛有度，方可持续精进。

最后，我们要养成健康的生活习惯。

一是要按时作息。经常熬夜的习惯不可取，应该高度重视睡眠的重要性，平时工作要讲究白天的工作效率，工作尽量在白天完成。

二是要注意饮食。一日三餐应按时吃饭并注意营养的均衡，切忌暴饮暴食，不过量饮酒，可以关注和学习低碳饮食的理论和方法。有一家客户单位的董事长陈总赠送给我两本关于健康饮食的书，分别是本杰明·比克曼所著的《人为什么会生病》，以及周华和石汉平主编的《低碳水化合物—生酮饮食工作手册》，这两本书给了我很大的启发。

三是要适度运动。长期不运动会给身体带来不良影响，但是过度的运动同样可能对身体造成损伤，我们要结合自身的实际情况，开展力所能及的体育运动。我以前喜欢踢足球，随着年龄的增长，体力和骨骼都难以适应足球的激烈对抗，于是我开始学习打乒乓球，终于找到了适合自己的运动方式。

二、重视心理健康

律师常常面对巨大的精神压力，有的来自自身的职业规划和个人发展，有的来自对案件和业务办理结果的考虑，有的来自律所管理方面，有的来自和当事人以及客户的合作关系处理等。

律师要学会减少或避免焦虑。首先，律师不能做脱离实际的承诺和保证，不能为了承揽业务而向客户或当事人进行不切实际的许诺，不能保证案件或项目的结果也不要做过于乐观的估计。其次，律师要通过加强和委托人的沟通消除沟通不足的现象，对于案件或项目中的关键问题，共同商讨解决方案，不大包大揽，信息要通畅。最后，律师要学会换位思考，对于自己认为不合理的方案，多从其他各方的角度考虑是否具有合理性，再通盘考虑可能让各方都能接受的方案。

唐代诗人韦应物在《郡斋雨中与诸文士燕集》中写道：“神欢体自轻，

意欲凌风翔。”意指精神愉快身体自然轻松舒畅，心里真想临风飘举奋力翱翔。做律师尤其如此，只有自己的精神轻松，才能够以更好的工作状态不断解决法律方面的问题。

三、进退有度，适可而止

做律师一定要管理好自己的欲望，法律专业分工越来越细，要想全部学习和精通几乎不太可能，社会对法律的需求也越来越多，我们不可能以一人之力完成太多工作。律师要选好自己的专业方向，做自己喜欢的专业，做自己擅长的专业，就可以极大地减轻自己的压力。

对于创收也是如此。无休无止地追求创收的增长是不可能的，律师的创收也有不确定性，各个年度的创收很难以规律的增长曲线而增加，合理努力，顺其自然，如此甚好。

隋朝大儒王通在《止学》中说：“大智知止，小智惟谋。”意思是大智慧的人知道适可而止，小聪明的人只是不停地谋划。律师在工作中，不仅要知道进取，更重要的是要知道如何停止，不过分追求，一切适可而止，可以省却麻烦，可以带给自己轻松快乐的状态，这个可能是再多金钱也买不到的。

我国目前已经有不少长寿律师，他们虽已进入耄耋之年，仍然充满热情地奋斗在法律服务的第一线，身体健康无疑是其基本保证。

律师路上，走过的那些风景

“让心情去旅行！人生就像一场旅行，不必在乎目的地，在乎的，是沿途的风景，以及看风景的心情。”这是一句广告词，道出了人生的真谛。律师在工作中，常常因为忙碌而风尘仆仆，从而忽略了沿途的风景。

一、行色匆匆的人生

我进入律师行业后的最初几年，最大的体会就是忙。

一是经常有做不完的工作。当时团队的业务非常多，新客户特别多，我们同时要服务多个客户，不同的客户有不同的业务需求，时间上经常会出现冲突。另外，白天来不及做的工作，往往要在晚上完成。有时候在下班前或晚上，客户将新的工作任务发过来，而且非常着急，我们也都全力以赴努力尽快完成。

二是经常要出差。那时候还没有高铁，常常要坐着大巴车去甬台温（宁波、台州和温州）以及上海等地，坐飞机也是工作常态。我记得当时有过几次打飞的的情况，一早赶飞机去北京或深圳，中午在北京或深圳开会到下午，晚上又乘坐飞机回杭州了。

三是全流程服务导致异常忙碌。我独立开始执业之初，不仅要去开拓业务，还要完成具体业务的承办，甚至对于寄快递、打印和复印这些琐碎的工作，也全部由自己完成。

我记得在执业的前几年，都是在匆忙中度过的，至于沿途的风景，真的是没怎么注意过。

二、路上的风景

开始注意到路上的风景，是在一个并购项目中。

2006年年初，我们代表收购方承办一个目标公司在陕西汉中的股权并购项目。收购方负责人是G总。G总高高的身材，言谈举止颇有风度，学识渊博，博古通今。他带领我们中介机构团队到项目公司进行尽职调查工作，在完成现场尽职调查工作后，他特地安排大半天时间，带领我们去了汉中的三个景点。

第一个景点是张骞墓，在这里我们了解到张骞两次出使西域的伟大创举，开创了著名的“丝绸之路”，是“第一个睁开眼睛看世界的中国人”。第二个景点是武侯墓，在这里我们瞻仰了一代名相“忠武侯”诸葛亮。第三个景点是朱鹮梨园，在这里我们第一次知道朱鹮曾在日本灭绝，是中国向日本赠送了朱鹮才使日本能够重新见到这种“神鸟”。

在参观过程中，我逐渐感受到工作中的另一种美丽，我还记住了诸多的风景。

我喜欢大海，特别喜欢静静地待在海边聆听海浪的声音。由于工作的原因，我去过三亚、海口、厦门、深圳、大连、青岛、舟山等海边城市，每到一处，我都要尽可能去海边欣赏大海的美景。

因为工作缘故，我们团队成员去过法国、德国、意大利、美国、俄罗斯、伊朗、马来西亚等国家进行尽职调查或走访等工作，异国风情也构成了出差路上的一道亮丽风景线。

我们律师团队也在律所的组织和安排下旅游，去过日本冲绳，也去过三亚、厦门、千岛湖、扬州等地。在杭州周边的旅游和活动几乎每年都要组织。

记得在2008年7月，我在陪同客户赴四川凉山州考察投资项目时，在客户的邀请下，领略了碧波如镜的邛海美景。

记得在2018年5月，我参加了客户主办的研讨会，并受邀游览了边境小城腾冲。和顺古镇、火山热海、北海湿地、大滚锅、国殇园、火山地热国家地质公园等景点让我们流连忘返，还泡了几种不同风格的天然温泉，真是享受人生。

三、看风景的心情

律师在执业过程中遇到出差的情况可能并不少见。我认为，这既是工作所需，也是成长的必要。北岛说："一个人的行走范围，就是他的世界。"

读万卷书，不如走万里路。我们出差的过程，也是我们将自己所学所知运用于实践的过程。我记得 2009 年刚加入目前律所时，一位合伙人在安排助理单独出差时，千叮咛万嘱咐，恨不得将自己在出差中总结的经验全部传授给助理，这样的场景让我感动。

我们团队的 W 律师，浙江大学法学院法律硕士。她热爱律师工作，在工作中，每到一个以前未曾去过的新城市，就说自己又打卡并解锁了一个城市，很有意义。

我曾遇到过一位国有企业的负责人，他也热爱自己的工作。他告诉我，他因为工作需要经常坐飞机，他把自己从事工作以来每一次坐飞机的登机牌都收集起来，当时已经有六百多张了。我没想过六百多张登机牌是多厚的一叠，但是我能感觉他在空闲时翻翻每一张登机牌，想想自己曾经的一趟趟旅行，应该是一件非常有意思的事情。

只有不断地旅行，听不同的人诉说，去不一样的地方经历，你才会发现生活会给你超出想象的惊喜，这也是你之前从来没有体验过的乐趣。

我经常在想，正是由于我们在工作中可以不断地旅行，我们的格局和视野才可以更加开阔，我们的能力也可以得到历练，才能够造就更为优秀的自己。做律师工作虽然辛苦，但是如果在工作旅程中找到自己的乐趣，找到工作的意义，我们就可以更加充满爱地拥抱这份不平凡的职业。

律师职业带来的乐趣

转眼之间，从事律师职业已20年了。我有时候也会问自己，这是我理想中的职业吗？我因此而快乐吗？答案是肯定的，我认为我是喜欢做律师职业的，而且也能够在律师职业中找到乐趣。

律师职业给我带来的乐趣有哪些呢？

一、成长的乐趣

我觉得从事律师职业，至少可以带来以下三个方面的成长。

一是知识的成长。

我们从法学院毕业刚进入律师行业时，感觉自己已经学了很多的法律专业知识，但是一踏入律师工作岗位就发现法律知识并不够用，此时除了继续学习别无他法。另外，在从事律师职业的过程中，会发现缺乏的不仅是法律知识，其他方面的知识也是急需增长的，如客户所在行业的知识、人文知识、财税知识等。

孔子说：“知之者不如好之者，好之者不如乐之者。”正是拥有了学习的乐趣，律师才能够真正地成长。

二是经验的成长。

客户往往更倾向于聘请具有丰富经验的律师，这说明律师职业中经验的重要性，因为经验可以帮助客户避免不必要的损失，经验可以帮助客户迅速获得成功。律师在工作过程中可以不断地积累经验，不断地增加自己的阅历。

胡克说过：“经验就是熟谙事物的总体。”做一名拥有丰富经验的律师，会让我们得到更多的乐趣。

三是思维的成长。

我们在从事法律服务的过程中，越来越觉得思维方式的重要性。相对于解决法律问题的努力而言，拥有高超的解决问题的思维方式则更为重要。

正因为在工作中，我们需要学习和运用不同的思维解决法律问题，我们的思维方式会不断积累和优化，我们解决问题的能力会越来越强。

二、成功的乐趣

我们从事律师职业，虽然会历经艰难，但也常常与成功为伴，主要表现在以下几个方面。

一是帮助客户取得成功。

无论是非诉讼业务还是诉讼业务，律师都应当通过专业服务帮助客户实现预期的目标。每当我们通过努力使客户取得商业上的成功之时，我们都会特别欣慰。客户因此而对律师表现出来的认同和感激，也让我们觉得所有的努力都非常值得。

帮助客户取得成功，就是帮助客户创造价值，这无疑会给律师带来乐趣。

二是使自己的人生取得成功。

律师越多帮助客户成功，自己也越成功，也可以获得越多的成就感。

律师在从事法律服务职业中还有很多可以成功的方式，有的律师因为工作出色而取得丰厚的报酬，有的律师因为擅长某个领域的法律服务而成为该领域的专家，有的律师因为长期从事公益而取得荣誉等。

经过努力，律师常常会找到适合自己的成长方式，从而达到一种成功的状态。

三是能够形成共赢的格局。

我们从事律师职业的时间越长，越能够感觉到共赢的力量和重要性。在律师提供法律服务的诸多复杂交易中，如果只考虑某一方的利益而不考虑其他各方的利益，则很难实现交易成功。

天下熙熙，皆为利来；天下攘攘，皆为利往。优秀的律师总是在维护客户利益的同时，寻求合理的解决之道，尽可能实现各方共赢的结果。

三、成熟的乐趣

我认为，律师是一项容易让人成熟的职业，至少律师职业让我更成熟，主要表现在以下两个方面。

一是心智上的成熟。

因为在工作中经常面对法律责任的判断，律师能够体会到法律风险防范与隔离的重要性，从而对法律规则充满敬畏之心。

黑格尔说："秩序是自由的第一条件。"当律师知道行为的合规边界，知道哪些事可以做，哪些事不能做，从而活得通透时，工作和生活将减少很多纠结。

正是知道事业的艰难，我们更容易心怀感恩之心。对于在我们的业务上帮助过我们的人，以及对我们信任并委以重任的客户，我们唯有尽心尽责，才有可能对得起这份重托。

二是处世上的成熟。

我们在工作中不仅要处理法律相关的问题，还有一项重要的工作就是与各种各样的人打交道。律师因为要办理大量的案件和业务，接触各种各样的人和事，会在历练中不断思考并提升为人处世的能力。优秀的律师总是能够善待并尊重他人，能够换位思考，追求一种和谐的工作和生活状态。

在工作中，我们会培养自己控制情绪的能力，不断培养良好的沟通习惯，注意语言的合理使用。我们还会在工作中增强自信心，通过历练养成独立选择和决策的习惯，做事有主见、有原则，不会轻易受到外界的干扰。

正是由于能够自如地处理各种关系，我们的工作和生活才会更加通透，我们得到的乐趣因此而更多。

我认为，律师职业并不只是坦途。我们经常要面临艰难险阻，经常会遇到疑难问题，但并不影响我们在律师之路中找到乐趣。

我们在律师之路上会有痛，也有快乐，我们痛并快乐着，最终是快乐，这也是人生的乐趣所在。

律师的正能量

在我们这个社会，人们对律师的评价各不相同。有一些评价并不是正面的，例如，有的人觉得律师是有钱人的代言人，更多的是在为有钱人提供法律服务；有的人觉得律师经常为坏人进行辩护，而那些犯罪者原本就应当受到法律的惩罚；还有的人觉得律师经常忽悠别人，更多地关注自己的利益而不是努力把法律服务做好。

我在执业的过程中，经常思考类似的问题。对于律师如何避免社会的非正面评价，律师在执业的过程中如何向社会展现正能量，我觉得起码可以从以下三个方面进行努力，从而提升律师的社会形象。

一、追寻正义

律师职业虽然具有商业属性，但是如果没有追寻正义的精神，就很容易被所谓的商业化而误导，失去法律服务应有之义。

杭州曾有一名年轻律师，考了三次才通过司法考试，但在他独立执业刚满一年后，就因为在代理一个离婚诉讼中帮助当事人伪造虚假的借款合同以虚构债务，以妨害作证罪被判处有期徒刑三年六个月，并因此断送了律师职业生涯。

我们在接触新的法律事务时，应当判断业务的本质是什么，我们提供的法律服务是否属于对正义的维护或追寻。如果我们追求的是正能量的目标，我们就会表现得更为正能量。

我特别佩服一类同行，他们可能从事的是看上去并不那么高大上的业务，但是他们身处为社会弱势群体服务的第一线，为在普通公民身上实现公平正义而奉献自己的专业和智慧，是值得我们学习和尊重的人。

二、追求专业

法律服务的本质是帮助客户解决法律专业方面的问题。

我认为，专业能够解决大多数的法律问题。我们越专业，能力就越强，就越能得到客户的认可和社会的正面评价。有许多时候我们可能面对难以解决的问题，那很有可能是我们的专业能力还不够强。

专业服务可以解决客户的大多数法律问题，对于其余的法律问题，应当用更专业的服务来解决。在实际工作中，我们一直注重专业的定位，对于并不擅长的专业业务，轻易不敢承办，这个时候我们会向客户说明，或者根据客户的要求推荐该专业领域的律师同行。

关于行业中大家经常讨论的万金油律师的专业不足，我认为对于专业相对简单的业务，万金油律师确有存在的必要，但是对于专业复杂的业务，律师必须具有足够的专业性，才能够为客户提供合格的法律服务。

有一位律师同行向我们介绍过他曾经承办的一个并购项目，该并购项目涉及的金额较大，这位律师同行也非常重视，但是由于他并不特别精通大型的并购业务，忽略了这个并购项目中需要进行反垄断申报，因此差点耽误项目的进度。

专业是我们律师赖以生存和体现价值的最佳武器，当我们不断精进法律专业服务时，随着我们专业法律服务而展现出来的，是一种专业的正能量，会在社会上不断形成律师的良好口碑和形象。

三、追逐理想

我们刚踏入律师行业的时候，很多人是怀着实现法治理想的初衷而选择做执业律师的，虽然在工作中必不可少地要考虑如何生存以及如何能够在这个行业中立足，但是心中的法治之梦一直在延续。

2013 年前后，我初识一位企业家时，他似乎对我们律师行业存在偏见，在他的心目中，并不认为律师是一项好的职业。我当即表示反对，明确表示不认同他的观点，而且我认为我认识的绝大多数同行都是非常正直的，律师是一项值得尊重的职业。

后来他的公司作为并购交易的一方主体，聘请我担任并购专项法律顾问，在提供法律服务的过程中，我们相互理解不断加深，我尊重他作为一名优秀企业家的创业历程和家国情怀，他也尊重我作为法律专业人士的专业建议。虽然这个并购项目因为各种原因未能完成，但是他对我的专业素养和做人的原则高度认可，并给予了我极大的信任，在很多重大决策方面听取了我的建议。

在一个上市项目的服务过程中，我们在工作过程中与公司的一位重要股东交流颇多，他在资本市场浸润多年，自称熟悉资本运作。但他了解和熟悉了我们的工作后，诚恳地对我们三家中介机构团队的工作表示了极大的认可，并坦诚地告诉我们，我们的专业精神和工作原则颠覆了他长久以来的认知。

我们从事的资本市场法律服务专业，经常面对的是拟上市公司和上市公司相关的各类主体，经常帮助客户处理标的巨大的交易，我们律师除了要具有过硬的专业知识外，更需要具有过硬的人品，方可不负所托，为这个行业树立良好的形象。

从事律师职业二十年，我遇见过太多有着相同法治理想的同行，也感觉很幸运能够身在其中。如果我们每天都践行自己的法治理想，每天都带给这个社会正能量，我们这个职业的形象会越来越好，我们的职业前景也会越来越光明。

激励的力量

在学习法律和从事律师职业的路上，我受到过很多人的激励，正是他们的激励给了我力量，让我能够一路前行。另外，让我感觉很欣慰的是，我也激励过身边的人，激励大家共同成长。

一、我曾受到的激励

2001 年 6 月我考取浙江大学法律硕士研究生后，在铁路单位又工作了两个月的时间。在这段时间内，周围的同事和朋友慢慢知道我要离开单位去再次读书的事情。

肖老师是铁路机务兄弟单位的教员，我和他当时同属于一个铁路分局，经常共同作为考试组的成员参与铁路分局各机务段职业培训方面的监考和考试组织工作。有一次考试间隙，我们和其他几位考试组成员一起吃饭的时候，聊到我要学习法律专业的事情。席间有几位考试组成员对我说，你性格过于内向，不善言辞，以后并不适合从事法律工作。

肖老师马上回应，他说："我认为小吴工作认真负责，学习能力强，法律工作并不只是说话，他以后肯定能够做好法律工作。"

我当时确实不喜欢说话，也不懂表达的方法，我也一度怀疑自己选择法律专业是否正确，对于未来的工作都不敢想象如何去做。正是肖老师的激励，我感觉到了被理解的自信，我也一直告诫自己，要认真，要学习，以此来弥补自己表达方面的不足。

在浙江大学法学院读书期间，我结识了许多同学，其中和一位 Q 同学经常聊天。在毕业前夕我们讨论到未来的工作时，我也表现出了对自己的担忧。我在读书期间主要是学习专业知识，由于自己本科学的并不是法学专业，感觉自己的法学基础不够扎实。我在三年的研究生期间主要是学习法律方面的课程，当时选了不少课程以弥补自己专业基础方面的不足。我甚至在毕业前三个多月才去一家律所实习以增加实务经验。对于即将面临的求职，我是不够自信的。

此时，Q 同学坚定地告诉我，他非常看好我，他认为我从事法律专业工作一定会有好的表现，因为他通过读书期间对我的了解，认为我非常热爱法律并且非常用心地学习法律知识，他劝我不用担心，相信我一定可以做得好。

二、我激励过的朋友

目前身价不菲的企业家 Z 总曾经也有过一段相对低迷的时光，我刚认识他的时候，他的企业并不大，正处于创业的起步阶段。但是 Z 总非常坚定，在我们面前，他表现出的是勇敢和坚毅的一面。

我当时看过一篇文章，讲的是如何判断企业是否能够做大，包括战略、创新、共享、执行、格局五个方面的内容。我分别从这五个方面观察 Z 总率领的公司，认为 Z 总和其公司在五个方面均符合做大的条件，我也认定 Z 总一定能够取得商业上的成功。

在后来的日子里，出于真心的认同，我一直在赞赏和鼓励 Z 总。Z 总经常问我的一句话就是：“吴律师为何对我如此有信心？”

我总是微笑不答，因为我觉得五个维度识别法已经帮助我作出了判断。

L 同学是我中学的同学，三年初中加三年高中，我们做了六年的同学。我们在读书期间交集不多，直到高中毕业二十年的聚会上，我们重又见面。

L 同学的职业是大学老师，他在聚会之前知道我是一名律师。在聚会时，他找到机会和我单独聊聊，请我对他想参加司法考试一事谈谈看法，他担心自己年纪过大，即使能够考上，以后是否因为年纪过大而不利于从事律师职业。

我认为 L 同学的担心是多余的。活到老学到老是生活的应有之义，如果对法律产生兴趣而立志参加司法考试并从事兼职律师工作，对 L 同学而言是一种新的追求，是对自己人生的一次升华。我鼓励 L 同学勇敢追求自己的梦想，不必过于纠结成败，过程往往就是一种成功。

L 同学治学严谨且具有毅力，他如愿通过了司法考试并成为一名兼职律师，在他的世界里，从此多了更多的内容和快乐。

三、激励的意义

我们都有可能遇到低谷，但我们不能轻易放弃。正如村上春树所言：“无论何人、无论何时，人们总要在乌云周围，寻索着浪漫的微光活下去。”

我们在从事律师职业或者其他任何职业的路上，有很多时候是孤独的，需要身边的朋友帮助验证自己的理想是否能够实现，我们每一个人都可能需要被认同。

正是因为有了被他人激励和激励他人的经历，我懂得理解在工作中遇到的不同的人，并特别珍惜在工作中形成的缘分。对于年轻人，我尽可能地理解他们的想法，并为他们提供支持，不断激励他们前进。对于有经验的专业人士以及和我差不多年纪的合作伙伴，我也尽可能给予尊重，在合作中不断互相鼓励和协助。

激励是一种力量，激励帮助我们成长。岁月漫长心怀热爱，携手共赴星辰大海。正是在工作中不断地互相激励和鼓舞，我们的事业才能够不断地发展，我们才能够更加自信和坚定，朝着目标不断前进。

致　谢

这本书是我从事律师职业二十年的感悟。没有诸多良师益友的谆谆教导和鼎力相助，我不可能在律师职业之路上顺利前行，更不可能进行本书的总结。

感谢我的硕士研究生导师夏立安教授，他不仅在我读书期间给了我全面的指导，而且在我从事律师职业以后，对我仍然言传身教。我每次遇到职业上的难题，都能得到夏老师的及时帮助。

感谢我的合伙伙伴夏勇军律师、马宏利律师、张晟杰律师、张立灏律师、邵瑞青律师、黄加宁律师、徐涛律师、周华俐律师等优秀同事，正是因为有机会和他们一路同行，我才能够在他们的无私分享和帮助下不断成长。

感谢我的业务团队，感谢刘秀华律师、冯琳律师、李迎亚律师、郑舒菲律师、方俊律师、汪节云律师、杨洋律师、刘凝颖律师和法律秘书叶旭丽，感谢蔡慧娟律师、潘慧康律师和许妍律师，我们一起共同努力承办法律业务的日子是我最珍贵的职业记忆，也是我职业感悟的源泉。

感谢我的合作伙伴，感谢林光董事长、周影总裁，感谢丁程董事长，感谢唐发宽董事长，感谢张俊董事长，感谢李庆阁教授，感谢朱大敏、徐峰、金田、沈利刚、缪志坚、周菊锋、王树玲、陈薇、李晓强、马玉峰、郑学国、叶海珍、陈碧玲等朋友。正是他们在工作中亦师亦友的帮助和关心，给了我极好的写作建议，才能够让我一直保持对律师职业的思索，并一直保持对律师职业的热情。

感谢团队实习生杨诗佳对书稿进行认真仔细的核对工作。

还要感谢我的妻子徐小丽和我的儿子吴奕旭，他们是我生命中的至爱。

正是因为有他们对我的支持和鼓励，才能够让我完成本书的写作。

在从事律师职业的过程中遇到的每一个人，都是我感激的对象，在此一并表示深深的感谢！